하루 한 장
니체 아포리즘

하루 한 장
니체 아포리즘

초판 1쇄 펴낸날 2024년 1월 5일

엮고 지은이 황국영
펴낸이 이건복
펴낸곳 도서출판 동녘

책임편집 구형민
편집 이지원 김혜윤 홍주은
디자인 김태호
마케팅 임세현
관리 서숙희 이주원
등록 제311-1980-01호 1980년 3월 25일
주소 (10881) 경기도 파주시 회동길 77-26
전화 영업 031-955-3000 편집 031-955-3005 **전송** 031-955-3009
홈페이지 www.dongnyok.com **전자우편** editor@dongnyok.com
페이스북·인스타그램 @dongnyokpub
인쇄 새한문화사 **라미네이팅** 북웨어 **종이** 한서지업사

ISBN 978-89-7297-113-9 (03160)

- 잘못 만들어진 책은 바꿔드립니다.
- 책값은 뒤표지에 쓰여 있습니다.

NIETZSCHE

365일 니체처럼 지혜롭게

하루 한 장
니체 아포리즘

황국영 엮고 지음

APHORISM

동녘

하루 한 장, 니체처럼 지혜로워지는
365일 잠언 수업

이 책은 니체의 철학 사상과 그 핵심에 무엇이 있는지 궁금한 독자들을 위해 기획했습니다. 하루에 한 장, 쉽고 편안하게 니체의 잠언을 만날 수 있도록 구성했고, 그 잠언에 담긴 메시지가 우리 삶에 도움을 줄 수 있게 연결했습니다. 니체의 주요 저서에 나오는 번뜩이는 잠언들을 쉬운 설명과 해설을 통해 이해할 수 있으며, 독자들은 니체의 잠언의 깊은 뜻을 들여다보며 삶의 목표를 정하고 자기를 계발하는 데 도움을 받을 수 있을 것입니다. 삶의 모든 곳에서 경쟁이 치열하게 벌어지고 있는 이 시대, 이 책이 어떻게 살아가야 할지 고민하는 사람들에게 매일 만나는 든든한 멘토가 되길 바랍니다.

이 책에 나오는 니체의 주요 저서 다섯 권

니체의 주요 저서 다섯 권 중에서 우리 삶에 필요한 내용들을 가려 뽑았습니다.《인간적인, 너무나 인간적인Menschliches, Allzumenschliches》(1878~80)은 진정한 삶의 가치에 대해서,《아침놀Morgenröthe》(1881)은 시적인 잠언을 통해서 우리에게 깨우침을 줍니다.《도덕의 계보학Zur Genealogie der Moral》(1887)은 선과 악, 좋음과 나쁨, 양심의 가책 등에 대해서 알게 해주며,《이 사람을 보라Ecce Homo》(1908)는 니체의 자전적인 책으로 니체의 인간미를 느낄 수 있습니다. 이 책에서 가장 많은 분량을 차지하는《차라투스트라는 이렇게 말했다Also sprach Zarathustra》(1883~1885)에서는 니체가 말한 '신의 죽음'의 의미와 아모르파티, 영원회귀, 위버멘쉬(초인) 사상, 자기 극복, '힘에의 의지' 등의 주요 개념이 '나의 삶'과 어떻게 연결되는지 알 수 있습니다.

페이지 구성

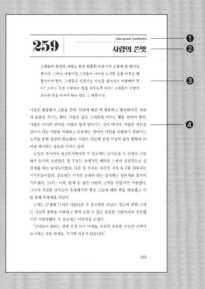

❶ 니체 아포리즘이 발췌된 원전의 원제목

- 1~81 : 《인간적인 너무나 인간적인》, 강두식 옮김, 동서문화사, 2016
- 82~160 : 《아침놀》, 곽복록 옮김, 동서문화사, 2007
- 161~194 : 《이 사람을 보라》, 이동용 옮김, 세창출판사, 2019
- 195~211 : 《도덕의 계보학》, 홍성광 옮김, 연암서가, 2011
- 212~365 : 《차라투스트라는 이렇게 말했다》, 곽복록 옮김, 동서문화사, 2007

❷ 제목

- 1~160번은 니체의 원전에 붙은 제목이고, 161~365번은 저자가 붙인 제목입니다. 니체의 원전에 붙은
  제목 중 의미를 명확하게 하기 위해 수정한 부분이 일부 있습니다.

❸ 니체 아포리즘

- 니체의 주요 저작 다섯 권에서 아포리즘을 발췌했습니다.

❹ 해설

- 아포리즘에 대한 가벼운 해설을 통해 독자들이 니체 철학에 대한 단단한 장벽을 깨고, 자신만의 철학적
  방식으로 해석할 수 있도록 했습니다. 이 해설을 통해 니체의 삶과 철학에 대해서 쉽게 이해할 수 있고,
  나아가 니체의 생각을 자신의 삶 속에 적용함으로써 자신만의 철학과 삶의 목표에 대한 답을 찾을 수 있
  게 했습니다.

인간은 자기 자신을 극복해야 한다.
그대들은 자기 자신을 극복하기 위해 무엇을 했는가?
—

니체,《차라투스트라는 이렇게 말했다》에서

001 불공정은 불가피하다

> 삶의 가치에 대한 모든 판단은 비논리적으로 발전해온 것이므로
> 공정치 못하다. 어떤 인간에 대한 어떠한 경험도, 그가 우리와 아
> 주 가까운 사이라 할지라도, 그를 전체적으로 평가하기 위한 논리
> 적 정당성을 부여할 만큼 완전할 수는 없다.

삶의 가치에 대한 판단은 매우 어렵다. 우리는 어떤 사람을 평가할 때, 그
사람의 삶의 모든 측면을 알 수 없고, 그 사람의 내면을 직접 볼 수도 없다.
또한, 우리의 판단은 우리의 주관적인 관점에 의해 영향을 받으며, 사회
적 편견에 의해서도 왜곡될 수 있으므로 우리의 판단은 항상 공정할 수는
없다.

"나는 어떤 성향의 사람은 좋아하고 어떤 사람은 싫다"는 것은 개인의
취향이나 의견에 따라 다르다. 어떤 사람은 친절하고 사려 깊은 사람을 선
호할 수 있고, 다른 사람은 독립적이고 진취적인 사람을 선호할 수 있다.
사랑은 친절과 배려로 이어질 수 있지만, 증오는 폭력과 분노로 이어질 수
있다. 사랑과 증오는 모두 인간의 본성의 일부다. 우리는 이러한 감정을 더
공정하고 논리적으로 표현하는 방법을 배워야 한다. 감정을 올바르게 표현
함으로써 우리는 더 나은 의사소통을 하고, 더 건강한 관계를 구축하고, 더
행복한 삶을 살 수 있다.

니체는 사람을 판단하거나 평가하지 않고 좋고 싫음이 없이 함께 살 수
있으면 좋겠다고 생각했다. 평가할 때는 더 공정하고 논리적이 되도록 노
력해야 한다. 개인적인 경험과 선입견에 의해 편향되지 않도록 해야 하며,
다른 사람들의 관점을 이해하고 존중하려고 노력해야 한다.

002

심리학적 고찰의 이득

심리학적 고찰은, 삶의 무거운 짐을 덜 수 있는 수단의 하나이다. 즉 이 기술의 훈련이 어려운 상황에서 침착성을 주고 갑갑한 환경 속에서는 위로를 줄 뿐만 아니라, 자신의 삶에서 가장 험난하고 불유쾌한 시절에서 잠언을 찾아내어 그것으로 조금이나마 기분을 좋게 만든다.

심리학적 고찰이란 인간의 정신과 행동을 과학적으로 연구하는 심리학의 관점에서 어떤 주제나 현상을 분석하는 것을 말한다. 심리학적 고찰을 위해서는 논리적이고 체계적으로 생각하고, 주제나 현상을 다양한 관점에서 바라볼 수 있는 능력이 필요하다.

잠언은 훌륭한 사람들의 경험과 지혜가 담긴 말이다. 잠언은 우리에게 삶의 지혜와 인생의 새로운 시각을 제공하여 더 행복하고 만족스러운 삶으로 이끌어준다.

니체는 "우리가 심리학적 잠언의 거장들의 책을 읽지 않는 것은 잠언을 갈고 닦는 기술을 교육받은 적이 없기 때문에 훌륭한 결과나 풍부한 매력을 날카롭게 느낄 수 없다"고 했다

우리는 심리학적 고찰과 잠언에 대해 배워야 한다. 그림을 감상할 때 예술이나 미술에 교육을 받지 않은 사람은 작품을 감상하는 데 한계가 있다. 반면에 예술 교육을 받은 사람은 작품의 풍부한 매력을 더 잘 느낄 수 있을 것이다. 심리에 대해서도 배우면 더 잘 알 수 있다.

003

감사의 의미

> 고상한 영혼은 누군가가 자신에게 감사할 의무가 있다는 사실을
> 알게 되면 우울해진다. 천박한 영혼은 자신이 누구에겐가 감사할
> 의무가 있음을 알게 되면 우울해진다.

고상한 영혼을 가진 사람은 타인을 돕거나 배려할 때 대가나 보상을 바라지 않는다. 아무 조건 없이 기쁜 마음으로 성의를 표시했는데 상대방이 의무감을 갖고 있다는 사실을 알면 우울해질 수 있다. 자신의 태도에 문제가 있어 상대방의 자존심을 상하게 했는지, 또는 상대방이 자신을 경계하거나 멀리하려는 것인지 등 많은 생각을 한다.

천박한 영혼은 타인의 도움을 당연한 것으로 받아들인다. 당연하다고 생각하기 때문에 감사한 마음을 갖지 않거나 잊어버린다. 타인의 도움을 받는 자신의 처지를 탓하고, 감사의 마음을 표시해야 한다는 사실이 의무적으로 느껴지기 때문에 우울하다.

감사는 보상이나 대가도 아니고 의무도 아니다. 감사는 서로를 행복하게 해주는 마음이다. 행복하게 해주는 사람에게는 언제든지 감사한 마음을 잊지 말고 표현하는 것이 좋다. 베풀고 나눌 수 있어서 감사하고, 부족한 것 받을 수 있어서 감사하다. 감사는 불평과 스트레스 등 부정적인 감정을 없애주고, 긍정적인 마음으로 더 많은 기쁨과 행복을 느끼게 한다.

004

자유 의지와 불만

인간이 후회나 양심의 가책을 느끼는 것은 본인이 자유롭다는 것
만이 아니라 <u>스스로</u> 자유롭다고 '생각하고' 있기 때문이다. 게다
가 이 불만은 고칠 수 있는 어떤 습관이며, 다른 많은 사람들이 불
만을 느낄 만한 행위에 대해서, 전혀 그것을 느끼지 않는 사람들
도 많이 있다. 불만은 무척 변화하기 쉬운 사항이며 풍습이나 문
화의 발전과 결부되어 있고, 세계사에서 비교적 짧은 시기에만 있
는 것이다.

니체는 인간의 후회나 양심의 가책이 본인이 자유롭다는 것만으로 설명되
지 않고, 스스로 자유롭다고 '생각하고' 있기 때문이라고 말한다. 이는 인
간이 자유로운 존재라고 인식하고 있기에 행동에 대한 책임과 후회를 느
끼는 것이라고 설명한다.

불만은 사회적인 가치, 규범, 윤리적 기준 등이 변화함에 따라 변화할 수
있다. 과거에는 특정한 행위가 불만을 일으킬 수 있었다. 그러나 최근에는
사회의 변화와 문화의 발전으로 인해 그 행위가 더 이상 불만을 일으키지
않을 수도 있다. 같은 행위에 대해 어떤 사람은 불만을 느끼지만, 다른 사
람은 그것을 느끼지 않을 수도 있다. 이는 개인의 가치관, 문화적 배경, 경
험 등이 영향을 미치기 때문이다.

MZ 세대는 디지털 환경에서 자란 세대이기 때문에 전 세대와는 다른
가치관과 사고방식을 가지고 있다. 나이나 경험이 많은 세대는 젊은이들에
게 무조건적인 권위를 행사하려고 하는 경향이 있다. 젊은 세대는 이를 시
대에 뒤떨어진 '꼰대 문화'라며 반발한다. 사회적인 변화를 수용하고, 불만
을 느끼는 정도와 감수성은 다를 수 있으므로 서로의 차이를 이해하고 존
중하며 자신의 행동과 태도를 반성하고 개선해야 한다.

005

친절의 경제학

인간 사이의 교제에서 가장 효험 있는 약초이자 힘으로 여겨지는
친절이나 애정은 아주 가치 있는 발견물이다. 그래서 사람들은 아
마도 이 향기로운 약을 가능한 한 경제적으로 사용해야겠다고 바
라겠지만 이것은 불가능하다. 친절의 경제학이란 가장 터무니없
는 몽상가의 꿈이다.

친절은 경제적으로도 가치가 있다. 미국의 한 연구에 따르면, 친절한 행동
을 하면 평균적으로 20달러의 경제적 가치가 있다고 한다. 이는 친절이 생
산성을 높이고, 비용을 절감하며, 새로운 사업 기회를 창출하는 데 도움이
되기 때문이다.

법정 스님은 "이 세상에 가장 위대한 종교가 있다면 그것은 친절이다. 사
람끼리는 더 말할 것도 없고 이 세상을 함께 살아가는 모든 존재에 대해서
보다 따뜻하게 대할 수 있어야 한다. 친절은 자비의 구체적인 모습이다"라
고 말했다. 친절은 타인에게만 베풀어야 하는 것이 아니다. 자기 자신에게
도 친절해야 한다. 자신을 사랑하고, 존중하고 돌보는 것도 중요하다.

'당신에게는 친절하지만 웨이터한테 무례한 사람은 비즈니스 파트너
로 삼지 말라'는 말은 자신과 이해관계가 있거나 가까운 사람에게는 친절
하면서도, 자신보다 약한 사람에게는 거만하게 행동하는 사람은 결코 좋
은 사람이 아니므로 파트너로 삼지 말라는 뜻이다. 우리는 친절을 가능한
한 많이 나누려고 노력해야 한다. 친절은 무료로 얻을 수 있는 가장 귀중한
자원이다.

006

거짓말의 심리

왜 대부분 사람들은 일상생활에서는 진실을 말하는 것일까? 무엇
보다도 그렇게 하는 것이 편하기 때문이다. 왜냐하면 거짓말은 날
조, 위장, 기억을 필요로 하기 때문이다.

거짓말을 하는 사람의 심리는 매우 다양하다. 자신의 잘못을 숨겨 타인의
비난을 피하기 위해서, 자신의 능력을 과장하여 타인의 관심을 받기 위해
서, 타인을 속이고 자신의 이익을 얻기 위해서, 재미나 긴장을 풀기 위해서
도 한다.

하얀 거짓말은 상대방의 기분을 좋게 하기 위해 하는 거짓말이다. 다른
사람들과 조화롭게 어울리려는 것으로 관계를 개선하는 데 도움이 될 수
있지만, 남용될 경우 문제가 발생할 수 있다. 새빨간 거짓말은 매우 명백한
거짓말을 의미하며 뻔뻔하게 하는 거짓말이다. 기억이 나지 않는다고 부인
하는 것은 심리학적으로 "자기 보호적 변형self-protective memory distortion"이
며, 자신의 실수나 부정적인 상황을 회피하기 위해 사용된다.

연인들은 때로는 자신의 부족함이나 실수를 숨기거나 상대방을 보호
하기 위해 거짓말을 한다. 거짓말은 신뢰를 깨뜨리고 지속적인 관계에 부
정적인 영향을 줄 수 있다. "울면 호랑이가 잡아간다. 도깨비가 잡아간다"
는 말은 아이에게 두려움과 불안감을 준다. 아이는 어른이 거짓말을 하
면 자신도 거짓말을 해도 된다고 생각할 수 있다. 어른들은 거짓말을 하
는 대신, 아이의 감정을 이해하고, 아이에게 상황에 맞게 설명하는 노력이
필요하다.

007

Menschliches, Allzumenschliches

약속할 수 있는 것

행위는 약속할 수 있으나 감각은 약속할 수 없다. 감각은 뜻대로 되는 것이 아니기 때문이다. 어떤 사람에게 그를 언제까지나 사랑하겠다든가, 늘 미워하겠다든가, 언제까지나 충실하겠다든가 하고 약속하는 자는, 자신의 힘이 미치지 못하는 것을 약속하는 것일 뿐이다.

니체는 "행위는 약속할 수 있지만 감각은 약속할 수 없다"고 말한다. 감각은 뜻대로 되는 것이 아니기 때문이다. 어떤 사람에게 "언제까지나 사랑하겠다, 늘 미워하겠다, 언제까지나 충실하겠다"고 말하는 것은 자신의 힘이 미치지 못하는 것을 약속하는 것이다. 사랑하는 사람이 사랑의 맹세를 진심으로 했었더라도, 시간이 지남에 따라 사랑의 감각이 변할 수 있다. 다른 사람을 만나게 되거나, 시간이 지남에 맹세했던 사랑의 감각이 사라질 수 있다.

　사람의 감각은 뜻대로 되는 것이 아니기 때문에 오직 자신의 행위만을 약속할 수 있다. "너를 사랑하기 때문에 좋은 남편(아내)이 되겠다"고 말하는 것은 가능한 일이지만, "너를 영원히 사랑할 것이다"라고 말하는 것은 불가능하다.

　니체의 말은 사랑에만 해당하는 것이 아니라 모든 감각에 해당한다. 사람은 자신의 감정을 통제할 수 없으므로 타인에게 자신의 감정을 약속할 수 없다. 사람은 오직 자신의 행위만을 약속할 수 있다. 서로에게 상처를 주거나, 다른 사람을 사랑하게 된다면, 사랑의 맹세는 무효가 될 수 있다. 사랑의 맹세는 서로의 사랑을 약속하는 일종의 계약이므로 두 사람이 그 약속을 지킬 때 유효하다.

008

기다릴 수 있다는 것

> "내가 살기 위해서라면, 상대가 곧바로 죽지 않으면 안 된다. 아니
> 면 그 반대다." 이러한 결투는, 기다린다는 것이 자신의 명예를 더
> 럽힌 자 앞에서 좀 더 오래 고통받는 것을 의미한다. 이것이야말
> 로 값진 생명 보다 더 큰 괴로움일지 모른다.

결투는 중세시대 두 당사자가 결투를 통하여 사건을 해결하는 재판의 일
종이었다. 명예심은 자신의 신념과 가치를 중요시하며 지키고자 하는 마음
이다. 명예를 잃으면 삶의 의미를 잃은 것과 같기 때문에 목숨을 걸고 지키
는 사람들도 있다.

어떤 사람들은 나라를 위해, 어떤 사람은 가족을 위해 어떤 사람은 자신
의 신념을 위해 목숨을 건다. 열사烈士는 나라를 위하여 자신의 뜻을 죽음으
로서 펼친 사람이다. 의사義士는 직접적인 무력武力으로 항거를 하다 의롭게
목숨을 바친 사람이다. 안중근 의사, 윤봉길 의사, 이봉창 의사 등, 이들은
명예를 목숨보다 중시했다.

드라마나 영화에서 통쾌하게 복수를 하는 장면을 보면 관객들은 속이
후련하다. 정작 복수를 마친 주인공은 허탈한 모습이 되기도 한다. 마음
의 상처는 복수로 아물지 않기 때문이다. 복수는 피해자가 가해자에게 피
해를 되갚는 것이다. 되갚기 위한 행위와 신념을 지키기 위한 행위는 차이
있다. 되갚기 위한 복수는 허무감을 남기고 의로운 복수는 거룩한 명예를
남긴다.

009 호의에 대하여

절친한 동료나 가족 속에서의 생활은 오로지 그 호의에 의해서만
이 싱싱하게 피어난다. 선량함, 우정, 마음의 고결함은 끊임없이
솟아나는 비이기적인 충동의 드러남이며, 동정·자비·헌신이라고
불리는 충동의 잘 알려진 표현보다도 훨씬 강력하게 문화를 건설
해온 것이다. 그러나 사람들은 그것들을 지나치게 작게 평가한다.

호의는 사람들 사이에 유대감과 신뢰감이 생겨 인간관계에 도움을 준다.
누군가에게 친절한 말을 건네거나, 도움의 손길을 내밀거나, 선물을 주면
그 사람은 기분이 좋아진다. 호의는 작고 사소한 것으로 여겨지지만, 매우
강력한 힘을 가지고 있다.

니체는 호의를 "크고 드문 것보다 작지만 헤아릴 수 없을 만큼 빈번해서
아주 영향력 있는 것", "기분 좋은 순간을 잊지 않는다면, 가장 궁핍한 인생
속에서 하루하루를 풍요롭게 하는 말이다"라고 말한다. "호의가 계속되면
권리인 줄 안다"는 말은 영화 〈부당거래〉(2010)에서 나온 말이다. 호의를
받는 사람이 호의를 권리로 착각하거나, 받고 있던 호의를 이유로 다른 분
야에까지 확대하기 때문이다. 작은 호의를 무시하거나, 당연시하거나, 고
마움을 잊어서는 안 된다.

순찰하는 경찰관에게 주민이 커피 한잔, 학생이 선생님께 드리는 음료수
한 병도 부정청탁금지법(일명 '김영란법')에 어긋난다고 한다. 순수한 마음
인 줄 알지만, 호의를 거절당한 사람은 무안하고 불쾌해질 수 있다. 셔먼의
'미끄러운 경사이론slippret slope theory'은 작은 호의가 습관이 되면 경사로에
서 미끄러지듯이 점점 더 큰 부패와 범죄로 이어진다는 가설이다. 니체는
긍정적이든 부정적이든 빈번함은 큰 영향력을 행사한다고 말한다.

010

허영심은 영혼의 피부다

> 인간의 영혼이 허영심으로 덮여 있다. 뼈, 살, 내장, 혈관은 피부
> 로 둘러싸여 있어 인간의 모습을 참고 견딜 만한 것으로 만들지
> 만, 영혼의 활동과 정열은 허영심으로 덮여 있어 인간의 모습을
> 왜곡시킨다.

허영심이 많은 사람은 자기 자신보다 타인 평가에 집착하는 경향이 있다. 자신의 외모를 개선하여 다른 사람에게 더 좋은 인상을 남기기 위해 성형을 하기도 한다. '외모지상주의', '성형공화국'이란 말이 생길 정도로 외모를 가꾸는 데 많은 시간과 돈을 투자한다.

SNS를 통해 자신의 모습을 과시하고, 남과 비교하고, 경쟁하는 데 많은 시간을 보내는 사람들이 있다. 인스타그램이나 페이스북에 사진을 올리며 자신의 특별한 일상과 취향을 다른 사람들과 공유한다. 다른 사람들에게 정보 공유도 하고 자랑도하며 '댓글 숫자'와 '좋아요'에 집착하고, 악성 댓글에 상처를 입기도 한다.

니체는 "허영심이 강한 사람들은 자기 자신보다 오히려 타인의 마음에 들고자 하며, 자신의 장점조차도 소홀히 하게 된다. 타인이 자신을 아주 높은 평가를 내리도록 현혹하고 타인의 권위에 기댄다"라고 말한다. 타인의 평가에 지나치게 의존하거나 자신의 겉치레에만 신경을 쓰면 자신감이 부족해지고, 다른 사람의 눈치를 보느라 자신의 진정한 모습을 숨기게 된다. 허영심을 극복하기 위해서는 자신의 모습을 받아들이고 스스로 사랑함으로써 자신감을 갖는 것이 중요하다.

011 | 인간은 언제나 선을 행한다

자연이 우리에게 뇌우를 보내 온몸을 젖게 했다고 해서 우리는 자연을 비도덕적이라고 탓하지 않는다, 무엇 때문에 우리는 해를 끼치는 인간을 비도덕적이라고 부르는가? 우리가 전자의 경우에는 필연성을, 후자의 경우에는 뜻대로 지배하고 있는 자유 의지를 가정하고 있기 때문이다. 그러나 이 구별은 오류이다. 우리는 의도적으로 해를 끼치는 것조차도 비도덕적이라고 부르지 않는다.

인간이 의도적으로 해를 끼친다고 해서 항상 비도덕적인 것은 아니다. 우리가 의도적으로 모기를 죽이거나 범죄자를 의도적으로 처벌하여 고통을 주는 경우가 있다. 모기를 죽이는 것은 자신이 불쾌하지 않기 위해서이고, 범죄자를 처벌하는 것은 '자기보존'을 위한 정당방위다. 범죄자를 처벌하는 것은 사회의 안전과 질서를 유지라는 사회적 이익에 부합하기 때문이다.

니체는 인간의 행동과 선택은 의지의 표현이라고 말한다. 자유 의지와 필연성 사이에서 인간은 선한 행동을 할 수도, 해를 끼칠 수도 있다. 인간은 자기보존을 위해 쾌감을 바라고 불쾌감은 없애려고 하기 때문이다.

자유 의지란, 자신의 의지대로 행동할 수 있는 능력이다. 인간이 자유 의지가 없다면, 우리는 자신의 행동에 책임질 수 없으며, 윤리와 도덕은 의미가 없어진다. 니체는 자유 의지를 존중하고, 자신의 선택에 책임을 지는 것이 중요하다고 말한다.

012

보수를 받는 정의

칭찬은 트랙 위를 달리고 있는 사람들에게 환호를 보내는 것이지
결승점에 와 있는 자에게 보내는 것은 아니다.

보상과 칭찬은 행동을 격려하고 동기를 부여하기 위한 수단이다. 주로 행위를 시작하거나 지속시키는 데 사용되며 이미 성취를 이룬 사람들에게는 그리 중요하지 않다. 스포츠 대회에서 우승을 한 자는 이미 결승선에 도달하여 목표를 달성한 상태이기 때문에, 이 시점에서 사람들의 환호나 칭찬은 선수에게 큰 영향력을 미치지 않는다. 그는 이미 목표를 달성하고 자신의 능력을 입증했기 때문이다.

'주마가편走馬加鞭'은 달리는 말에 채찍질을 한다는 의미로 형편이나 힘이 한창 좋을 때, 힘을 더해 더 좋은 결과를 얻으려는 것을 의미한다. 경쟁적인 환경에서 보상과 칭찬은 더 나은 성과를 얻기 위해 노력하고 힘을 발휘하게 한다. 목표를 향해 노력하는 사람에 대한 칭찬과 격려는 자신의 역량을 입증하고 격려에 보답하기 위해 최선을 다하게 한다.

니체는 상과 벌, 비난과 칭찬이 인간의 허영심에 작용한다고 주장한다. 상과 벌이 없어지면 악행을 멀리하고 선행을 위해 노력하는 동기가 없어질 수 있다는 것이다. 인간의 이익을 위해 이러한 동기를 존속시키려면 허영심을 자극하는 것이 필요하다. 왜냐하면 인간은 칭찬과 비난에 민감하기 때문이다.

013

동정을 요구하는 자만심

화를 내고 다른 사람의 감정을 해쳐놓고서 처음에는 자신을 나쁘게 생각하지 말라고, 그다음에는 이렇게 과격한 발작에 시달렸으므로 자기를 동정해달라고 하는 사람들이 있다. 인간의 자만심이란 그 정도까지 나아가는 것이다.

자만심이 강한 사람은 자신이 남보다 우월하다고 생각하기에 자기 위주로 행동하고 자기감정만 생각한다. 타인의 감정이나 아픔을 공감하는 능력이 부족하기 때문에 함부로 상대방에게 상처주는 행동을 한다. 자신이 저지른 행동에 대한 책임을 회피하기 위해 동정심을 유발하거나 잘못을 다른 사람에게 돌린다.

이러한 상황은 사회적 관계에서 보다 가족관계에서 더 자주 나타난다. 가정폭력의 경우, 폭력을 휘두른 사람이 너무 사랑해서 자신도 모르게 저지른 행동이라며 동정심을 유발하기도 한다. 아동학대의 경우, 아이들은 자신이 잘못해서 맞았다며 부모를 이해하려고 한다. 가족관계에서 우월한 지위에 있는 가장이 가족을 자신의 소유물처럼 생각하는 경우도 많다.

자기 뜻대로 되지 않는다고 타인에게 자신의 불쾌한 감정을 함부로 퍼부어서는 안 된다. 화를 내는 것은 타인의 삶을 내 마음대로 조종하고 싶은 자만심이 있기 때문이다. 니체는 삶은 극복하면서 살아가는 것이라고 말한다. 분노의 감정을 극복하지 못하면 감정의 노예가 되어버린다.

014

시詩의 미학

> 시인들은 인간의 삶의 짐을 덜어주려고 애쓰는 한, 비참한 현재로
> 부터 시선을 돌리게 하거나, 그들이 과거 쪽에서 보내오는 빛에
> 의해 현재가 새로운 색채를 띠도록 돕는다.

시인은 인간의 삶의 짐을 덜어주기 위해 노력하면서, 비참한 현재를 벗어
나게 하거나, 현재에 새로운 색채를 더해주는 역할을 한다. 시인이 일상적
인 시간의 흐름에 구속되지 않고, 과거와 현재, 미래를 넘나들며 다양한 시
각과 경험을 가질 수 있다는 것을 의미한다.

시는 사랑, 소외, 희망, 고통 등과 같은 인간적인 주제들을 다루며, 이를
통해 우리는 자아를 발견하고 타인과 연결될 수 있게 한다. 시를 읽고 철학
적인 물음을 갖고 삶의 의미와 죽음과 같은 주제들을 다루며 깊이 있는 사
고를 할 수 있도록 한다.

시는 특정 시대나 지역의 역사, 문화, 전설 등을 다루기도 한다. 윤동주
시인의 〈서시〉는 일본 망명 기간에 고향을 떠나 일본에서 겪은 고독과 아
픔, 조국에 대한 그리움을 담고 있다. 시인은 일제 강점기와 독립운동 시기
에 활동했으나 8·15 광복을 맞이하지 못한 채 1945년 2월 16일 일본 후쿠
오카의 형무소에서 옥사했다. 〈서시〉, 〈별을 헤는 밤〉, 〈자화상〉, 〈참회록〉
등의 시를 통해 민족, 조국, 사랑, 고독, 죽음 등을 주제로 깊은 감성과 사
회적인 의식을 표현했다.

015

미의 느린 화살

> 가장 고귀한 종류의 아름다움은, 갑자기 매혹시키는 그런 미나,
> 태풍처럼 취하도록 덮쳐오는 미가 아니라(그런 것은 구토증을 일으키
> 기 쉽다), 인간이 거의 그런 줄도 모르고 계속 지니고 있는 듯한, 또
> 한 꿈속에서 우연히 만나는 일도 있지만 겸손하게 우리 마음에 걸
> 려 있다가 드디어 우리를 완전히 사로잡고, 우리의 눈을 눈물로,
> 우리의 마음을 동경으로 채우듯, 천천히 스며드는 듯한 미다.

니체는 아름다움을 '느린 화살'에 비유했다. 그는 갑자기 매혹시키는 아름
다움은 흔히 덧없고 얕은 것이지만, 천천히 스며드는 아름다움은 더 깊고
오래 지속된다고 말한다. 아름다움은 단순히 외부적인 시각적 매력이 아
니라 우리의 내면에 깊이 스며들어 있는 것으로서 우리의 감정과 욕망을
자극한다.

오드리 헵번Audrey Hepburn, 1929~1993은 영화 〈로마의 휴일〉(1955), 〈티파
니에서 아침을〉(1962) 등으로 유명한 배우다. 헵번은 유니세프 친선대사로
활동하며 아프리카와 아시아의 가난한 어린이들을 위해 봉사했다. 영화와
책을 통해 평화와 사랑의 메시지를 전파하여, 내면의 아름다움까지 우리에
게 보여주었다.

아름다운 오드리 헵번은 "매력적인 입술을 갖고 싶으면 친절한 말을 하
라. 사랑스러운 눈을 갖고 싶으면, 다른 사람의 좋은 점을 발견하라. 날씬
한 몸매를 갖고 싶으면 너의 음식을 배고픈 사람에게 나눠줘라. 손이 두 개
인 이유는 한 손은 자신을 돕는 손이고, 다른 한 손은 다른 사람을 돕는 손
이다"라는 말을 남겼다.

016

영감에 대한 믿음

모든 위대한 사람은 고안해내는 일뿐 아니라, 버리고 고치고, 정리하는 점에서도 권태를 모르는 훌륭한 노동자다. 뛰어난 예술가, 또는 사상가의 상상력은 언제나 좋은 것과 일반적인 것, 또 나쁜 것을 생산한다. 더 없이 세련된 그들의 판단력이 그것들을 취사선택하여 결합하는 것이다.

니체는 예술가나 사상가들은 상상력을 통해 다양한 아이디어를 생산하고, 그중에서 최고의 요소를 선택하여 결합한다고 말한다. 예술가들의 영감이 어떤 상황에서 갑자기 기적과 같이 내려온다고 생각하지만, 이런 영감은 기적적인 현상이 아니라 예술가의 고뇌와 노력에서 온다. 자본도 오랜 시간 노력하고 축적함으로써 형성되는 것처럼, 예술가의 작품 역시 오랜 시간과 노력을 통해 탄생한다.

위대한 예술들은 그런 영감으로 수많은 작품을 창작한다. 베토벤Ludwig van Beethoven, 1770~1827도 많은 그 영감들 가운데에서 가장 훌륭한 멜로디를 점차적으로 간추려서 뽑아낸 것이다. 베토벤은 9개의 교향곡, 32개의 피아노 소나타, 16개의 협주곡 등 약 723개의 작품을 남겼고, 바흐Johann Sebastian Bach, 1685~1750는 약 1,000여 곡의 작품을 남겼다. 도예가는 자신이 만든 도자기가 흡족하지 않을 때 수많은 도자기를 미련 없이 깨부순다. 이정도면 괜찮겠지, 라는 생각으로 깨부수지 않으면 도자기에 대한 섬세하고 완전무결한 감각이 무뎌지고 예술가적 혼마저 빛을 잃기 때문이다.

017

천재의 고뇌와 가치

> 예술의 천재는 즐거움을 만들어주려고 하지만 그가 아주 높은 단
> 계에 있으면 감상해줄 사람이 없어진다. 그는 성찬을 차려놓지만
> 사람들은 그것을 바라지 않는다. 이러한 사실들은 그에게 웃음이
> 나 감동적인 비장감을 가져온다. 왜냐하면 그에게는 사람들을 만
> 족시킬 만한 강한 힘이 없기 때문이다.

예술의 천재는 자신의 작품을 통해 사람들에게 즐거움을 주려고 하지만,
너무 뛰어나면 사람들은 그의 작품을 이해하지 못한다. 마치 진수성찬을
차려놓았지만 아무도 먹지 못하는 것과 같다. 이것은 천재적인 예술가에게
고통이지만, 그 고통이 창작의 동기가 될 수 있다.

천재들은 탐욕스럽지 않으며, 자신의 고민이나 결핍에 대해 허풍떨지 않
는다. 그들은 현재의 고통에서 벗어나 미래에 대한 확신을 가지고 있다. 자
신의 뛰어난 지능과 창의력을 통해 더 큰 비전과 성취를 위해 노력한다. 탐
욕스러운 예술가들은 절망적인 도박을 하며 슬픔과 불만족에 젖어 있다.
자신의 욕망이 충족되지 않거나, 외부적으로 인정받지 못하면 절망스러워
한다. 그들은 공상을 통해 만족과 성공을 찾으려고 하기 때문에 실패한다.

니체는 예술의 천재는 높은 수준의 예술을 이루지만, 대중의 이해와 감
동을 얻기 어려울 수 있다고 말한다. 인상파 화가 빈센트 반 고흐Vincent van
Gogh, 1853~1890는 37세의 나이에 생을 마감한 천재다. 미술 교육을 제대로
받은 적 없지만 위대한 작품들을 남겼다. 고흐의 생전에 아무도 그의 그림
가치를 인정해주지 않았다. 그의 작품은 사후 10년이 지난 후 알려졌고, 현
재는 전 세계 사람들에게 사랑받고 있다.

018

위대함의 숙명

> 어떤 위대한 현상 뒤에도 변종이 뒤따른다. 특히 예술의 영역에
> 있어서는 그렇다. 위대함의 전형이 꽤 허영심 강한 본성을 자극해
> 서 외면적으로 본뜬다든가, 능가하고 싶게끔 만든다든가, 게다가
> 훌륭한 재능은 많은 약한 힘이나 싹을 짓누르고 자기 주위에서 이
> 른바 자연을 황폐케 하는 숙명적인 성질을 가졌다.

위대한 예술가는 다른 예술가들에게 영감을 주고, 그들의 창의력을 자극하
지만, 동시에 그들의 작품을 능가하려는 사람에게 경쟁심을 느낀다. 여러
명의 천재가 서로 견제하는 경우, 약한 예술가들을 짓눌러 예술의 발전을
저해하기도 하고 예술의 발전에 도움이 되기도 한다.

　니체는 24세의 젊은 학자였고, 리하르트 바그너Wilhelm Richard Wagner,
1813~1883는 55세의 유명한 작곡가로서 둘은 첫 만남을 가졌다. 이들의 중
요한 공통 관심사는 그리스 문화와 고대 비극이었다. 음악과 비극에 대한
해석과 관심을 공유하며 강하게 연결되었지만 견해차를 보이면서 멀어졌
다. 니체는 바그너를 독재적이고 점진적인 독일 국가주의자라며 비난했다.

　니체와 바그너는 서로를 비판하는 관계로 끝났지만, 독일 예술과 철학에
큰 영향을 주었다. 니체는 서로를 발전시키는 관계가 좋은 관계라고 말한
다. 공통 관심사가 있고 서로 공감할 때 관계가 돈독해지며 서로를 성장시
키기 때문이다. 이러한 관계는 서로 뜻이 달라 결별해도 나쁘지 않다. 오히
려 일상적이고 의무적으로 시간과 열정을 소모하는 관계가 무가치하다.

019

Menschliches, Allzumenschliches

천재를 숭배하는 허영심

> 누군가를 '신과 같다'고 하는 것은 '우리는 그와 경쟁할 필요가 없
> 다'는 것을 말한다. 천재도 먼저 주춧돌을 놓고, 그 위에 세우는
> 일에 익숙해지면 꾸준히 소재를 구하고, 쉴 새 없이 그것을 여러
> 가지 형태로 만들어본다. 그 밖에 아무 일도 하지 않는다.

사람들의 허영심과 자애심은 천재에 대한 숭배심을 강화시킨다. 뛰어난 재능이 있는 사람도 르네상스 시대의 화가 라파엘로**Raffaello Sanzio,1483~1520**나 영국의 극작가 셰익스피어**William Shakespeare,1564~1616**처럼 위대한 작품을 만들 수 있을 거라고 기대하지 않는다. 오히려 그들의 능력을 터무니없거나 이상한 것 또는 우연적이거나 종교적인 것으로 생각한다.

천재의 활동은 다른 사람들의 활동과 근본적으로 다르지 않으며, 또한 놀랄 만큼 복잡하지만 '기적'은 아니다. 천재들의 활동은 자신의 사고를 한 방향으로 모으고, 자신의 방식으로 조합해나가는 일에 집중한다. 천재들만이 어떤 직관을 갖고 있거나, 어떤 마법 안경을 통해 본질을 꿰뚫어보는 능력을 가진 것이 아니다.

누군가를 '신과 같다'고 하는 것은 우리는 '그와 경쟁할 필요가 없다'는 것을 의미한다. 천재는 특별한 존재가 아니라, 우리와 같은 인간이다. 천재도 우리와 같은 노력과 인내를 통해서 만들어진다는 것을 기억하고, 자신을 믿고 열정을 쏟는다면 자기 분야에 천재가 될 수 있다.

020

Menschliches, Allzumenschliches

손으로 하는 일의 성실성

재능과 타고난 능력에 대해서 말하지 말라! 온갖 위대한 사람들
도 타고난 재능이 조금밖에 없었다. 그들은 자신에게 그것을 위한
시간을 부여했다. 눈부신 전체의 효과보다 작은 부분, 지엽적인
것을 잘하는 일에 더 많은 쾌감을 느꼈기 때문이다. 그런데 거의
모든 인간은 어떻게 하는가? 그들은 부분에서가 아니라 전체에서
부터 시작한다. 아마 한 번은 크게 대성공을 거두어 주목을 끌고,
그러고는 차츰 실패하게 된다.

니체는 재능과 타고난 능력에 의존하지 말고 부분적인 능력과 지식의 축
적을 통해 완전한 전체를 이루어야 한다고 말한다. 위대한 사람들은 타고
난 재능보다, 훌륭한 사람이 되기 위한 모든 특질을 갖추는 과정이 있었다.
전체를 이루기 전에 부분을 완전히 만드는 성실성과 전체적인 것보다 작
고 지엽적인 것을 잘하는 데 집중했다.

니체가 제안하는 훌륭한 소설가가 되는 법

- 두 페이지 분량의 필연적이고 명확한 낱말로 소설의 초고를 백 개 정도 만들어보라.
- 가장 함축적이고 효과적인 형식을 발견할 때까지, 날마다 일화를 쓰도록 하라.
- 인간의 유형이나 성격을 수집하고 윤색하는 데 싫증을 내지 마라.
- 주위 반응에 눈과 귀를 기울여 자주 이야기를 들려주고, 타인의 이야기를 들어보라.
- 풍경화가나 의상디자이너처럼 여행하라.
- 예술적 효과를 줄 만한 모든 것을 낱낱이 학문에서 가려내고 뽑아내라.
- 인간 행위의 동기에 대해서 잘 생각하고, 가르침을 줄 수 있는 지침을 밤낮으로 수집하라.

이러한 과정을 이삼십 년을 보낸 후 창작하는 작품은 거리의 빛 속으로
나갈 수 있을 것이다.

021

거장을 잊게 하다

어느 거장의 작품을 연주하는 피아니스트는, 그는 거장을 잊을 때, 그리고 마치 자기 생활에서 일어난 일을 이야기하고 있거나 지금 당장 무엇인가를 체험하고 있는 듯 보일 때, 가장 연주를 잘한다.

연주자는 거장의 작품을 기계적으로 재현하는 사람이 아니다. 거장의 의도를 이해하고 존중하는 것도 중요하지만, 거기에만 충실하다 보면 음악의 느낌을 제대로 표현할 수 없다. 자신의 감정과 경험을 담았을 때 가장 훌륭한 연주를 할 수 있다. 마치 자기 마음속 이야기를 들려주듯이 연주할 때 청중들에게 감동이 전해진다.

니체는 연주자는 자신의 감정과 경험을 담아서 청중의 환상을 자신에게로 끌어당기는 법을 배워야 한다고 말한다. 음악회 전 또는 후에 청중과의 만남, 질의응답 시간 등을 통해 소통하는 것도 청중의 공감과 지지를 얻을 수 있는 방법이다. 주어진 상황과 연주자의 개성에 맞는 표현을 통해 청중의 감성과 공감을 끌어내는 것이 중요하다.

인공지능이 연주를 한다면 복잡하고 빠른 곡을 정확하게 연주할 수 있겠지만, 사람이 주는 감정이나 느낌을 안겨주지는 못한다. 청중은 공연이 끝나고 우레와 같은 기립박수를 치며 끝없이 "브라보"를 외친다. 연주자와 함께 호흡하면서 음악이 사람들에게 감동을 주었기 때문이다.

022 | 문학가로서의 사상가

> 거의 사상가는 서툰 문장을 쓴다. 자기들의 사상뿐만 아니라 그
> 사상을 생각하는 것까지 우리에게 전하기 때문이다.

사상가들은 자신의 사상뿐만 아니라 그 사상을 생각하는 과정까지 우리에게 전달하기 위해 서투른 문장을 쓴다. 사상가는 자신의 사상을 완벽하게 표현하기 위해 문법이나 맞춤법에 집착하지 않고, 자신의 생각을 있는 그대로 표현하는 것을 중요하게 생각한다.

철학 사상 등을 명확하게 이해하려면, 주요 개념을 정리하고 관련 정보를 찾아보면서 읽으면 도움이 된다. 수학이나 경제학도 기본적인 공식을 알고 이해하여 문제를 풀 수 있는 것과 마찬가지다. 주제나 작가의 생애, 사회적 맥락, 주요 개념 등을 파악하면 더 쉽게 이해할 수 있다. 학자들의 강연을 들으며 학문적 지식을 쌓고, 독서 토론 등을 통해 의견을 나누는 방법도 좋다.

니체의 사상은 상징과 비유적인 표현이 많아 이해하기 어렵지만, 세상을 바라보는 새로운 시각과 삶에 대한 지혜를 준다. 철학자가 사색하느라 계절이 바뀌는 것도 모르고 깊은 고뇌에 빠져 얻은 것을 우리가 단번에 이해할 수 없는 것은 어쩌면 당연하다. 철학 서적은 읽는다는 말보다는 '음미한다'라는 말이 어울린다. 한 번 읽고 또 다시 읽다 보면 이해가 되기도 하고 또 다른 의미를 발견하게 된다. 이런 것이 철학 서적을 읽고 느끼는 맛이고 매력이다.

023 | 달라지는 병의 의미

그리스인은 튼튼한 건강을 지닌 사람들이었다. 그들의 비밀은 병
도 '힘'만 있다면 신으로서 섬기는 것이었다.

그리스인들은 건강과 신체적인 힘을 중요시했다. 병은 인간에게 고통을 주
지만, 동시에 인간을 강하게 만드는 존재라고 생각했다. 병을 신이 내린 벌
이라고 믿었기 때문에 신의 노여움을 풀기 위해 신전에서 기도를 하며 병
을 섬김으로써 두려움을 극복했다.

사람들은 중세 유럽을 초토화시킨 흑사병을 신이 내린 준엄한 처벌이라
고 생각했다. 우리의 옛 조상들은 천연두를 왕과 왕비들에게 쓰는 극존칭
을 사용하여 '마마'라고 불렀다. 천연두는 한 사람만 걸려도 마을 전체에
퍼져 사람들이 죽었기 때문에 신의 노여움을 달래기 위해 그렇게 불렀다.
천연두는 수많은 사람들은 죽게 한 무서운 전염병이었지만, 1977년의 마
지막 발병을 끝으로 더 이상 자연적인 발병 사례가 없는, 인류가 처음으로
박멸한 병이다.

과거에는 동·서양을 막론하고 질병은 인간이 죄를 지었기 때문에 하늘
이 내린 벌이라고 생각했다. 현대 의학과 과학이 발전하면서 질병을 신의
저주로 보기보다는 인간이 극복해야 할 과제로 인식하고 있다. 21세기 코
로나바이러스감염증-19COVID-19은 '백신'을 개발하여 대처했고, 사람들은
환경과 건강, 가족과 친구, 사회적 소통 등의 소중함을 깨닫게 되었다.

024

근거와 무근거

"그가 옳을 리 없다. 왜냐하면 그는 우리에게 유해하므로." 모든
국가와 신분·결혼·교육·법률 등 사회질서에서, 이것은 모두 그것
들에 대한 속박된 정신의 신앙에서만 힘과 영속성을 갖는다. 즉
근거가 없는 일, 적어도 근거를 묻지 않을 경우에만 힘과 영속성
을 갖는다.

사람들은 무엇을 믿으려고 하는 것이 유익하면, 그것이 근거가 있다고 믿
고, 해로우면, 그것이 근거가 없다고 믿는다. 근거 없는 일들을 믿게 만드
는 것이 권력자다. 그들은 사람들을 속박하여 자신의 이익을 위해 이용한
다. 종교가 자유를 제한하고, 도덕이 창의력을 억압하며 정치가 인간에게
국가와 법이라는 개념을 주입함으로써 인간의 자유를 침해한다.

　'가스라이팅'은 1938년 스릴러 영화 〈가스등Gaslight〉(1944)에서 유래된
'정신적 학대'를 의미하는 말이다. 극중에서 남편이 아내를 조종하여 현실
감각과 판단력을 상실시켜 자신의 의도대로 행동하도록 만든다는 내용에
서 왔다. 가스라이팅은 개인적인 관계에서 가해자가 피해자를 조종하여 스
스로의 감정과 판단을 의심하게 한다.

　속박된 정신과 가스라이팅은 인간의 사고와 행동을 제한한다. 니체는 사
람들이 자유롭고 주체적인 존재가 되기 위해서는, 근거 없는 일들에 대한
믿음과 신념을 의심함으로써 속박된 정신에서 벗어나 개인의 자유와 창의
성을 찾아야 한다고 말한다.

025

지식이 아니라 능력

학문을 연마한 가치는 그 성과에 있는 것이 아니다. 성과는 바다에 비하면 사라져버릴 만큼 작은 한 방울에 지나지 않는다. 학문을 함으로써 에너지·추진력·지구력이 강인해진다. 한때 학문적인 인간이었다는 사실은 그 뒤에 행하는 모든 일에서 볼 때 매우 높이 평가받을 만하다.

학문적 역량은 문제 해결, 비판적 사고, 분석력, 창의력 등을 다양한 인지 능력을 개발하고 강화시킨다. 합목적적合目的的인 것은 목적에 적합하게 방향을 설정하는 것이다. 합목적적인 사람은 목표를 달성을 위해 필요한 지식과 기술을 습득하고, 타인의 협력을 끌어내 효과적으로 목표를 이룬다.

사람들이 학벌이 좋은 사람을 선호하는 이유는, 그 사람의 학벌 자체가 아니라 그 사람이 목표에 도달할 수 있었던 끈기와 집중력일 것이다. 자신이 추구하는 것을 위해 노력하는 집념과 성취했던 경험이 업무에서도 효과적으로 발휘 될 가능성이 크다고 믿기 때문이다.

학문적인 역량을 갖춘 사람은 자신의 역량을 기반으로 실생활에서 문제를 해결하고 새로운 아이디어를 개발할 수 있다. 사람들에게 필요한 정보와 명확한 근거를 제공함으로써 원활한 의사소통과 리더십을 발휘한다. 학문적인 역량은 개인의 발전과 사회적 평가에서 중요한 요소 중 하나다. 그러나 인간의 가치는 학문적인 역량에만 국한되지 않고, 다양한 역량과 가치가 중요하다는 것을 간과해서는 안 된다.

026

읽는 기술

> 강력한 방향은 모두 일방적이다. 그것은 직선의 방향에 가깝고 직
> 선처럼 배타적이다. 즉 그것은 약한 당파와 약한 성질을 가진 사
> 람들이 파도처럼 밀려왔다 되돌아가는 것처럼 다른 방향에 접촉
> 하지 않는다. 따라서 우리는 문헌학자가 일방적이라는 점도 지나
> 치게 나무라지 말아야 한다.

니체는 진정한 학문은 파도처럼 일방적으로 밀려다니는 게 아니다. 올바르
게 문헌을 읽고 해석하는 기술이 발전해야 모든 학문이 지속성과 불변성
을 얻을 수 있다고 말한다. 과거 시대에는 작가의 의도를 엄밀하게 이해하
는 문헌학적 해석이 어려웠다. 국가와 교회가 강력한 권위를 행사함으로써
종교적인 편견과 관점에 얽매였기 때문이다.

문헌학文獻學, **Philology**은 그 시대의 사회나 문화를 연구하는 학문이다. 니
체는 24세의 나이에 바젤대학교 고전문헌학 교수가 되었다. 라이프치히
대학교 리츨 교수가 고전문헌학에 특출한 재능을 가진 학생이라며 니체를
강력히 추천해준 덕분이었다.

니체는 유럽 문학 최대의 서사시 《일리아스**Ilias**》와 《오디세이아**Odysseia**》
의 저자로 알려진 "호메로스**Homer**가 작가 개인이라기보다는, 당대 활동한
수많은 창작자들의 집합"이라는 내용으로 강의했다. 니체의 이런 호메로스
에 대한 파격적인 주장은 당시 학계에서 큰 논란을 불러일으켰다. 당시 고
전문헌학은 호메로스를 단일 작가로 간주하고, 그의 작품을 통해 그 시대
의 역사, 문화, 종교 등을 이해하고 있었기 때문이다. 이를 시작으로 니체
는 고전문헌학계에서 서서히 배척당하게 된다. 니체는 자신을 추천한 리츨
교수의 신임도 잃고, 제자들은 니체의 수업을 거부했으며, 스스로도 고전
문헌학에 회의를 갖고 흥미를 잃게 된다.

027 | 논쟁에 필요한 것

> 자신의 사상을 얼음 위에 놓는 것을 터득하지 않는 사람은 논쟁의
> 열기 속에 뛰어 들어서는 안 된다.

니체는 논쟁에서 승리하기 위해서는 자신의 사상을 객관적으로 바라볼 수
있어야 한다고 말한다. 자신의 사상을 냉정하게 평가하고, 다른 사람의 반
대 의견에도 대처할 수 있는 충분한 자기 검증이 우선되어야 한다.

논쟁은 서로 의견이 달라서 하는 것이므로, 논쟁의 목적은 상대방을 설
득하거나 이해시키는 것이다. 자신의 사상이 무조건 절대적이라는 생각은
위험하다. 감정을 내세우지 말고 차가운 이성으로 자신의 사상을 판단해야
논쟁에서 진실을 찾을 수 있다.

모순矛盾은 두 사실이 이치상 어긋나서 서로 맞지 않거나, 앞뒤가 맞지
않는 것을 말한다. 장사꾼이 시장에서 방패와 창을 늘어놓고 팔고 있었다.
"이 방패는 아무리 날카로운 창이라도 막을 수 있습니다." 이번에는 창을
들고 말했다. "이 창으로 뭐든지 다 뚫을 수 있습니다." 이때 구경꾼이 물
었다. "그 창으로 그 방패를 찌르면 어찌 되는가?" 장사꾼은 논리적 모순에
빠졌다. 장사꾼처럼 말과 행동에 앞뒤가 서로 맞지 않는 것을 자가당착自家
撞着이라고 한다. 장사꾼이 자가당착에 빠진 것은 자기 검증도 거치지 않고
시장에 나왔기 때문이다.

028

삶을 가볍게 하는 것

> 삶의 짐을 덜어주기 위한 주요 수단은 삶의 모든 사상事象의 이상
> 화이다. 자기 삶을 이상화하려는 모든 사람은 삶을 너무 자세하게
> 보려고 하지 않아야 하고, 언제나 일정한 거리를 두고 자신의 눈
> 을 고정해야 한다. 이러한 요령을 괴테는 알고 있다.

삶의 방식 중 아폴론적 요소는 질서, 조화, 제한, 인식, 이성 등이다. 아폴론
적인 요소는 삶을 지나치게 자세히 관찰하고 분석하는 것이다. 디오니소
스적 요소는 혼돈, 열정, 직관, 비인식, 비합리적인 것 등을 말한다. 삶을 이
해하고 이상화하기 위해 아폴론적 요소와 디오니소스적 요소를 균형 있게
조화시켜야 한다.

괴테Johann Wolfgang von Goethe,1749~1832는 낭만주의 문학의 거장으로, 자신
의 삶에서도 많은 어려움과 고통을 겪었다. 괴테는 삶을 받아들이고 자신
의 작품을 통해 삶의 아름다움과 고통을 낭만적으로 승화시켰다. 그의 작
품은 사람들에게 많은 감동을 주고 있다.

화가들은 그림을 바라보는 사람에게 지나치게 면밀하게도 예리하게
도 보려지 말고 일정한 간격을 두고 물러서서 감상하라고 권한다. 이상
적인 거리에서 그림을 보면, 세부 사항과 전체적인 구성 요소들이 조화롭
게 인식되고, 비례와 원근감을 볼 수 있다. 그림이 의도한 시각적인 효과
를 이해하는 데 도움을 주며, 화가가 의도한 표현을 정확하게 알 수 있기
때문이다.

029 | 활동적인 사람의 주요 결함

> 모든 인간은 모든 시대와 마찬가지로 아직까지 노예와 자유인으
> 로 나누어져 있다. 왜냐하면 자기의 하루의 3분의 2를 자기를 위
> 해 가지고 있지 않는 자는 노예다. 비록 그가 그 밖의 점에서는 정
> 치가·상인·관리자·학자 등 어떤 사람이든 마찬가지다.

관리자, 상인, 학자 등 자신의 존재로서는 활동적이지만, 명확한 인간으로
서는 그렇지 않다. 반복적이고 지루한 업무, 제약, 혹은 의무들로 인해 자
유와 창의성을 희생하고, 강제로 일하는 사람은 노예의 삶을 사는 것이다.
노예는 자기 자신을 위해 살지 않고, 단지 돈이나 권력 같은 외적인 것을
위해 산다.

 사람들은 일과 책임에 묶여 시간과 에너지를 제한적으로 사용한다. 자신
의 업무나 사회적 압박에 종속되어 있기 때문에 개인적인 가치나 열정을
추구하기 힘들다. 니체는 삶의 고통을 감내하며 관습과 규범 아래 충실히
살아가는 사람들을 낙타와 같다고 말한다. 낙타는 주인이 시키는 대로 무
거운 짐을 지고 묵묵히 사막을 건너는 존재다.

 니체는 사람들이 사회적인 기준과 규범에 얽매이고, 타인의 기대에 맞춰
가며 사는 것을 부정한다. 자신의 잠재력을 최대한 발휘하고, 개인적인 욕
망과 가치를 실현하는 삶을 살아야 한다. 인간은 자기를 극복하는 삶을 살
아가는 '위버멘쉬Übermensch(초인 또는 슈퍼맨)'가 되어야 한다.

030 | 한가한 사람을 위해서

> 학자들은 '한가함'을 부끄러워한다. 그러나 한가함과 무위는 고귀
> 한 것이다. 명상적 생활의 평가가 저하된 표시로서, 학자들은 지
> 금 하나의 성급한 즐거움을 찾아 활동적인 사람과 경쟁하고 있다.
> 이러한 즐거움을 본래 그들에게 속해 있는, 그리고 사실 훨씬 많
> 은 즐거움이 되는 방식보다 높이 평가하는 듯이 보인다.

니체는 혼자 산책하면서 명상을 했다. 36세에 건강 악화로 바젤대학교 교
수직을 그만두고 도시를 떠나 스위스, 프랑스, 이탈리아 등 휴양지에 머물
면서 산책했다. 혼자서 호수 주변을 8시간 동안 산책을 하다보면 15분 정
도 자신의 내면의 속으로 들어가는 것을 느낀다고 했다.

니체는 이러한 느낌을 "나는 산책하다가 울고 말았다네, 그건 광희의 눈
물이었지. 나는 나 자신을 훨씬 뛰어넘었지. 마침 숲속을 지나가던 한 남자
가 나를 무척 유심히 보더군. 그 순간 내 얼굴은 넘치는 행복으로 빛나고
있었을 거야" 하고 명상의 기쁨을 표현했다.

명상하는 삶이 점점 사라지고 있다. 명상瞑想·冥想, meditation은 조용히 눈을
감고 앉아 아무 생각도 하지 않고 호흡에 집중하거나 마음을 수련하는 것
이다. 니체는 명상하며 살아가는 삶이 중요하다고 말한다. 한가함과 무위
는 게으름이 아니므로 명상을 통해서 새로운 것을 시도하고, 내면의 목소
리를 듣고, 내면의 힘을 찾는 시간이 되어야 한다.

031 | 질병의 가치

> 병으로 누워 있는 사람은 때로는 그가 일상의 자기직무, 일 또는
> 사교라는 병에 걸려 있으며, 그런 것들로 인해 자신에 대한 사려
> 를 완전히 잃어버리고 있었다는 것을 알아차린다. 그는 질병이 그
> 에게 강요하는 한가함에서 이러한 지혜를 얻게 되는 것이다.

질병은 우리에게 고통을 가져다주지만, 그 고통은 우리에게 소중한 교훈을
준다. 몸과 마음이 아프거나 과로로 쓰러졌을 때 평소에 당연하게 여겼던
것들이 얼마나 소중한지 깨닫게 된다.

니체는 평생 동안 다양한 질병으로 평생을 고통받았다. 어릴 때부터 병
치레가 잦았으며, 두통과 근시에 시달렸고 신체상의 통증이 없을 때는 자
주 소화 장애와 우울증을 겪었다. 낙마 사고를 당하기도 했으며, 편두통,
간질, 결핵과 심장병도 앓았다. 36세에 건강이 더욱 악화되면서 바젤대학
교를 퇴직했다. 병든 몸이 적응할 수 있는 곳을 찾아 유럽 각지를 돌아다니
면서 요양과 집필 생활에 몰두했다. 말년에 정신적인 붕괴를 겪고 쓰러져
10년 동안 정신을 회복하지 못한 채 살다가 세상을 떠났다.

니체는 자신의 질병을 매우 의식적으로 받아들였다. 그는 질병의 고통
속에서도 집필했고 자신의 저서를 '위대한 건강'이라고 했다. 저서 《이 사
람을 보라Ecce Homo》(1888)에서 이렇게 말했다. "병은 내 모든 습속을 바꿀
권리를 나에게 부여했다. 병은 나에게 망각을 허용했고 또 그것을 명령했
다. 병은 나에게 조용히 누워 있을 것을, 여가를 가질 것과 기다림과 인내
가 필요함을 일깨워주었다."

032

학문의 미래

> 학문은 고생하며 탐구하는 자에게는 많은 만족을 주고, 그 성과를
> '배우는' 자에게는 아주 적은 만족밖에 주지 않는다. 그러나 차츰
> 학문의 모든 중요한 진리는 평범·비속해지지 않을 수 없으므로,
> 조금밖에 없는 만족도 없어지고 만다. 고급문화는 인간에게 먼저
> 학문을 느끼고 다음에 비학문을 느낄 수 있는 이중의 두뇌, 이른
> 바 두 가지 뇌실을 주어야 한다.

니체는 학문은 비학문을 조절하고, 비학문은 학문을 동력화해야 한다고 말한다. 인간은 본질적으로 환상, 정열에 의지하는 존재다. 인간은 쾌락에 대한 욕구가 증가하면서 참된 것에 대한 관심이 감소되고 환상과 오류가 자리를 잡는다. 그러므로 학문의 도움 없이는 과열되고, 나쁜 결과를 초래할 수 있다.

실제로 인간의 뇌는 좌뇌와 우뇌가 서로 다른 기능을 담당한다. 좌뇌는 논리적이고 분석적이며, 우뇌는 주로 감성적이고 예술적인 기능을 담당한다. 좌뇌는 문제를 해결하고 판단하기 위해 우뇌의 감각 정보가 필요하며, 우뇌는 창의력을 발휘하기 위해 좌뇌의 논리적 사고가 필요하다. 좌뇌와 우뇌는 서로 협력하여 인간의 모든 인지 기능을 수행한다.

니체는 인간에게 학문과 비학문을 모두 느낄 수 있는 두뇌가 필요하다고 생각했다. 학문은 이성적인 사고와 분석을 통해 진리를 추구한다. 비학문은 감성적인 직관과 상상력을 통해 아름다움과 예술성을 추구한다. 그러므로 학문과 비학문은 병행되어야 한다. 고급문화는 인간의 이성과 감성을 조화롭게 발전시켜 인간을 완전한 존재로 만든다.

033

우정의 균형

> 우리와 어떤 다른 사람과의 관계에서는, 자기편의 저울 접시에 아
> 주 작은 부당함을 얹으면 우정의 올바른 균형이 되돌아온다.

니체와 바그너는 1868년에 처음 만났다. 당시 '니체는 24세, 바그너는
55세', 30년의 나이 차를 뛰어넘어 깊은 우정을 나누었다. 니체는 바그너
의 별장 근처에서 거주했고, 크리스마스를 함께 보낼 정도로 바그너 가족
들과도 친밀했다.

니체는 1872년에 출판한 저서 《비극의 탄생Die Geburt der Tragödie aus dem
Geiste der Musik》을 바그너에게 헌정했다. 니체는 책을 읽어보면 자신이 바그
너에게 받은 모든 것에 대해 감사하고 있음을 알게 될 거라고 말했다. 바그
너는 니체에게 "당신은 내 아내를 제외하고는 내 삶이 내게 허락한 유일한
소득입니다"라고 쓴 편지를 보냈다. 니체와 바그너는 철학과 음악을 통한
우정을 나눴다. 니체는 이 관계를 '별들의 우정'이라고 표현하기도 했다.

니체는 처음에는 바그너의 음악에 깊은 감명을 받았지만, 바그너 작품이
그리스도교적 색채가 짙어지는 것에 대해 실망하면서 멀어졌다. 니체는 바
그너의 음악극 〈파르지팔Parsifal〉을 기독교적 성향과 데카당스(퇴폐)에 빠
졌다며 비난했다. 바그너도 니체의 철학이 회의적이고 비관적이라며 비판
했다. 결국 두 사람의 관계는 단절되었다.

034 | 어떻게 설득하는가

> 용감한 사람들을 설득해 어떤 행위를 시키자면 그 행위를 실제보
> 다도 위험하게 보이도록 과장해야 한다.

인간의 힘의 욕구는 동물과 다른 독특한 점이 있다. 동물들은 생존이나 공격적인 행동을 위해 힘을 과시한다. 인간은 생존의 목적 외에도 우월해지고 싶은 심리적 욕구를 충족을 위해 힘을 과시한다. 인간은 다른 사람보다 우월해 보이려고 경쟁을 통해 자신의 힘을 인정받고자 하는 욕구를 가지고 있다.

니체가 말하는 '힘에의 의지Wille zur Macht', 힘의 욕구는 타인을 지배함으로써 우월감을 갖고자 하는 부정적인 욕구가 아니다. '힘에의 의지'는 단순히 약자를 넘어서는 것도 아니다. 자신에게는 아무런 고통 없이 자기보다 약한 자들을 괴롭히면서 만족감을 얻는 것은 '힘에의 의지'라고 할 수 없다.

'힘에의 의지'는 자신보다 더 '강한 사람'을 넘어섬으로써 자기 자신을 극복하는 것이다. 상대를 이기고자 하는 과정이 고통스럽고 힘들수록 상대방이 강하다는 것임으로, 힘든 만큼 의미와 가치가 있다. 이는 위험을 감수하고 도전적인 행동을 통해 자신을 용감하고 능력 있는 사람으로 인식하려는 긍정적인 욕구이다.

035

불만의 해소

어떤 일에 실패한 사람은, 이 실패를 우연으로 돌리기보다도 누군
가의 악으로 돌리려고 한다. 사람에게는 복수를 할 수 있지만 우
연에 따른 손해는 어쨌든 삼켜버리지 않을 수 없기 때문이다.

독재자나 군사 지도자들은 권력을 유지하고 자신의 실수나 실패에 대한
책임을 피하기 위해 부하들을 희생시킨다. 역사적으로 여러 문화와 시대에
서 권력자나 지도자들이 실패나 위기의 상황에서 책임을 외부로 돌리거나
희생자를 찾는다. 그들은 이 희생양을 권력의 불안정성과 그에 따른 파국
을 피하기 위한 전략으로 사용한다.

집단이나 조직에서 위기 상황이나 실패했을 때, 문제의 책임과 사람들
의 관심을 돌리기 위해 특정 개인이나 집단을 표적으로 삼고 공격하는 현
상이 발생한다. 이는 집단 내에서의 권력 구조와 갈등, 승리와 패배에 대한
심리적인 요소들을 해소하는 수단이 된다.

036

잡초 같은 자만심

우리의 모든 좋은 수확을 망치는, 자만심이라 불리는 잡초가 무성하게 자라는 일만큼 경계해야 할 것은 없다. 자만하는 사람은 자신의 실제 위대한 공적도 남의 눈에는 몹시 의심스럽고 시시하게 보이게 할 수 있으므로, 사람들이 흙 묻은 발로 그것을 짓밟기도 한다.

니체는 자만심은 모든 좋은 수확을 망치는 잡초와 같다고 말한다. 잡초는 번식력이 왕성해서 순식간에 주변을 뒤덮는다. 이로 인해 소중히 가꾼 농작물의 영양소를 빼앗고 성장을 방해한다.

사람들에게 자만심을 가졌다는 평판을 받는 것은 정말 어리석은 일이다. 자만심이라는 평판으로 인해 호의적이고 간절한 마음으로 경의를 표명하더라도 사람들의 반감을 가질 수 있기 때문이다. 이는 아름다운 꽃이 무성한 잡초에 가려져 밟히는 것과 같다. 니체는 명예로운 행동조차도 자만심으로 오해받지 않을 확실한 곳, 예를 들면 친구나 가족 앞에서만 보여야 한다고 말한다.

자존심自尊心은 남에게 굽히지 않고 스스로 높이는 마음이다. 기준이 타인에게 있고 타인을 의식하는 것이다. 자존감은 자아존중감自我尊重感으로 자신을 존중하고 가치 있는 존재라고 인식하는 마음으로 나 자신이 기준이 된다. 자만심은 자신이나 자신과 관계가 있는 것을 스스로 뽐내며 자랑하여 거만하게 행동하는 것이다. 자만심의 가장 큰 피해자는 자신이다. 자신이 뽐낼 정도의 경지 이르렀다고 생각함으로써 더 이상 변화와 발전을 추구하지 않고 성장을 멈추게 된다.

037

친구에 대해서

"벗들이여, 벗이라는 것은 없다!" 죽어가는 현자는 이렇게 외쳤다. "벗들이여, 적이라는 것은 없다!" 살아 있는 어리석은 자, 나는 외친다.

동맹과 우정이 오해와 적으로 무너지는 이유는 다양하다. 가장 친한 친구 사이도 감각이나 의견이 다르며, 같은 의견이라도 각자의 머릿속에서는 완전히 다른 관점을 가지고 있다.

니체와 바그너가 결별하게 된 중요한 사건 중 하나는, 니체의 주치의가 니체의 수치스런 성적인 문제를 바그너에게 귀띔해준 일이었다. 바그너가 니체의 성적 사생활에 대해 충고를 한 것이 니체에게 모멸감을 주었기 때문이다.

자기의 가장 믿는 친구가 실제로 나에 대해서 어떻게 생각하는지를 알게 되었을 때, 치명적인 상처가 될 수 있다. 확실히 친구라는 것은 있지만, 친구로 계속 남아 있기 위해서 침묵하는 것을 배워두지 않으면 안 된다.

038

Menschliches, Allzumenschliches

우정과 결혼

가장 좋은 친구는 아마도 가장 좋은 아내를 얻게 될 것이다. 좋은
결혼은 우정의 재능에서 나오기 때문이다.

니체는 사랑보다 우정을 상위 개념으로 생각한다. 우정은 인간관계의 기초
가 되기 때문에 좋은 친구 관계는 좋은 결혼으로 이어질 수 있다. 진정한
친구 사이는 서로를 성장시키고 소중히 여긴다. 이러한 관계는 부부 사이
에도 중요하다.

직업, 명예, 재산, 외모 등이 결혼의 선택을 위한 중요한 조건이 될 수 없
다. 좋은 결혼은 서로의 장점을 보완하고, 부족한 부분을 채워주는 친구 같
은 관계다. 서로 성장하는 데 도움이 되지 않는 친구가 서로를 원망하듯,
결혼이 불행해지는 이유도 사랑이 부족한 것이 아니라 우정이 부족하기
때문이다.

친구는 상호 영감을 주며 성장의 원천이 되는 존재다. 친구는 단지 기분
을 좋게 해주기 위한 사이가 아니다. 서로 동일한 대우를 하며 소중한 존재
로 생각해야 서로를 성장시킨다. 우정을 키우는 재능은 좋은 결혼을 할 수
있는 능력을 갖추게 한다.

039

긴 대화로서의 결혼

결혼생활은 길고 긴 대화다. 결혼에서의 다른 모든 것은 일시적이다. 그러나 관계의 거의 모든 시간은 대화에 속한다.

니체는 결혼할 때 스스로에게 질문을 해보라고 말한다. "이 사람과 늙을 때까지 유쾌하게 이야기를 나눌 수 있다고 믿는가?" 니체는 결혼에서 가장 중요한 것은 대화 방식이라고 말한다. 대화의 주제는 살아가는 동안 계속 바뀌지만, 두 사람이 대화하는 방식은 크게 바뀌지 않기 때문이다.

부부는 각자의 사소한 습관에서부터 자녀 양육, 가정 경제, 상호 가족의 대소사 등 수많은 일들을 함께 의논하며 풀어나가야 한다. 서로의 의견이 다를 때, 싸움을 피하고 안 싸우는 것만이 방법이 아니라 건강하게 잘 싸우는 것이 중요하다. 서로 대화하는 방식이 잘 되어 있다면 싸움도 문제를 해결할 수 있는 방법이 될 것이다.

대화가 단절되고 소통이 되지 않으면 외롭고 괴롭다. 결혼 생활에서 가장 끔찍한 빈곤은 외로움과 사랑받지 못한다는 느낌이다. 우리나라 부부 10쌍 중 3쌍이 하루에 30분도 대화를 나누지 않는다고 한다. 부부가 대화하는 시간이 30분도 안된다면 정서적 이혼 상태나 마찬가지가 아닐까.

040

성격이 강하다

어떤 사람의 성격이 강해보이는 것은, 그가 자신의 원리를 좇고
있기 때문이라기보다 언제나 자신의 기질을 좇고 있기 때문이다.

기질氣質, disposition은 어떤 사람의 타고난 성질이다. 기질은 사람들이 태어
날 때부터 유전자로 결정되는데 기질이 성격의 전부는 아니다. 성격은 후
천적인 환경과 경험에 의해서 형성된다. 어떤 사람의 성격이 강해보이는
것은, 자신의 타고난 기질에 따라 행동하기 때문이다. 타고난 기질의 부정
적인 면은 후천적 노력으로 변화시킬 수 있다. 개인의 타고난 기질과 후천
적인 성격을 잘 조화시켜 나가는 것이 중요하다.

고대 그리스의 의학자 히포크라테스는 인간의 기질을 다혈질, 담즙질,
우울질, 점액질 분류했다. 다혈질은 에너지가 넘치고 발랄하며, 쉽게 흥분
하고 일을 할 때 분석 없이 실행부터 한다. 담즙질은 의지가 강하고 독립
적이고, 자신의 능력을 크게 신뢰하며, 감정이 무딘 편이다. 우울질은 자
기중심적이고 예민하며, 심사숙고하고 반성하느라 의지력이 상실된다. 점
액질은 유머감각이 있고 흥미로우며, 자기목적과 다른 일에는 무관심하고
방관한다.

니체는 인내의 기질이 중요하다고 말했다. 재능이나 기량을 충분히 갖추
고 있어도 일을 완성하지 못한다. 일을 완성하는 데에는 재능과 기량보다
도 시간을 두고 끊임없이 견디며 노력하는 인내의 기질이 있어야 목표를
달성하는 중요한 요소가 된다고 강조한다.

041

목표와 길

> 일단 선택한 길을 끝끝내 버티어나가는 사람은 많지만, 목표에 대
> 해서 그렇게 하는 사람은 거의 없다.

니체는 인간의 정신이 변화하는 과정을 낙타, 사자, 어린아이로 비유했
다. 낙타는 외부에서 정한 규칙에 따라 무거운 짐을 짊어지고 사막을 달린
다. 사자는 낙타와 달리 주어진 짐을 거부하고 복종 대신 자유를 추구한다.
어린아이는 사자가 쟁취한 자유를 통해 새롭고 순수한 자신만의 가치를
창조한다.

니체는 사람들이 자신의 삶과 가치와 목표를 생각하고, 정신적인 풍요와
삶의 균형을 찾으라고 말한다. 사람들은 치열한 경쟁 속에서 늘 쫓기듯 바
쁘게 살며 자신의 본질적인 욕구와 가치를 잃어버리고 있다. 하루하루가
고달프고 힘들다. 자신의 모습이 무거운 짐을 지고 끝없는 사막을 가는 낙
타의 모습과 같다.

타인이 요구하는 삶과 자신이 아니라고 생각하는 가치에 대해 "아니오"
라고 말하는 사자와 같은 용기가 필요하다. 이 세상에서 가장 행복한 사람
은 모래성을 막 완성한 어린아이다. 모래성은 파도와 바람에 쉽게 허물어
진다. 그럼에도 불구하고 아이들은 모래 한 줌으로 성을 쌓으며 즐거워한
다. 니체는 자신의 목표를 잃고 낙타처럼 버티며 사는 것이 중요한 것이 아
니라, 아이처럼 창조하며 기뻐하는 삶이 행복한 삶이라고 말한다.

042

양 뒤에 숨은 이리

> 거의 모든 정치가는 어떤 상황 아래서 언젠가 정직한 한 사람이 매우 필요하게 된다. 그래서 그는 굶주린 이리처럼 양의 집을 침범하는데, 그것은 물어온 숫양을 먹기 위해서가 아니라 양의 등 뒤에 숨기 위해서다.

양은 순하고 온순한 동물로 순종적이고 약한 존재다. 이리는 사납고 교활한 동물로 약자를 괴롭히거나 속이는 존재다. 교활한 정치가는 겉으로는 순하고 착한 척하지만 속으로는 사악한 이리와 같은 위선자다.

우민화 정책愚民化 政策은 국민들이 정치와 경제에 대해서 잘 모르고 관심도 없게 해서 쉽게 지배하려는 정책이다. 국민의 의식 수준을 낮춰 불만이나 비판 의식을 막고, 어리석게 만든다. 조삼모사朝三暮四는 원숭이들에게 도토리를 아침에 세 개, 저녁에 네 개씩 주겠다고 하니 원숭이들이 적다고 화를 내자, 아침에 네 개, 저녁에 세 개씩 준다고 하자 좋아했다는 고사성어로 간사한 꾀로 속이는 것을 말한다.

니체는 마르크스주의자들을 위선자들이라고 생각했다. 마르크스주의자들은 부를 사회에 환원하고 평등한 삶을 추구한다고 주장한다. 그들이 말하는 평등주의는 인간의 욕망과 의지를 부정하고 타인을 지배하려는 위선자들의 수단이라며 비판했다. 니체는 정치란 권력 쟁탈의 도구가 아니라, 인간다운 삶을 추구하기 한 수단이어야 한다고 말한다.

043

방향을 제시하는 것

어떠한 강도 자기 스스로 크고 풍부하게 되지는 않는다. 헤아릴
수 없는 수많은 지류를 받아들이고 앞으로 이끌어야 풍부한 강이
된다. 정신의 위대함 또한 마찬가지다. 문제는 누군가가 그 많은
지류가 따라야 할 방향을 제시하는 일이다. 그가 처음부터 재능이
많은지 적은지는 문제가 아니다.

니체는 많은 사람들로부터 영향을 받았지만, 가장 큰 영향을 미친 사람은
라이프치히대학교의 리츨 교수였다. 리츨 교수는 당시 독일에서 가장 유명
한 고전문헌학자였다. 니체는 리츨 교수를 통해 고전문학에 대한 깊은 지
식을 쌓았고 뛰어난 실력을 갖추었다. 리츨 교수는 학생 신분인 니체를 문
헌학 교수로 추천하여 니체는 24세에 바젤대학교 최연소 교수가 되었다.

니체는 쇼펜하우어Arthur Schopenhauer, 1788~1860의 《의지와 표상으로서의
세계Die Welt als Wille und Vorstellung》(1819)를 읽고 큰 영향을 받았지만, 삶의 가
치에 대한 문제에서는 쇼펜하우어와 입장이 달랐다. 쇼펜하우어가 맹목적
인 삶에의 의지가 가져오는 허무함 때문에 삶의 가치를 부정한다며 비판
했다. 니체는 맹목적인 것이 아니라 적극적인 삶의 의지로써의 '힘에의 의
지'를 주장했다.

쇼펜하우어의 철학과 음악은 니체와 바그너를 연결시켰다. 둘의 공통 관
심사는 그리스 문화와 고대 비극이었다. 니체에게는 바그너와 같은 음악
의 대가와 함께 한다는 것이 큰 즐거움이었으며, 바그너의 음악은 니체의
삶과 철학에 큰 영향을 미쳤다. 니체는《바그너의 경우Der Fall Wagner》(1888),
《니체 대 바그너Nietzsche contra Wagner》(1888) 등 작품을 통해 바그너를 숭배
했지만 한편으로는 비판하기도 했다. 이 외에도 니체는 다양한 사람들의
사상과 경험을 바탕으로 자신만의 철학을 발전시켰다.

044

넓은 자연

우리가 넓은 자연 속에 그토록 파묻히고 싶어 하는 까닭은, 자연
이 우리에 대해서 어떤 의견도 갖고 있지 않기 때문이다.

사람들은 왜 자연을 좋아할까, 자연이 우리에게 평화와 평온함을 주기 때
문이다. 도시의 복잡함과 스트레스에서 벗어나 자연을 통해 마음의 안정을
찾을 수 있다. 자연은 우리에게 휴식과 감동을 주며, 아름다운 풍경과 다양
하게 변화하는 자연의 모습은 창조적인 영감을 준다.

자연의 본질 또는 인간과 자연의 관계에 대해 철학자들은 많은 생각을
한다. 원시시대 인간들에게 자연의 광폭함은 언제든지 인간을 파멸시킬 수
있는 두려움과 공포의 대상이었다. 신의 존재나 내세에 대한 동경도 바로
이런 자연에 대한 두려움 때문이다.

니체는 자연을 두려움과 공포의 대상이 아닌 있는 그대로 자연으로 받
아들였다. 자연은 힘의 지배가 있는 곳이며, 인간의 창조의 원천이라고 생
각했다. 인간은 자연에서 끊임없이 배우고 성장해야 하며, 자연을 통해 더
많은 것을 성취할 수 있다.

045

하루의 길이

> 사람들이 집어넣을 것을 많이 갖고 있으면, 하루는 백 개의 주머
> 니를 갖고 있다.

우리는 사람을 만나고, 일을 하고, 여러 장소에 가보고, TV를 보고 인터넷을 한다. 하루 동안 여러 생각과 감정을 느끼며 많은 경험을 쌓고 감정의 변화를 겪는다. 하루 종일 아무 생각 없이 혼자 방에서 잠을 자느라 시간을 소비한 사람과는 다른 하루를 보낸다. 하루를 열정적이고 보람 있게 보낸 사람은 일상을 마치고 하루를 정리할 주머니가 백 개라도 부족할 수 있다.

사람들은 세상이 불공평하다고 말한다. 타고난 환경, 외모, 건강, 재산이 다르기 때문에 누구는 금 수저고, 누구는 흙 수저로 태어났다고 말한다. 불공평을 말할 때, 공평한 것이 있다면 시간이다. 세상 모든 사람들은 동일하게 주어진 시간을 어떻게 보내느냐에 따라 삶이 달라진다.

하루 24시간은 똑같지만, 어떻게 사용하느냐에 따라 그 시간은 달라진다. 24시간은 물리적인 속도를 말한다. 자신에게 주어진 시간을 어떻게 활용하느냐에 따라 실질적으로 주어진 시간은 똑같지 않다. 자신에게 주어진 시간의 주인은 자신이다. 하루하루의 시간들이 미래의 나를 만든다.

046

직업은 삶의 척추다

> 직업은 우리들의 생활을 지탱해 주는 기반이 된다. 일을 한다는
> 것은 우리를 악으로부터 멀어지게 한다. 쓸데없는 망상을 품는 것
> 조차 잊게 만들고 기분 좋은 피로와 보수까지 선사한다.

직업은 우리 삶에서 중추적인 역할을 한다. 직업은 단순히 생계를 유지하
고, 돈벌이를 위한 수단이 아니다. 자신의 의지를 통해 세계를 창조하는 것
이므로 자신의 능력과 관심사를 고려해서 선택해야 한다. 직업을 가졌다는
것은 하나의 큰 은혜다. 직업에 전념하느라 쓸데없는 생각과 걱정거리에서
멀어져 있는 동안 우울한 삶도 달라질 수 있다.

직업職業은 생계를 유지하기 위해 자신의 적성과 능력에 따라 일정한 기
간 동안 계속해 종사하는 일을 말한다. 직업 정보의 총람인《직업사전》에
직업으로 성립하는 등재 기준은 계속성, 경제성, 윤리성, 자발성 등이다.
절도, 강도, 살인청부업자 등 반사회적인 일은 직업으로 인정하지 않는다.

사람들은 잘하는 일과 좋아하는 일 중에서 무엇을 선택할지 고민한다.
잘하는 일을 하면 효율적으로 진행할 수 있고, 더 높은 성과를 낼 수 있다.
좋아하는 일을 하면 더 즐겁게 일할 수 있고, 자신의 꿈을 이루는 데 도움
이 된다. 잘하는 일과 좋아하는 일 중 선택하는 기준은 사람마다 다르다.
자신이 원하는 삶을 위해서는 나는 왜 이 일을 하고 싶은지 스스로에게 묻
고 답을 찾아야 한다.

047
하루의 맨 처음 생각

하루를 잘 시작하는 가장 좋은 수단은, 눈을 뜨면 그날 적어도 한
사람에게 한 가지 즐거움을 줄 수 있는가 없는가 하고 생각하는
일이다. 만약 이것이 종교적 기도의 습관에 대한 대체물이라고 여
겨진다면 그의 이웃들은 이 변화로 이득을 보게 될 것이다.

아침에 눈을 떠서 누군가에게 즐거움을 주어야겠다고 마음먹으면, 하루의
시작부터 의미 있고 즐거워진다. 다른 사람을 위해 무언가를 하려는 생각
이 나 자신을 돌아보고 마음의 여유를 갖게 한다. 다른 사람에게 도움을 주
고 즐거움을 줌으로써 나도 즐겁고 나의 존재감도 상승된다.

자신의 즐거움을 위해 타인에게 원망이나 모욕감을 주어서는 안 된다.
타인의 불행, 재앙, 복수심과 경멸, 차별하는 마음으로 인한 즐거움도 안
된다. 진정한 즐거움이란, 사소한 것이라도 타인에게 힘이 되고, 모두가 즐
거워할 만큼 가치가 있어야 한다.

니체는 자기 삶의 주인에 되어 현재에 의미와 가치를 둔다면 우리의 삶
은 보다 즐거울 것이라고 말한다. 매일 아침 기도하듯 이러한 마음으로 하
루를 시작하면, 삶이 더 의미 있고 행복하게 느껴질 것이다. 주변 사람들을
위해 작은 도움이라도 베풀려는 습관은 주변 사람들로 하여금 행복감을
느끼게 한다.

048 | 박수도 연극의 연속이다

빛나는 눈초리와 호의적인 미소는 훌륭한 세상의 희극과 삶의 희극에 주어지는 박수갈채다. 그러나 동시에, "박수갈채를 보내주시오, 여러분" 하며 다른 관객을 유혹하는 희극 중의 희극이기도 하다.

연극의 3요소는 배우, 극본, 관객이다. 관객의 반응도 연극의 중요한 구성요소다. 관객이 연극을 보고 박수를 치는 것은 훌륭한 연기를 한 배우에 찬사이며, 배우의 연기를 통해 관객이 감동받은 느낌을 표현하는 것이다. 훌륭한 연극은 막이 내린 후에도 관객들의 박수갈채가 계속된다.

우리 삶도 연극과 같다. 인생이란 끝없이 이어지는 연극이고, 각자 자기 삶의 무대에서 주인공이다. 연극이 관객과의 소통을 통해 완성되듯, 우리 삶도 타인과 상호작용하며 자신의 인생을 만들어나간다. 사람들은 자신의 행위에 대하여 칭찬과 인정받기를 원한다. 니체는 타인의 평가보다는 자기 자신을 인정하는 것이 중요하다고 말한다.

박수는 기쁘거나 감동했을 때 상대방에 대한 칭찬과 인정의 표시다. 박수갈채가 진실을 감추고 사람들을 속이고 조종해서 자신의 이익을 위한 거짓 행동일 때도 있다. 니체는 "사상가는 자기 자신에게 보내는 박수를 확신한다면, 타인의 박수와 갈채를 필요로 하지 않는다. 하지만 자신이 스스로에게 보내는 박수는 반드시 필요하다고" 말한다.

049

양심적인 사람들

> 자기 양심에 따르는 일은 자기 오성에 따르는 것보다 한결 편하
> 다. 왜냐하면 양심은 어떠한 실패를 하더라도 자기변호와 기분 전
> 환이 가능하기 때문이다. 그러므로 언제나 이성적인 사람은 아주
> 적은 데 반하여, 양심적인 사람은 아주 많다.

니체는 절대적이고 보편적인 가치에 따르는 것을 부정하고, 개인의 의지와
신념이 중요하다고 말한다. 오성悟性은 인간의 인식 능력이다. 이성理性은 생
각하고 판단하는 능력이다. 양심良心은 자기의 행위가 옳은지 나쁜지. 선과
악을 판단하는 도덕의식이다.

 니체는 사회적 관습이나 윤리에 의해 억압되는 과정을 극복해야 한다고
말한다. 이성적인 사람은 사회적 압력이나 관습에 따라 행동하거나 이성
의 판단에 의존한다. 양심적인 사람은 전통적인 규범과 가치 판단을 무조
건 따르지 않는다. 양심적인 사람은 독립적인 의견을 가지고 개인의 가치
와 도덕적 책임에 따라 행동한다. 양심은 교육과 사회적 압력에 의해 형성
되는 편견이다. 사람들은 각자 '주권적 인간'으로서의 양심을 가져야 한다.

 형법상 위증죄偽證罪는 법률에 의하여 선서한 증인이 허위의 진술을 하면
처벌한다. 허위 여부는 객관적 진실로 판단하는 것이 아니므로, 자기 기억
에 따라 진술한 것은 허위 진술이 아니다. 자기 기억과 다른 거짓말을 할
때 허위 진술로 처벌받는다. 자기 양심을 따르는 것은 자신의 내면적인 가
치 판단에 따른 행동이므로 자신을 변호하고 행동을 정당화할 수 있다. 그
래서 자기 양심을 따르는 것이 오성을 따르는 것보다 편안한 선택이 될 수
있다.

050 | 너무 심각하게 여기지 말 것

> 욕창이 생기도록 누워 있는 것은 기분 나쁜 일이다. 오랫동안 자기 자신을 무시하며 살다가 마지막에 이르러 철학적인 내면생활을 한 사람들은 감정과 정신에도 하나의 욕창이 생긴다는 것을 알고 있다.

욕창褥瘡은 지속적으로 압박받은 신체 부위가 혈액 순환이 안 되고 산소와 영양 공급이 부족해서 피부가 손상되는 질병이다. 욕창은 중증 환자가 오래 병상에 누워 있을 때 바닥에 직접 닿는 피부 부위에 생긴다. 우리 전통문화는 자신을 드러내지 않고 참고 견디는 것이 미덕이라고 여겼다. 화병火病은 억울한 마음을 삭이지 못해 통증, 답답함, 불면증 등이 나타나는 증세다. 미국정신의학협회에서 한국의 문화에 관련된 특유 질환으로 'hwa-byung(화병)'으로 병명을 등재한 적이 있으나, 삭제하고 현재는 정식 병명으로 인정하지 않는다.

니체는 철학적인 내면생활을 하면서 생긴 심리적인 상처나 정신적인 손상을 '욕창'에 비유했다. 신체에 욕창이 생기듯이 사람의 심리도 압박당하면 욕창이 생긴다.

심리적 욕창 예방법

- 스스로를 억압하거나 무시하는 것은 자신의 삶을 해친다.(자기를 사랑하고 존중한다.)
- 자신의 감정과 생각에 대해 무감각해지지 마라.(자아성찰을 통해 자신을 관리하라.)
- 모든 문제를 혼자서 해결하려고 하지 마라.(대화하고 소통하며 해결책을 모색한다.)
- 내면의 성장과 발전에 소홀해지지 마라.(자기계발에 투자하라.)

051

과도한 허영심

가장 손상되기 쉬운 것, 가장 극복하기 어려운 것은 인간의 허영
심이다. 뿐만 아니라 그것은 손상됨으로써 더욱 강력해지고 거대
해질 수도 있다.

허영심은 자신을 과대평가하거나, 타인보다 자신이 우월하다고 생각하는
마음이다. 자신의 사회적 지위 등을 과시하여 주변 사람들의 인정과 찬사
를 받는 데 집착한다. 과도한 허영심은 자신의 허황된 마음과 현실과의 차
이로 인해 내적으로 고통받는 원인이 되고, 외부적으로는 진실을 부정하고
과장된 주장을 하면서 타인을 비난하고 공격하는 형태로 나타난다.

허영심은 자신의 개성에 대한 두려움과 자부심이 부족해서 자신의 모습
을 감추려는 것이다. 좋은 평판을 받으면 자기에게 유익한지, 참인지 거짓
인지에 상관없이 기뻐하고, 나쁜 평판을 받으면 괴로워한다. 허영심은 타
인의 평판에 예속된 노예 정신이다. 고귀한 인간은 타인의 평판에 전적으
로 얽매이지 않는다.

허영심은 대상자나 상황에 따라 어떤 때는 철저히 숨기고, 어떤 때는 솔
직히 털어놓는 교활한 행동을 보인다. 자신의 좋지 않은 성격과 버릇, 나쁜
행동을 솔직하게 털어놓은 것조차도 더 나쁜 부분을 감추려는 교활한 허
영심일 뿐이다. 사람들은 상대와 상황에 따라 무엇을 자랑하고 무엇을 감
출지가 변한다. 타인의 관점으로 자신을 관찰하면 자신이 무엇에 대해 자
신감과 긍지가 있고, 무엇에 대해 부족함을 느끼는지 알 수 있다.

052

많이 기뻐할 것

많이 기뻐하는 사람은 선량한 사람임에 틀림없다. 그러나 아마도 가장 영리한 사람은 아닐 것이다. 물론 그는 가장 영리한 사람이 그 모든 영리함을 기울여 손에 넣으려고 한 것을 이미 손안에 놓기는 했지만.

영리한 사람은 세상의 어려움을 이해하는 능력이 뛰어나고 지혜로워 삶의 목표를 달성할 수 있다. 선량한 사람은 영리한 사람보다 더 많이 기쁨을 느낀다. 선량한 사람은 영리한 사람이 이룬 것에 대한 가치를 발견하고 기쁨을 느낄 줄 알기 때문에 가장 영리한 사람이다.

니체는 인생을 어린아이처럼 마음껏 기뻐하며 살라고 말한다. 사소한 일이라도 기뻐하면 타인에 대한 혐오와 증오심이 줄어든다. 마음에 증오심이 사라지면 기분이 좋아지고 몸의 면역력도 강화된다. 온갖 잡념을 잊고, 부끄러워하지 말고, 참지 말고, 삼가지 말고 마음이 이끄는 대로 어린 아이처럼 기뻐하며 살아야 한다.

니체는 기쁨을 얻는 방법은 다양하지만, 순수한 어린아이처럼 자신의 가치관에 따라 살아가는 것이라고 말한다. 위험을 두려워하지 말고, 새로운 도전을 해야 한다. 위험은 물리적인 위험이 아니라 사회적인 고정관념이나 타인이 정해놓은 가치관을 깨는 것을 두려워하는 마음이다. 고정관념이나 타인의 기준에 의한 삶을 부정하고 자신만의 삶을 찾아 도전하는 것이 인생 최대의 기쁨이다.

053 | 벼락출세한 자의 철학

언젠가 뛰어난 인물이 되길 바라는 사람은 자기 그림자까지도 존중해야 한다.

그림자shadow란 성격의 부정적인 부분을 말하며 개인이 숨기고 싶은 모든 불쾌한 요소들이다. 그림자는 인간의 특성 중 열등하고, 가치 없고, 원시적인 부분이며 자신의 '어두운' 부분들이다. 심리학자 융도 모든 사람에게는 그림자가 있다고 말했다.

공직후보자의 경우 후보자의 능력뿐만 아니라 사생활과 윤리적인 면까지 중요시하며 검증 절차를 거친다. 사생활이나 윤리적인 면에서 결함이 있을 경우, 공정하고 책임감 있는 업무를 수행할 수 없기 때문에 사람들의 신뢰를 얻을 수 없다.

유명 인사나 인기인들을 공인公人이라고도 한다. 인기 연예인의 팬들은 그를 우상처럼 생각하며 사소한 사생활까지 알고 싶어 한다. 그들이 과거에 학교폭력 가해자였거나, 병역기피를 한 사실이 드러나면 팬들은 과거의 그림자에 실망하고 떠나버린다.

니체는 "생각은 감정의 그림자"라고 말한다. 사람들의 신뢰와 진실의 근거는 감정에서 나오므로 마음이 비리에 흔들리지 않게 잘 붙들어야 한다. 마음이 흔들리면 머리도 놓치게 된다. 밝게 빛나는 나, 눈에 보이는 나뿐만 아니라 자신의 그림자도 존중받을 수 있도록 살아야 한다.

054 | 제멋대로 하기

> 사람이 제멋대로 행하면 행할수록 점점 다른 사람들은 그를 제멋대로 행할 수 없게 만든다.

자기 삶을 주도적으로 사는 사람은 자신의 독립성과 자율성을 존중하며, 자신만의 가치관과 목표를 위해 노력한다. 사회적인 기대나 규범에 얽매이지 않고, 보다 가치 있게 살기 위해 스스로의 삶을 계획하고 실천하는 긍정적인 사람이다.

자기 주도적으로 사는 사람과 제멋대로 사는 사람은 명확히 다르다. 독불장군, 독단적, 이기적, 오만함, 거만함, 자만심, 고집불통 등은 제멋대로 사는 사람을 표현하는 부정적인 단어들이다. 제멋대로인 사람은 스스로도 자신을 통제하지 못하기에 자기 하고 싶은 대로 함부로 사는 부정적인 사람이다.

사회적 매장marginalization이란, 범죄를 저질렀거나, 파렴치한 행동으로 인해 사회로부터 신용을 잃는 것을 말한다. 제멋대로 하는 사람은 자신의 생각과 의견만을 주장하고, 다른 사람의 생각과 의견은 받아들이지 않는다. 타인의 권리를 침해함으로써 피해를 주고, 사회적 규범이나 법률을 지키지 않아 비난을 받는다. 제멋대로 하는 행동은 사회로부터 제지당하고 심하면 더 강한 강제적인 조치로 사회에서 완전히 격리당할 수도 있다.

055

부정직한 칭찬

부정직한 칭찬은 부정직한 비난보다도 나중에 훨씬 더 많은 양심의 가책을 불러일으킨다. 이것은 아마도 우리의 판단력이 지나친 비난, 또는 부당하기조차 한 비난을 들었을 때보다 지나친 칭찬을 들음으로써 더욱더 웃음거리가 되기 때문일 것이다.

동화《벌거벗은 임금님》은 부정직한 칭찬에 현혹된 어리석은 임금님 이야기다. 옛날에 백성은 돌보지 않고 옷치레만 하는 임금님이 있었다. 어느 날 임금님에게 두 재단사가 나타나서 "세상에서 가장 아름다운 옷감으로 옷을 만들어 드리겠습니다" 하고 말하자, 신이 난 임금은 재단사에게 많은 금화를 주고 옷을 만들라고 명령했다.

새 옷을 기다리던 임금님은 신하들에게 재단사가 옷을 잘 만들고 있는지 보고 오라고 했다. 신하가 확인해보니 옷 틀만 있고 아무것도 보이지 않았지만, 근사한 옷이 만들어지고 있다고 말했다. 재단사가 옷이 완성되었다고 가져왔을 때, 임금님의 눈에도 옷은 보이지 않았다. 임금님은 보이지 않는 옷을 입는 시늉을 했다.

임금은 새 옷을 입고 거리 행차를 나갔다. 백성들 눈에도 옷은 보이지 않았다. 누구의 눈에도 옷이 보이지 않았지만 신하도, 구경하는 백성들도 모두들 멋진 옷이라고 칭찬했다. 오직 한 아이만 옷이 보이지 않는다고 소리쳤다. "임금님은 벌거숭이다!" 신하들과 구경꾼들은 임금님이 옷을 입지 않았다는 사실을 그제야 인정했다.

이 모든 일은 재단사가 "이 옷감은 착한 사람 눈에만 보인다"고 말했기 때문에, 모두 임금님을 향해 거짓으로 칭찬한 것이었다.

056 | 인습과 그에 따른 희생

인습의 기원은 '단체는 개인보다 더욱 가치 있다'는 사상과, '영속
적인 이익은 일시적인 이익에 앞서야 한다'는 두 가지 사상에 있
다. 그러나 이러한 생각은 스스로 희생되는 일이 없는 사람들에게
만 성립하는 것이다. 왜냐하면 희생자 쪽에서 보면 개인은 다수보
다도 귀중할 수 있기 때문이다.

니체는 인습因習은 사람들을 전체의 구성원으로서 다양한 풍습의 아래에서
살아가도록 다수화한 것이라고 말한다. 니체는 인습에 얽매여 '다수화'되
지 말고 개개인으로서 끊임없이 자신의 목소리를 내야 한다고 말한다.

사회적 약자社會的弱者는 사회적으로 힘이나 세력이 약한 사람들이나 집단
을 말한다. 사회적 약자는 상대적인 개념이며, 시대와 문화에 따라 변화하
고 달라질 수 있다. 사회에서 소외되는 등 불리한 위치에 있는 사람들이 사
회적 약자다.

미국 매사추세츠공대MIT에서는 '무인자동차의 딜레마'라는 설문 조사를
실시했다. 도로 위를 달리던 무인자동차가 보행자와 충돌 직전 상황에서
'무인자동차는 탑승자 1명과 보행자 10명 중 누구의 생명을 구해야 하느
냐'는 질문에 76퍼센트가 10명을 살리고 승객 1명을 희생하는 쪽을 선택
했다. 다수의 행복이 선善이라는 것에 동의한 것이다.

057 성공은 동기를 신성하게 한다

성공하기 위해 개인적인 만족, 공포, 평판, 명성에 대해 고려하는 것은 비속하고 이기적인 동기다. 자신이 추구하는 가치가 중요한 것이 아니라도 할지라도 미덕에 이르는 길을 꺼려해서는 안 된다.

미덕으로 이르는 길은 의무에의 충실, 질서, 절약, 절도, 중용을 지킨다. 어떤 목표를 추구하든 미덕으로 이르는 길을 따라가야 한다. 미덕의 길을 통해 목표가 이루어지면 성공을 위해 행동했던 여러 동기까지 고귀하게 만든다. 한 번 미덕의 길을 통해 성공을 한 경험을 가진 사람은 나중에 다른 목표를 성취할 때도 함부로 가치 없는 행동을 하지 않는다.

교육은 학생들에게 미덕을 강조해야 한다. 무조건 성공을 해야 한다고 다그치면 학생들은 볼품없는 동기로 행동하게 된다. 추진력이 되는 동기가 이기적이고, 편법을 쓰거나 출세 지향적이라면 이는 미덕에 이르는 길이 아니며 성공마저 볼품없게 만든다. 미덕을 근본으로 하는 행동들은 자기 일을 충실히 다할 수 있게 성숙함과 성공의 감미로움을 선사한다.

058 | 간결함을 비난하는 사람들

무엇인가 간결하게 이야기된 것은, 장기간에 걸친 많은 사색의 성과이고 수확일 수 있다. 그러나 이 분야에 익숙하지 못하고 아직까지 이 점을 깊이 생각한 적이 없는 독자는, 모든 간결하게 이야기된 것 속에서 무언가 태아와 같은 것을 발견하며 때로는 자기의 식탁에 그러한 미숙한 것만을 놓았다고 비난의 눈길을 그에게 보낸다.

잠언은 어떤 교훈이나 가르침을 주는 말로 간결하고 짧은 문장으로 표현한 것이다. 철학자, 종교인, 시인 등 지혜로운 사람들이 남긴 글은 삶의 지침이 되고 마음에 위안을 준다. 니체는 건강이 악화되고 시력도 약해져 글을 쓰기 힘든 상황에서도 자신의 사상을 잠언 형식으로 남겼다.

니체의 저서 《아침놀Morgenröte》(1881)은 575개의 잠언으로 구성되어 있다. 독특한 문체와 사상적 통찰력이 돋보이는 작품으로 인정받고 있다. 니체는 자신의 사상들을 한 문장으로 함축해 표현했다. 중세의 종교적 신 중심인 세상을 어둠으로 표현하고, 인간이 중심인 세상을 밝은 아침이라 생각했다. 서서히 밝아 오는 인간이 중심이 되는 세상을 기다리며 《아침놀》을 썼다. 니체의 잠언들은 짧은 글이지만 우리에게 깊은 사고와 긴 여운을 준다.

누구나 쉽게 읽을 수 있는 글은 간결하고 명쾌하다. 문학작품뿐만이 아니라 뉴스 원고와 신문 기사도 간결하다. 정보를 전달할 때 가독성이 중요하기 때문이다. 유명한 명언들은 많은 의미가 함축되어 사람들에게 의미와 감동을 전해준다.

059 | 좋은 책은 때를 기다린다

> 좋은 책은 모두 세상에 나왔을 때는 떫은맛을 낸다. 그 새로움이
> 오히려 결점이 되기 때문이다. 게다가 살아 있는 저자가 유명하여
> 그에 대한 많은 일이 알려졌을 경우에는 그것이 오히려 그에겐 해
> 가 된다. 왜냐하면 세상 사람들은 작가와 작품을 혼동하는 경향이
> 있기 때문이다.

니체는 자신의 저서에 대한 좋은 평가를 갈망했지만 이루지 못했다. 생전
에 학계로부터 철저히 무시당했고, 종교계와 도덕주의자들로부터도 비판
받았다. 그의 첫 번째 책인 《비극의 탄생》은 독창적이고 그의 철학적 초기
사유를 담은 작품이지만, 문헌학자들로부터 모욕적인 평가와 공개적인 반
박을 받았다.

1883년 《차라투스트라는 이렇게 말했다Also sprach Zarathustra》를 집필할
때 니체는 자신의 사유가 정점에 이르렀다고 느꼈다. 자신의 철학적 과제
가 수행되었다고 생각했으며, 스스로 최고의 작품이라고 자부했으나 반응
이 좋지 않았다. 평가가 좋지 않은 이유가 사람들이 이해하지 못해서라고
생각하고 이해를 돕기 위해 1886년 《선악의 저편Jenseits von Gut und Böse》을
저술했다. 니체가 사망한 후 니체의 여동생 엘리자베트는 히틀러를 의식해
오빠의 유고를 편집하여 1901년에 《권력에의 의지Der Wille zur Macht》 출간했
다. 이로 인해 니체는 나치주의자라고 오해받게 되었다.

니체는 예언처럼 말했다. "책이 지닌 활력·감미로움·화려한 광채는 자라나는
세대와 지난 세대가 보내주는 존경에 의해 마침내 후대에 전승된다. 이런 존경
에 의해 지켜지면서 세월이 흐르면 조금씩 드러날 것임에 틀림없다. 그렇게 되
기까지는 많은 시간이 흘러야만 하고 많은 거미들이 그물을 쳐두어야 한다. 좋
은 독자는 책을 점점 좋게 만들고 좋은 반박자는 그것을 순화해준다."

060

자신을 위해 글을 쓴다

> 지혜로운 작가는 어떤 다른 후세를 위해 쓰는 것이 아니라 자기
> 자신의 후세를 위해, 즉 자기의 늘그막을 위해서 쓴다. 그때에도
> 기쁨을 느낄 수 있도록.

글을 쓴다는 것은, 자신의 글을 통해 자신의 삶을 되돌아보고, 자신의 살아온 의미와 가치를 확인하는 기쁨을 느끼게 한다. 글쓰기로 자신의 삶에서 얻은 지혜와 경험을 타인과 공유하고 소통할 수 있다. 시니어들의 버킷리스트 중 하나가 자서전 쓰기다. 철학자나 작가가 아니어도 누구나 한 번쯤 자신의 이야기를 책으로 엮어 세상에 남기고 싶다는 생각을 한다.

《이 사람을 보라》는 니체의 인생을 정리한 자전적인 책이다. '나는 왜 이렇게 현명한가, 나는 왜 이렇게 영리한가, 나는 왜 이렇게 좋은 책을 쓰는가, 나는 왜 하나의 운명인가'라는 제목으로 구성되어 있다. 이 제목들은 니체가 자신의 철학을 겸손의 미덕보다 높은 긍지를 설명하기 위해 의도적으로 자신감 넘치게 표현한 것이다.

나이가 들면 "내 인생은 책으로 쓰면 10권이 넘고 한 편의 장편영화"라고 말한다. 인생 황혼기에 자신의 삶을 돌아보고 기록으로 남기는 것은 자신의 긍지를 높이는 일이다. 늘 새로운 인생을 창조하며 살아가는 의지를 주기 때문이다.

061

여행자와 그 등급

사람들은 여행자를 다섯 등급으로 나눈다.

니체가 말한 여행자들의 다섯 등급

- 남에게 관찰 당하는 눈먼 사람

- 실제로 스스로 세상을 관찰하는 사람

- 관찰한 결과에서 어떤 것을 체험하는 사람

- 체험한 것을 다시 체득해서 지속적으로 지니고 다니는 사람

- 관찰한 것을 체득한 뒤, 돌아와서 다시 여러 행위와 일 속에서 필연적으로 발휘하는 사람

인생의 여로를 걷는 인간 모두가 니체가 말한 여행자처럼 다섯 등급으로 나뉠 수 있다. 가장 낮은 등급의 사람은 순전히 수동적인 인간이고, 가장 높은 등급의 사람은 배운 것을 남김없이 발휘하며 살아가는 행동가다.

니체는 자신을 다섯 번째 등급에 해당한다고 생각했다. 니체는 자주 여행했고 여행은 니체 삶에 중요한 부분을 차지했다. 그는 유럽의 높은 산과 아름다운 호수를 산책하며 건강을 회복하고, 영감을 얻어 철학을 발전시켰다.

062 | 잇는 것과 떼어놓는 것

인간을 서로 결합하는 것은 머릿속에 있고, 인간을 분리해놓는 것
은 마음속에 있다.

인간을 결합하는 것은 공동의 필요에 의한 것이다. 인간을 분리하는 것은
사랑과 미움 속에서 맹목적인 선택과 무분별한 행동, 다른 모든 사람을 희
생하면서 한 사람을 편애하는 것, 또 여기서 생기는 일반적 이익에 대한 멸
시를 말한다.

공통의 이해관계를 가진 사람들이 모여 결성한 조직을 이익집단 또는
압력단체라고 한다. 이들은 기업, 노동조합, 농민단체, 소비자단체, 환경단
체, 종교단체 등이 정부나 정당의 정책 결정에 압력을 행사하거나 사회적
인 여론을 조성하여 자신들의 이익을 위해 활동한다. 집단의 목적이 명확
하고 규모가 크고 구성원들이 이해관계가 일치할수록 정책이나 법률에 더
큰 영향을 미칠 가능성이 크다.

집단의 결속력을 저해하는 가장 큰 요인은 구성원들이 서로 의사소통
부족하거나, 집단 활동에 대한 동기부여가 없을 때, 지도자가 리더십이 없
을 때이다. 구성원들 간의 갈등이 심할 때 결속력이 약해지고 집단은 해체
된다. 니체가 말한 것처럼 머리로 생각한 필요에 의해 결합하고 마음의 갈
등으로 인해 분리된다.

063

해결의 순간

학문의 세계에서는 늘 시시각각으로 볼 수 있는 현상이지만, 문제
가 풀리기 시작하기 직전에 이제 자기의 노력이 완전히 헛일이었
다고 믿고 발걸음을 멈춰버리는 사람이 있다. 이것은 나비매듭을
풀면서 그것이 막 풀리기 시작한 순간에 망설이는 자와 똑같다.
그가 망설이는 것은 그때 가장 매듭이 단단히 지어진 것과 똑같이
보이기 때문이다.

목표를 이루지 못하고 한계에 부딪혀 포기하고 싶을 때, 더 나아갈 수 없는
한계 상황에서 임계치에 다다랐다고 말한다. 성공한 사람들의 비결은 가장
힘들 때 다시 한 번 더 시도해보고, 한 발만 더 나아가는 사람이다. 멈추지
않고 극복하면 임계치를 넘어갈 수 있다는 것을 알기 때문이다.

멈추는 사람들은 거기까지가 자신의 한계가 되어버린다. 1미터를 뛰어
오르는 벼룩을 잡아 30센티미터의 작은 유리병에 가두면 벼룩은 처음에
그 병에 계속 부딪히다가 나중에는 도전하기를 포기한다. 시간이 지나면
벼룩은 유리병 뚜껑을 열어놓아도 유리병 높이 이상은 뛸 수 없게 된다. 유
리병 높이가 자신의 최대 능력이라고 믿으면서 병 안에 갇혀 살아간다.

임계치는 포기하지 않고 한계를 뛰어넘는 끈기와 목표에 대한 절실함이
다. 자신의 새로운 가치, 새로운 세계를 열기 위해서는 임계치를 넘어서야
한다. 한 발을 더 가는 사람과 멈추는 사람의 결과는 분명히 다르다. 힘들
고 지쳐 도저히 견딜 수 없을 때, 이렇게까지 했는데 더 이상은 못 하겠다
는 생각이 들어 포기하고 싶을 때, 바로 그때가 거의 목표 지점에 다다른
때이다.

064

Menschliches, Allzumenschliches

정직이 저지르는 오산

우리가 이제까지 비밀로 해온 것을, 때로는 최근에 사귄 사람들이 먼저 알게 된다. 우리는 어리석게도 비밀을 털어놓음으로써 우리의 믿음을 나타내는 것이, 그들을 꼭 붙들어놓는 가장 견고한 고삐가 되리라고 생각한다. 그러나 그들은 흉금을 털어놓는 우리의 이야기가 얼마나 고통을 수반한 이야기인가를 느낄 만큼 충분하게 우리의 일을 알고 있지 않다. 그들은 배반이라고는 전혀 생각지 않고 우리의 비밀을 다른 사람에게 털어놓고 만다. 그 결과 우리는 오랜 친구를 잃게 될지도 모른다.

친구에게 비밀을 말하면 처음엔 비밀을 공유했다는 생각에 관계가 더 돈독해진다. 친구가 자신의 비밀을 지켜줄 것이라는 믿음을 갖고, 그로 인해 친밀한 관계가 형성된다. 그러나 비밀을 말해준 것이 친구에게 부담이 될 수도 있고, 오히려 관계가 나빠질 수도 있다. 모든 친구가 자신의 비밀을 끝까지 지켜준다는 것을 보장할 수도 없다.

니체는 친구와 함께 있을 때 고통스러운 것이 아니라 즐거워야 한다고 말한다. 친하다는 이유로 함부로 대하거나, 습관처럼 불평불만을 늘어놓으면 점점 만나기 싫어진다. 부정적인 말은 되도록 하지 말고, 친구에게 유익하지 않으면 말을 아끼는 것이 좋다. 친구가 소중하다면 친구의 감정과 시간도 소중하게 생각해야 한다. 가깝고 친한 친구일수록 도가 지나치거나 선을 넘지 않고, 적당한 거리와 예의를 갖추는 것이 오래 유지되는 친구관계다.

065

부지런한 사람들과의 우정

빈둥빈둥 노는 자는 친구들에게 위험한 존재다. 그가 그다지 하는
일이 없으므로 친구들의 행동거지를 하나하나를 논평하고, 마침
내는 남의 일에까지 끼어들어서 달갑지 않은 존재가 된다. 그렇기
때문에 부지런한 사람들과만 우정을 맺는 지혜로운 길을 택해야
할 것이다.

니체는 서로 성장을 시킬 수 있는 사람을 만나라고 말한다. 부지런한 사람
들은 자신의 목표를 달성하기 위해 시간을 가치 있게 사용하는 사람이다.
부지런한 사람을 가까이하면 긍정적인 태도를 배우고, 함께 성장해나갈 수
있다.

부지런하지 않은 친구는 부정적인 태도를 가지고 불평을 늘어놓거나 다
른 사람의 일에 간섭하는 데 시간과 에너지를 낭비하는 사람이다. 근묵자
흑近墨者黑은 검은 먹을 가까이하면 검어진다는 뜻으로, 나쁜 사람과 사귀면
물들기 쉽다는 의미다. 충실하지 못한 사람과 가까이하면 내 인생에도 부
정적인 영향이 미칠 수 있다.

자신을 보호하기 위해서는 소위 '에너지 뱀파이어'와 같은 사람을 멀리
하는 것이 좋다. 에너지 뱀파이어는 다른 사람의 긍정적 에너지를 빼앗
는 사람을 말한다. 에너지 뱀파이어는 부정적인 태도로 끊임없이 불평
을 늘어놓거나 비판적인 말을 자주하므로 함께 있을수록 지치고 의욕이
상실된다.

066 | 위험이 최대일 때

> 인생의 고갯길을 고생하여 올라가는 동안에는 좀처럼 다리를 부
> 러뜨리는 일은 없다. 가볍게 보고 편한 길을 택하기 시작할 때가
> 가장 위험하다.

인생에서 어려움을 겪으면서 성장할 때가 의미 있고 중요한 시기다. 고갯
길을 오르는 동안에는 힘들지만, 그만큼 우리는 많은 것을 배울 수 있다.
새로운 길에 도전하며 한계를 극복하고 목표를 달성하는 과정은 자신을
더 강하게 성장시킨다.

가볍고 편한 길은 어려움을 겪지 않고 쉽게 얻기를 바라는 것이다. 편한
길을 택하면, 우리는 다양한 경험을 할 수 없다. 노력하지 않고 쉽게 얻을
수 있는 것은 그만큼 의미가 없다. 요행을 바라거나, 다른 사람의 공을 가
로채거나 속임수를 쓰고 편법을 선택하는 쉽고 편안함에 안주하면, 결국에
는 인생의 내리막길을 걷게 된다.

등산할 때보다 하산할 때 다치는 사람이 더 많다. 하산할 때는 등산할 때
보다 피로가 쌓여 다리에 힘이 풀리고, 집중력이 떨어지기 때문에 미끄러
지거나 추락할 위험성이 높다. 일도 처음 시작할 때는 아무것도 모르기에,
선입견이나 편견이 없이 배우고 겸손한 태도를 가진다. 정상에 오르면 자
만에 빠져 일을 그르치는 경우가 있다. 초심을 잃지 말고 꾸준히 자신의 목
표를 향해 정도를 지키며 걷는 것이 위험에 빠지지 않는 길이다.

067

유행의 기원과 효용

> 한 인간이 자기 형식에 대해 자기만족을 느끼고 있는 모습이 뚜
> 렷하게 보이면, 그것이 다른 사람들의 모방심을 불러일으켜 차츰
> '다수'의 형식, 즉 '유행'을 낳게 된다. 유행의 어리석은 법칙이라
> 하더라도 많은 사람들이 따르게 된 이상, 그것은 마음의 자유와
> 안식을 준다.

유행流行은 일시적인 인기를 얻었다가 새로움에 대한 인식이 사라지면 금
방 사라지기도 한다. 유행을 따라하는 이유는 자기를 표현하고자 마음과
모방하고 동조하고자 하는 심리 때문이다. 유행은 사람들을 자신감을 상승
하게 하고 위축된 기분에서 해방시킨다. 유행의 규칙으로 맺어진 사람들은
서로 같은 취향을 가졌다는 동질감을 느낀다.

　사람들은 자신을 남에게 표현하고, 동시에 다른 사람들을 따라함으로
써 사회적 흐름에 맞춰 살아간다. 유행에 맞는 옷을 입는 것만으로도 자신
이 다른 사람들보다 더 안목이 있고 세련된 감각을 가졌다고 생각한다. 니
체는 패션에 관심이 많았다. 다양한 스타일의 옷을 입었고, 자신의 패션
을 통해 개성을 표현했다. 스위스 바젤대학교 교수로 재직할 때 멋쟁이라
고 불릴 정도로 항상 잘 차려입는 것으로 유명했다. 니체는 패션을 단순한
외모를 가꾸는 수단이 아니라, 자신의 생각과 감정을 표현하는 수단으로
보았다.

068 | 이해하기도 참기도 힘들다

> 젊은이는, 나이 든 사람들이 한 번쯤은 환희를, 감정의 아침놀을,
> 사상의 방향 전환과 비약을 체험했다는 것을 이해하지 못한다. 더
> 구나 '열매를 맺기' 위해서는 꽃을 버리고 그 향기도 없이 지내야
> 한다는 말을 들으면 그는 완전히 적개심에 사로잡힌다.

젊은이들은 나이 든 사람들도 한때는 열정과 희망을 가진 젊음이 있었다
는 것을 이해하지 못한다. 그들만이 세상을 처음 경험하고 있다고 생각하
기 때문이다. 나이 든 사람들이 자신들보다 더 많은 것을 알고 있다는 것을
받아들이지 않는 사람들도 있다.

　나이 든 사람들은 많은 경험했기 때문에 많은 것을 알고 있고 많은 것
을 할 수도 있다. 젊은이들보다 조금 먼저 태어나 이전 세상에서 이전 방
식으로 살았다. 한 영화에서는 이런 대사가 나온다. "너희 젊음이 너희 노
력으로 얻은 상이 아니 듯, 내 늙음도 내 잘못으로 받은 벌이 아니다."(영화
〈은교〉에서)

　젊은이들은 나이 든 사람들이 더 이상 꿈꾸지도 않고 도전하지 않고, 그
저 시간만 보내며 죽음을 기다리는 존재라고 생각할 수도 있다. 하지만 포
기한 것이 아니다. 여전히 꿈꾸고, 도전하는 열정과 희망을 가지고 있다.
단지, 젊은이들과 달리 표현하지 않고, 다른 방식으로 성취해나갈 뿐이다.

069 | 포기하는 자들의 위험

> 생활을 너무 좁은 욕망의 기초 위에 세우지 않도록 주의해야 한
> 다. 왜냐하면 지위·명예·교제·쾌락·안락·예술이 가져오는 여러
> 기쁨을 포기해버리면, 이 포기한 자리에 '지혜' 대신 '삶에 대한 염
> 증'을 이웃으로 얻었음을 깨닫는 날이 올지 모르기 때문이다.

니체가 말하는 욕망은 아무렇게나 사는 것이 아니라, 엄격한 자기 규율과
자아 극복을 전제로 한다. 욕망이 지나치면 자신과 타인에게 부정적인 결
과가 발생한다. 반면에, 욕망을 전부 포기해버리면 현재에 안주하고 변화
를 위해 노력하지 않으므로 삶이 지루하고 무의미해질 수 있다. 적절한 욕
망은 목표를 위한 동기부여도 되고 삶의 활력소가 된다.

미국의 심리학자 매슬로Abraham Harold Maslow, 1908~1970는 인간의 욕구를
5단계로 구분했다. 1단계의 욕구가 충족되어야 다음 욕구를 충족시킬 수
있다.

- 1단계: 생리적 욕구physiological needs
- 2단계: 안전 욕구safety needs
- 3단계: 사랑과 소속감love and belonging needs
- 4단계: 존중 욕구esteem needs
- 5단계: 자아실현 욕구self-actualization needs

매일 아침 내가 살아 있다는 사실만으로도 감사하고 행복해하는 일은
중요하다. 때로는 자신의 삶을 돌아볼 때 무미건조하다고 느낄 수 있다. 인
간은 항상 더 높은 단계로 나가고 싶은 욕구가 있기 때문이다. 삶이 지루할
때, 좋아하는 취미나 새로운 목표는 삶의 활력소가 된다.

070 | 칭찬받는 자에게

> 그대가 다른 사람으로부터 칭찬받는 동안에는, 늘 그대가 아직
> 그대 자신의 궤도 위가 아니라 타인의 궤도 위에 서 있다고 굳게
> 믿어라.

칭찬이란, 상대방의 행동이나 특징을 긍정적으로 평가하는 말이다. 칭찬에
의존하는 사람은 자신의 가치를 타인의 평가에 의존한다. 타인의 칭찬을
받으면 자신감을 얻고, 칭찬을 받지 못하면 자신의 가치를 인정받지 못해
우울해하거나 불안해한다. 타인의 칭찬에 의존하지 말고, 스스로를 인정하
고 칭찬하여 자신의 가치를 높여야 한다.

관찰자 기대 효과observer expectancy effect란, 연구자가 실험 대상의 행동에
영향을 미치는 효과를 말한다. 연구자가 실험 대상에게 "당신은 영리하니
까 잘 할 수 있을 거야"라고 말하면, 더 잘하게 되고, "당신은 영리하지 않
기 때문에 잘 못할 거야"라고 말하면, 잘 못한다는 것이다. 사람들은 인정
받고 싶은 욕구가 있기 때문에 자신의 의지와 상관없이 상대방의 기대에
부응하기 위해 노력하므로 칭찬은 다른 사람의 성장과 잠재력 발휘에 영
향을 줄 수 있다.

니체는 인간은 사회적 동물이므로 타인의 평가에서 벗어날 수는 없지만,
자신의 행동이 그릇되지 않았다면 굳이 타인의 평가에 연연해하지 말라고
한다. 타인의 평가가 항상 옳은 것은 아니므로 자신에 대한 평판에 지나치
게 신경 쓰지 말아야 한다.

071

의기양양하게 앉는 법

> 승마의 멋진 자세는 적에게서 용기를 훔치고 관중에게서 마음을
> 훔친다. 새삼스레 무엇 때문에 공격한다는 말인가? 승리를 얻은
> 자와 함께 앉아 있기만 하면 되는 것을.

위풍당당한 모습은 신체적·정신적으로 강하고 당당한 인상을 풍겨, 보는 사람으로 하여금 존경심과 경외감이 생기게 한다. 당당한 모습은 승리를 확신하는 자신감을 보여줌으로써 주변 사람들에게까지 승리의 기운이 전파된다.

영화 〈범죄도시〉 시리즈가 흥행하고 마석도(배우 마동석) 형사가 인기를 누렸다. 마석도 형사의 액션 장면은 관객들을 사로잡는다. 마석도 형사는 187센티미터의 키와 100킬로그램의 체격에 강한 힘을 가진 캐릭터다. 범죄 현장에 나타나면 천하무적이고 큰 산처럼 든든하다. 그는 맨주먹으로 흉기를 든 범죄자들을 제압하며 불타는 정의와 용기, 유머러스한 여유까지 보여준다.

슈퍼맨처럼 나타나 안전을 지켜주는 든든한 모습은 범죄에 대한 두려움을 날려주고 범인을 응징하는 통쾌함까지 준다. 기선 제압은 경기에서 승리하는 데 매우 중요한 요소다. 상대방의 기세를 꺾고 주도권을 잡기 위해서는 철저히 준비하고 노력해야 한다. 자신과 상대방에 대한 철저한 분석과 위험을 두려워하지 않는 용기, 의연하고 자신감 있는 태도를 갖춰야 한다.

072 | 결코 헛수고는 아니다

> 그대가 진리의 산을 올라가는 일은 결코 헛수고가 아니다. 그대는
> 오늘 더 높이 올라가거나 내일 훨씬 더 높이 올라갈 수 있도록 힘
> 을 단련하고 있는 것이니까.

진리의 산을 오르는 것은 어렵고 긴 여정이지만, 포기하지 않고 꾸준히 오르면 언젠가는 산 정상에 도달하는 희열을 느낄 수 있다. 산을 오르는 동안 몸과 마음의 근력이 단단해지며 자신에 대해 더 잘 알게 되고, 세상을 더 넓고 깊게 이해할 수 있다.

끈기는 성공을 위한 필수 요소이며, 끈기가 있으면 어떤 어려움도 극복할 수 있다. 정상에 도달하지 못했더라도 오르는 과정에서 얻는 경험과 성취감은 그 어떤 것보다도 소중할 것이다. "가다가 중지 곧 하면 아니 감만 못하다"는 속담은 끈기를 가지고 반드시 끝까지 가야 한다는 의미다. 이 말도 의미가 있지만 "가다가 중지 곧 하면 간 만큼 이익이다"라고 생각할 수도 있다. 그동안이 노력과 과정에서 얻는 경험도 중요하기 때문이다.

"나는 방랑자이며 산을 오르는 자다. 내게 무엇이 일어나든, 거기에는 늘 방랑과 산을 오르는 일이 있을 것이다. 그대는 그대 자신을 넘어서 올라가야 한다. 그대의 별들이 그대의 발아래 놓일 때까지! 나는 그것을 나의 정상이라 부른다."《차라투스트라는 이렇게 말했다》에서 니체는 끈기를 통해 자신을 극복하는 것이 정상에 오르는 것과 같다고 말한다. 제일 높은 정상은 바로 자기 자신이다.

073

자기 자신을 원하라

> 활동적이고 성공적인 사람들은, '너 자신을 알라'는 격언에 따라
> 행동하지 않고, '자신을 원하라, 그러면 하나의 자신이 될 것이다'
> 라는 명령이 눈앞에 떠오르고 있는 듯 행동한다.

자신이 원하는 것이 무엇인지 아는 것이 중요하다. 자신을 원하는 것은 자신의 가치를 발견하고 스스로를 존중하며 사랑하는 것이다. 자신이 원하는 것은 좋아하는 것, 되고 싶은 것, 이루고 싶은 것이다. 자신이 원하는 것을 발견함으로써 자신의 강점과 잠재력을 발휘하여 자신이 원하는 삶을 창조하며 살 수 있다.

고대 그리스의 철학자 소크라테스Socrates는 "너 자신을 알라"라고 말했다. 이는 자신의 한계와 약점을 알라는 의미다. 니체가 말하는 "자신을 원하라"는 자신이 원하는 삶이 무엇인지 아는 것이다. "자신을 알라"와 "자신을 원하라"는 모두 자기를 이해하는 것이 중요하다는 의미이지만 차이가 있다. 니체는 소크라테스가 인간의 본성에서 가장 중요한 삶의 의지를 억압했다고 생각했다.

사람들은 가슴이 뛰는 삶을 살고 싶다고 말한다. 가슴이 뛰는 일이 니체가 말하는 자신이 원하는 일이다. 자기가 원하고 선택한 것이기 때문에 어떤 난관에 부딪쳐도 이겨낼 수 있다. 원하는 것을 알지 못하고 무시하면 삶이 힘들고 허무해진다. 활동적이고 성공하는 사람의 비결은 '원하라, 그러면 될 것이다'라는 명령이 눈앞에 떠올라 있는 듯 행동한다.

074 | 나중에 짓는 한숨

> 우리는 어떤 사람이 죽은 뒤 오랜 시간이 흐른 다음에야 비로소 그가 없는 쓸쓸함을 느낀다. 아주 위대한 인물의 경우는 수십 년 뒤에야 겨우 그런 생각이 나게 마련이다. 정직한 자는 어떤 자의 죽음이 그다지 섭섭하다고 생각하지 않기 때문에, 지나치게 부풀린 조문을 읽는 자를 위선자라고 생각한다. 곤경에 빠졌을 때 비로소 어떤 개인의 존재의 필요를 느끼게 된다.

인간을 비롯해 생명을 가진 모든 것은 언젠가 죽음을 맞이한다. 죽음을 통해 떠난 사람의 소중함을 깨닫고, 사랑하는 사람과 함께할 수 없다는 상실감 때문에 그리워하고 슬퍼한다. 실제로는 사람이 죽고 시간이 흐른 뒤에야 그 사람의 존재를 진정으로 그리워하게 된다.

니체는 어릴 때 아버지와 남동생의 죽음을 겪었다. 니체가 다섯 살 때 아버지가 뇌졸중으로 세상을 떠났고, 다음 해 두 살 된 남동생도 세상을 떠났다. 니체는 1889년 1월 이탈리아 토리노의 카를로 알베르토 광장에서 채찍질 당하는 늙은 말을 끌어안고 울다 쓰러져 정신병원에 입원했다. 생애의 마지막 10년을 정신을 회복하지 못한 채 살다가 1900년 8월 25일, 56세의 나이로 일생을 마쳤다.

슬픔에도 위선이 있다. 장례식장에서 소중한 사람을 잃어서 우는 것이 아니라 자기 자신을 위해 우는 경우가 그렇다. "실컷 울고 나서 누가 죽었냐고 묻는다"는 속담이 있듯, 고인과 애틋한 관계였다는 것을 보이기 위해서 울거나, 자신의 처지를 동정받기 위해서 운다. 사랑하는 사람을 잃은 슬픔보다, 그 사람이 떠남으로서 자신이 누렸던 것을 잃게 되는 것 때문에 울기도 한다.

075

동정과 경멸

동정을 표시하는 것은 경멸의 표시로 느껴지기도 한다. 어떤 사람에게 동정을 보이자마자, 자기는 더 이상 '공포'의 대상이 아닌 것이 뚜렷해지기 때문이다. 사람은 상대와 같은 수준에 있는 것만으로는 허영심이 만족되지 않는다. 심리적으로 남보다 뛰어나고 다른 사람에게 공포심을 불어넣을 수 있을 때 가장 바람직한 감정이 생긴다.

동정은 타인의 어려운 상황을 보고 불쌍하게 여기는 마음이다. 슬픔, 연민, 사랑과 같은 감정과 함께 타인을 돕고자 하는 행동으로 이어진다. 동정의 긍정적인 모습은 타인의 어려움을 이해하고, 나눔과 위로를 통해 서로 친밀한 관계가 형성된다.

사람들이 동정받을 때 느끼는 감정은 상황에 따라 다르다. 어떤 사람들은 동정받을 때 위로받고 감동을 느끼지만, 어떤 사람들은 불쾌감을 느낀다. 동정받는 사람이 불쾌감을 느끼는 것은 자신의 모습이 초라하고 불쌍하게 비춰졌다고 생각하기 때문이다. 동정하는 사람은 동정받는 사람보다 더 높은 지위나 위치에 있다고 생각한다. 타인을 불쌍하게 생각할 때 자신은 그 사람보다 더 나은 상황에 있다는 우월감이 생길 수 있다.

니체는 동정을 긍정적으로 평가하지 않았다. 사람들은 자신과 비슷하다고 생각할 때 경쟁심을 가진다. 자신을 상대와 비교하여 상대자가 자신에게 못 미친다고 판단되면 긴장을 풀고 경쟁 대상으로 생각하지 않는다. 이런 상황에서 상대자에 대한 동정은 경멸의 표시가 된다. 상대자가 더 이상 경쟁 대상도 공포의 대상도 아닌 것이 뚜렷해지기 때문이다.

076

미리 필요한 것

> 자기의 급한 성질, 짜증과 복수욕, 욕망을 극복하는 대가(大家, meister)가 되려고 하지 않고, 다른 면에서 대가가 되려고 노력하는 인간은, 범람에 대비하는 아무런 보호 조치 없이 그 강 옆에 밭을 일구는 농부와 마찬가지로 어리석다.

훌륭한 인성은 그 사람의 명예와 업적을 더욱 빛나게 한다. 반면에 나쁜 인성은 자신이 쌓은 명예와 업적에 손상을 주고 인생도 망칠 수 있다. 주도권이나 지배력을 가진 자가 상대적으로 약한 자에게 과도한 권리를 행사하거나 횡포를 부리는 것을 '갑질'이라고 한다. 기득권층의 특권 의식과 직장 등에서의 갑질은 심각한 사회문제로 인식되고 있다. 폭언, 폭행, 성희롱, 사적 심부름 등 '묻지 마' 범죄, 난폭 운전 등은 분노를 적절하게 표현하지 못해서 발생된다.

화를 다스리고 분노를 건강하게 표현하는 수련이 필요하다. 화를 가라앉히는 방법은, 하나부터 여섯 이상까지 숫자를 센다. 심호흡을 하며 3분 이상의 시간을 보낸다. 일단 그 자리를 벗어난다. 최소 3분 이상 걷는다. 산책을 오래 하면 훨씬 효과가 있다.

화를 다스리는 방법은, 감정의 주인은 '나'라는 사실을 인지한다. 나의 감정과 판단이 틀릴 수도 있다는 사실을 인정한다. 화를 내면 나만 손해라는 사실을 명심한다. 나를 돌아보는 시간을 갖는다. 화의 원인인 마음을 버려야 한다.

077

작가들의 풍요로움

훌륭한 작가가 맨 마지막으로 손에 넣는 것은 풍요로움이다. 그것을 처음부터 가지고 다니는 자는 결코 훌륭한 작가는 되지 못할 것이다. 가장 좋은 경주용 말은 많은 승리를 거둔 뒤에 '휴식'이 허용될 때 까지는 여위어 있다.

작가의 풍요로움은 돈이나 명예가 아니라, 자신의 글이 독자에게 감동을 주고, 독자들의 삶을 변화시키는 것이다. 훌륭한 작가가 되기 위해서는 풍요로움에 대한 욕망을 버려야 한다. 물질적 풍요로움을 추구하는 작가는 자신의 작품에 집중하기보다는 돈을 벌기 위해 글을 쓰므로 좋은 작품을 쓸 수 없다. 작품에 대한 끊임없는 열정과 노력으로 좋은 작품을 내놓을 때 훌륭한 작가가 될 수 있다.

저자가 괴로워하면서 글을 쓰면, 작품에 저자의 내면적 감정 상태가 반영되어 작품을 읽는 독자들도 슬픈 느낌을 받는다. 저자가 기쁜 마음으로 휴식을 취하며 진중하게 작품을 쓰면, 이 글을 읽은 독자는 진지한 저자라고 느낄 수 있다. 저자가 과거의 어려움을 극복하고 깊은 사고와 철학적인 내용을 담아냈기 때문이다.

경주용 말은 많은 훈련과 경기를 통해 뛰어난 성적을 거둘 수 있다. 수많은 경기를 거치면서 힘과 체력이 소모되어, 결국 여위어질 수밖에 없다. 저자도 훌륭한 작품을 쓰기 위해서는 경주마가 달리듯 글쓰기에 열정을 담아 지속적으로 노력해야 한다. 작가의 고뇌와 경험은 작품에 담겨진다. 작품을 읽는 독자도 저자의 열정과 고통, 고민과 기쁨을 고스란히 느낀다. 저자의 작품이 훌륭한 가치를 인정받을 때 기쁨 속에서 휴식을 취하는 풍요로운 저자가 된다.

078

음악 감상

> 우리가 어렸을 때, 우리는 많은 사물의 꿀을 처음으로 맛보았다.
> 꿀은 두 번 다시 그때와 같은 맛을 내지 못했다. 꿀은 최초의 봄,
> 최초의 꽃, 최초의 나비, 최초의 우정의 모습으로 나타나 우리를
> 삶으로, 가장 오랜 삶으로 유혹했다.

니체는 어린 시절의 음악 감상은 큰 감동을 준다고 말한다. 어린 시절, 처음 들은 자장가나 악사의 되풀이 되는 곡조는 단순하고 유치하지만, 가장 격렬한 환희를 준다. 아무리 성대하고 엄숙한 음악도 못 미칠 만큼 영혼의 심금을 울린다.

니체는 음악이 없는 삶이란 잘못된 것이며, 음악이 인간 특유의 감성과 낭만을 자극할 수 있다고 생각했다. 니체는 어린 시절 유일한 친구가 음악이었고 피아노에도 재능이 있었다. 10대 시절부터 바그너의 음악을 알았고, 바그너의 곡을 직접 피아노로 연주하기도 했다. 관현악 합창곡 〈생에 바치는 찬가Hymnus an das Leben〉(1887)를 작곡하기도 했다.

079

갖가지 나이

사계절을 인생의 네 시기에 비교하는 것은 매우 어리석은 일이다. 인생의 첫 20년과 또 마지막 20년은 어느 계절에도 대응하지 않는다. 이 세 가지 10년은 세 계절, 즉 여름, 봄, 가을에 대응한다. 인간의 생애에 겨울은 없다. 유감스럽게도 이따금 끼어드는 괴롭고 싸늘하고 고독하며, 희망 없는 불모의 '질병을 앓는 기간'을 인간의 겨울이라 부른다면 모르지만 말이다.

니체는 인생을 여름, 봄, 가을로 비교했다. 첫 20년은 삶의 전반기로 인생의 준비 기간이다. 마지막 20년은 앞서 체험한 모든 것을 내면화하고 종합하여 조화롭게 만드는 기간이다. 중간시기 20세부터 50세까지는, 10년 단위로 봄, 여름, 가을에 해당한다.

20대는 인생의 여름이다. 열정적이고 지루하며 천둥치는 날씨에, 왕성하게 활동하느라 지치는 시기다. 하루가 저문 저녁에 그날 하루를 찬미하면서 이마의 땀을 씻는다. 일하는 것이 고되면서도 필수적인 것처럼 여겨지는 시기다. 30대는 인생의 봄이며, 40대는 인생의 가을이다. 인간의 생애에 겨울이란 없다. 겨울이 있다면 괴롭고 싸늘하고 고독을 느낄 때, 희망 없는 불모의 질병을 앓을 때, 이런 때가 겨울이다.

많은 시인과 철학자가 인생을 사계절에 비유했다. 분명히 계절은 끊임없이 오고가고 변화하고 있으며 우리의 인생도 계절처럼 변화의 시기를 겪는다. 니체는 우리 인생에 겨울은 없다고 강조한다.

080 | 자유와 부자유의 징후

> 불완전하더라도 자기의 필연적 욕구를 스스로 만족시키는 것이
> 정신과 인격의 자유로 나아가는 방향이다. 한편 쓸데없는 욕구를
> 포함한 여러 욕구를 남의 손을 빌리고, 완전히 만족하는 일은 부
> 자유한 방향으로 나가는 것이다.

니체는 삶을 살아가는 데 있어서 자신이 필요로 하는 것들을 스스로 만족
시키려 노력하는 것이 정신과 인격의 자유로 나아가는 방향이라고 말한다.

니체가 제시하는 삶의 원칙과 방향을 정하는 법

- 첫째, 가장 확실하고 증명하기 쉬운 것을 삶의 목표로 설정한다. 가장 먼 것, 가장 불확실
한 것, 지평선의 구름과 같은 것을 목표로 삼지 않아야 한다. 그러면 실패할 위험을 줄이
고, 성공할 가능성을 높일 수 있다.

- 둘째, 가장 가까운 것과 보통 가까운 것, 확실한 것과 그다지 확실치 않은 것으로 순서를
뚜렷하게 구분한다. 결정적인 방향을 잡기 전에, 순서를 구분하면 시간을 줄이고, 효율적
으로 목표를 달성할 수 있다.

081

화내고 처벌하는 것

화내고 처벌하는 것은, 동물성이 우리에게 준 생일 선물이
다. 인간은 이 생일 축하 선물을 동물에게 되돌려줄 때 비로소
성숙해진다.

니체는 화내고 처벌하는 것은 동물들의 자기 방어의 본능에서 나오는 것
이라고 말한다. 동물은 화가 나면 으르렁대고 공격 태세를 보이며 힘을 과
시한다. 맹독을 품어내거나 뿔로 들이 받거나 사나운 이빨로 공격한다. 화
는 몹시 못마땅하거나 언짢아서 상대방에게 짜증을 내는 일이다. 화내고
처벌함으로써 상대방이 뉘우치고 반성할 것이라고 생각하지만, 화를 내서
좋은 결과를 얻지 못하는 경우가 많다.

타인에게 폭언이나 폭행을 하는 것은 법으로 금지되어 있다. 타인과의
관계뿐만 아니라, 자녀교육에서도 마찬가지다. 우리나라 민법 제915조에
는 '친권자는 자녀를 보호 또는 교양하기 위하여 필요한 징계를 할 수 있
다'고 명시되어 있다. 어떤 부모는 자녀에 대한 '체벌' 행위는 교육을 위해
정당한 권리라고 주장하기도 한다. 민법에 이렇게 권리가 규정되어 있었기
에 처벌 감면 사유가 되기도 했다. 하지만 심각한 아동학대 사건이 자주 발
생되자 2022년 1월에 민법 제915조의 징계권을 삭제했다.

체벌은 사회적 강자가 사회적 약자에게 휘두르는 불법적이고 비인격적
인 억압 수단이다. 특히 아이들은 왜 맞는지 이해하지 못하는 경우가 많기
때문에 폭력은 아이에게 두려움과 공포심만 준다. 인격적으로 대해야 인격
적인 사람으로 성장한다.

082 | 지하에서 작업하는 한 사람

이 책에서는 지하에서 작업하고 있는 사람을 볼 수 있을 것이다. 이 사람은 구멍을 뚫고, 파내고, 파 엎는 일을 하고 있다. 그와 같이 깊은 곳에서 작업하는 모습을 보는 안목이 있다면, 그가 오랫동안 빛과 공기를 맛보지도 못하고 고생을 거의 입 밖에 내지도 않으면서, 얼마나 천천히 신중하게 또 온화하지만 가차 없이 전진해 가는 가를 알 수 있을 것이다.

니체는 자신을 지하에서 작업하고 있는 사람으로 표현했다. 니체를 '망치를 든 철학자'라고 말한다. 기존의 가치를 부수고, 어두운 지하에서 굴을 파며 새로운 아침을 창조한다. 어둠은 기존의 가치관에 얽매여 있는 세상이고, 동트는 아침은 니체가 추구하는 새로운 세상이다. 니체는 어둠은 사라지고 동트는 붉은 아침을 기다린다.

《아침놀》을 집필할 당시 니체는 36세였다. 이 시기 건강 악화로 바젤대학교를 퇴직하고, 인생이 지하에 갇힌 듯 가장 힘든 시기를 보냈다. 몸이 적응할 수 있는 자연을 찾아다니며 글을 썼다. 오랫동안 빛과 공기를 보지 못하면서 집필한 잠언을 통해 우리는 어둠이 지나면 빛이 밝아오는 것을 느낄 수 있을 것이다.

아침놀Morgenröthe은 독일어로 서광曙光을 의미한다. 《아침놀》은 575개의 잠언으로 구성되어 있다. 니체의 자전적인 내용과 자신에 대한 평가, 철학적인 개념 등 내용이 풍부하다. 니체는 잠언들을 통해 말한다. 이제 새로운 아침이다. 삶의 의지로 충만할 정오의 시간이 우리 앞에서 기다리고 있다고 말한다. 어둠을 견디고 맞이하는 아침은 우리에게 희열감을 준다.

083

자제와 절제

나는 격렬한 충동을 본질적으로 억제하는 여섯 가지 방법을 발견한다.

니체가 말하는 격렬한 충동을 억제하는 방법

- 첫째, 동기를 만족시키는 기회를 피한다. 충동을 약화시키고 시들게 할 수 있다.
- 둘째, 충동을 만족시킬 때의 충동 자체에 엄격한 규칙을 부과한다.
- 셋째, 일부러 충동을 거칠고 자유 분방하게 만족시켜 혐오를 얻어냄으로서 충동을 이겨낸다.
- 넷째, 고통을 받는 생각을 한다. (성직자가 악마가 자신에게 접근해 자신을 조롱한다고 생각하거나, 살인에 대해 영원한 지옥의 벌을 생각하거나, 돈을 훔친 자가 가장 존경받는 인간들의 눈에 떠오르는 경멸을 생각하는 것이다.)
- 다섯째, 사상과 육체적인 힘의 활동을 다른 길로 인도함으로써, 힘의 방향을 전환한다.
- 여섯째, 육체와 정신의 조직 전체를 약화시키고 억제하는 것을 견디며 이를 합리적이라고 생각한다. 즉, 고행자처럼 감각과 강건함, 때로는 지성도 함께 굶겨서 쓸모없게 만든다.

084 | 의무와 권리의 자연사

우리의 의무는 우리에 대한 다른 사람들의 권리다. 그들은 이 권
리를 어떻게 획득했는가?

니체는 의무와 권리를 분리해서 생각하지 않았다. 한 사람이 권리를 가지
면 누군가가 그 권리에 대한 의무를 갖는다. 인간관계에서 의무와 권리는
긴밀하게 연결되어 있다. 우리에게 의무를 다하도록 명하는 것은 우리의
자존심이다. 타인이 자신의 영역을 침범했을 때 의무를 이행하지 않으면
끊임없이 개입당한다. 자신의 의무를 이행하고 정당화하는 것이 자긍심을
회복할 수 있다.

권리는 타인이 나에게 인정해줌으로써 내 힘이 미칠 수 있는 영역이다.
권리란 개인 또는 집단이 규칙 또는 규정으로 합의한 것이다. 권리는 타인
에 의해 인정받고 존중되어야 한다. 타인들이 권리를 인정하지 않으면 그
권리는 의미가 없어진다. 타인의 인정과 이해를 받으려면 자신과 타인의
입장을 고려해서 합리적이고 현실적인 요구를 해야 한다.

권리와 의무는 양면성이 있다. 의무를 지키지 않으면 권리를 주장할 수
없다. 주어진 의무를 지키는 것이 타인의 권리를 존중하는 것이며, 나의 권
리도 보장받을 수 있다. 정보의 홍수 시대, 개인정보 보호와 사생활 존중이
중요시된다. 뉴스 보도, 강력범 신상 공개, 중요 사건 등은 국민의 알권리
와 정보보호 의무 간 충돌이 발생한다. 객관적이고 법률적인 근거에 따라
공정하게 처리해 국민에게 알려주고 보호해야 한다.

085

병에 대한 생각

> 병자가 지금까지 그랬던 것처럼 그 병 자체보다 병에 대한 그의
> 생각 때문에 더 많이 괴로워하지 않도록 병자의 공상을 진정시킬
> 것. 나는 이것이 중대한 일이라고 믿는다! 그리고 사소한 일이 아
> 니다! 그대들은 우리의 과제를 알 수 있겠는가?

절망적인 병을 가진 환자는 자신의 병에 대한 두려움과 불안 때문에, 구원, 기적, 환생, 사이비 종교 등 다양한 공상에 빠질 수 있다. 공상이 지나치면 현실과 단절되고 정신 질환에 이를 수도 있다. 병에 걸린 사람의 고통을 줄이기 위해서는 병에 대한 두려움과 불안을 진정시키는 것이 중요하다.

니체는 아버지가 뇌졸중으로 사망한 가족 병력이 있고 어려서부터 머리와 안구 통증에 시달리며 살았다. 군복무 중에는 말에서 떨어져 가슴뼈가 보일 정도로 부상을 당했다. 평생을 이질과 두통, 우울증, 소화 장애, 심한 근시에 시달렸다. 건강 악화로 교수직을 그만두고, 최후에는 정신발작을 일으킨 후 10년 동안 정신을 찾지 못한 채 56세에 사망했다.

니체는 육체적 고통 속에서도 삶의 의지가 존재하며 '힘에의 의지'가 건강한 삶의 근본 원리라고 말했다. '힘에의 의지'는 성장, 지속, 힘의 축적을 추구하는 것이며 모든 생명체의 근본적인 욕구다. 건강한 삶이란 끊임없이 자기 자신을 극복하고 성장해가는 삶이다. 니체는 평생을 질병의 고통을 극복하면서 인간의 존재와 삶의 의미에 대한 깊은 통찰을 얻었다.

086

권리와 의무의 관계

> 권리가 지배하는 경우에는 힘의 상태와 정도가 유지되고, 힘의 감
> 소와 증대는 배척당한다. 타인의 권리는 이 타인들의 힘의 감정에
> 우리의 힘의 감정이 양보하는 데서 비롯된다.

'권리가 우세하다'는 것은 개인이나 집단이 가진 힘이 강력하고 안정된 상
태다. 권리를 가진 개인이나 집단들의 힘의 변화가 거의 없기 때문에 힘의
불균형 상태가 유지된다. '힘의 감소와 증대가 배척된다'는 것은 권리가 우
세하기 때문에 힘이 감소되거나 증대되는 변화가 없다는 말이다. 우세한
권리를 가진 개인이나 집단들이 힘을 양보하지도 않고, 강요하지도 않기
때문에 변동되지 않는다.

기득권旣得權은 특정한 개인이나 집단이 이미 차지한 권리를 의미한다. 기
득권을 가진 사람은 못 가진 사람에 비해 여유롭다. 합법적으로 인정받은
권리지만, 사람들에게 공정하지 못하다는 부정적인 느낌을 준다. 불공정한
사회는 불신이 쌓여 개인과 사회 발전에 부정적인 영향을 미친다.

의무와 권리의 관계에서 공정을 유지하는 것은 어렵다. 공정하기 위해
서는 많은 연습과 많은 선한 의지, 매우 많고도 좋은 정신이 필요하다. 세
상은 잠깐 동안 균형 상태에 있다가 늘 올라가거나 내려간다. 공정한 인간
에게는 힘의 권리를 측정할 수 있는 저울과 같은 섬세한 감각이 끊임없이
필요하다.

087

감옥에서

> 내 눈은 아무리 좋든지 나쁘든지 아주 조금밖에 멀리 보지 못한
> 다. 더구나 이 하잘것없는 곳에서 나는 활동한다. 우리는 자기의
> 그물 속에 있다. 우리 거미는 거기에서 무엇을 붙잡으려고 해도,
> 바로 그물에 걸리는 것 이외에는 아무것도 붙잡을 수 없다.

니체는 사람들은 자신의 삶과 주변 세계를 평가하고 이해하는 데 한계가
있다고 말한다. 사람들의 감각기관과 인지 능력은 주변 환경과 상호작용을
통해 주관적인 경험을 형성한다. 사람들은 평균적인 인간의 삶을 기준으로
자신의 삶을 평가하고 비교한다. 이것은 오류 자체다.

우리의 인식과 체험은 주관적인 경험과 주변 자극에 의해 영향받는다.
인간은 작은 공간에서 살면서 가까운 거리만 볼 수 있다. 좁은 시야 때문에
지평선을 보고 한계를 느끼고 운명에서 벗어날 수 없다고 생각한다.

우리의 감각 기관들은 일정한 습관과 경험에 의해 조작될 수 있다. 감각
의 거짓과 기만에 사로잡혀 현실과 다른 인식을 한다. 인간의 지각, 인식,
체험은 제한적이므로 완벽하게 현실을 이해하는 것은 어렵다. 주변 세계를
평가하고 이해하는 데에는 주관성과 한계가 있다. 그러므로 다양한 관점에
서 세계를 바라보고 이해하는 것이 중요하다.

088 | 원한다는 것은 무엇인가!

우리는 태양이 잠에서 깨어나는 순간에 자기 침실을 나와서 "나는 태양이 솟아오르기를 바란다"고 말하는 사람을 조롱한다. 바퀴를 멈출 수 없으면서, "나는 그것이 구르기를 바란다!"고 말하는 사람을 조롱한다. 격투에서 내팽개쳐져서 "나는 여기에 누워있다. 그러나 나는 여기에 눕기를 바란다!"고 말하는 사람을 조롱한다.

태양이 뜨는 것은 인간의 의지와 관계없는 자연의 법칙이다. "태양이 뜨기를 원한다"고 말하는 것은 비현실적이고 무의미하다. 바퀴가 구르는 것은 물리적인 법칙이다. "바퀴가 구르는 것을 원한다"고 말하는 인간의 의지와는 무관하다. 격투에서 진 사람이 "내가 원해서 누워있는 것이다"고 말하는 것은 그가 승리를 원하지 않았거나 의도하지 못한 결과다.

자유 의지는 개인의 의지와 욕망에 관련된 개념이다. "나는 원한다"는 말은 원하는 것을 얻기 위해 노력하고 있다는 의미다. 인간의 자유로운 의지는 욕망과 목표를 가지고 자유롭게 선택하고 결정할 수 있다.

인간의 의지는 한계가 있다. 자연 법칙이나 물리적 제약 등 외부적인 요인들 때문에 항상 자신의 의지대로 할 수는 없다. 인간은 자신의 상황과 의지를 이해함으로써 더 나은 선택과 목표를 추구할 수 있다.

089

꿈과 책임

그대들은 모든 것에 책임을 지려 한다! 다만 그대들의 꿈만은 책임을 지려하지 않는다! 얼마나 가련할 정도로 약한지, 얼마나 일관성을 유지하려는 용기가 부족한지! 그대들의 꿈보다 더 그대 자신의 것은 없다!

니체는 꿈을 희극에 비유하여 자신의 삶과 역할을 마치 연기하는 것과 같이 하라고 말한다. 소재, 형식, 지속의 정도, 배우, 관객까지. 이 희극에서는 이 모든 것이 그대들 자신이다. 그리고 바로 여기서 그대들은 자신을 두려워하고 수치스러워한다.

니체가 당부하는 꿈을 위해 필요한 세 가지

- 첫째, 다른 모든 것을 책임지느라, 자신의 꿈을 소홀히 하거나 포기해서는 안 된다.
- 둘째, 꿈에 대해 연약한 태도를 버리고 일관성 있는 용기를 유지해야 한다.
- 셋째, 꿈은 삶을 표현하는 작품이므로 스스로가 감독이자 주인공이며 평가하는 관객이다.

090

찬양과 비난

> 전쟁에서 패배할 경우, 사람들은 전쟁에 '책임이 있는' 사람을 찾
> 아내려고 한다. 전쟁이 승리로 끝나면 사람들은 전쟁을 일으킨 사
> 람을 찬양한다.

실패가 있는 곳이라면 책임은 어디에서나 추궁된다. 실패로 인해 의기소침
해진 사람들의 유일한 치료법은 힘의 감정이라는 새로운 흥분이다. 이는
전쟁의 책임을 특정인에게 돌림으로써 자신의 상실감과 분노를 해소하려
는 심리에서 비롯된다. 전쟁의 책임을 특정인에게 돌림으로써 앞으로의 전
쟁을 예방하고자 하는 목적도 있다.

　전쟁에서 승리할 경우, 사람들은 전쟁을 일으킨 사람을 찬양한다. 찬양
하는 것이 맹목적이고 승리로 인한 힘의 감정이 충만할 때, 희생되는 사람
들은 자신의 긍지 중 일부를 포기하고 헌신의 감정을 높여 새로운 헌신의
대상을 찾는다.

　전이법轉移法은 사회적으로 어떤 불만이 고조되어 있을 때 사람들의 관심
을 집중시킬 큰 사건을 폭로하는 것이다. 하나의 음모론이자 가설이긴 하
지만, "이슈는 이슈로 덮는다"라는 영화 대사처럼 사람들의 이목과 집중을
다른 곳으로 돌리는 거나 약해지게 만드는 방법이다.

091

비이기적인 사람

저 사람은 공허하기 때문에 가득 채워지기를 바란다. 이 사람은 흘러넘치고 있는데, 텅 비기를 바란다. 둘 다 그 때문에 도움이 되는 개인을 찾도록 채찍질당하고 있다. 그리고 이 과정은 최고의 의미로 이해되었을 때, 어떤 과정이나 사랑이라는 한 단어로 불린다. 뭐라고? 사랑은 이기적이지 않다고?

이기적인 사람은 자신의 이익만을 추구하는 것이다. 비이기적인 사람은 자신의 이익보다는 타인의 이익을 추구한다. 넘치는 사람은 비워낼 사람이 필요하고, 공허한 사람은 채워줄 사람이 필요하다. 두 사람은 비이기적이다. 공허한 사람은 넘치는 사람을 비우려고 노력한다. 넘치는 사람은 공허한 사람을 채우려고 노력한다. 이것이 사랑이다.

공허한 사람은 사랑을 통해 자신의 부족함을 채우고자 한다. 넘치는 사람은 사랑을 통해 자신의 풍요로움을 나누고 싶어 한다. 니체는 사랑을 인간의 본성과 욕망, 권력적인 측면 등 다양한 관점으로 보았다. 사랑은 타인에게서 더 많은 것을 받고 싶은 욕망을 충족시키지만, 때로는 고통과 절망에 빠지게 할 수도 있다.

이가 빠진 동그라미가 잃어버린 조각을 찾아다녔다. 햇살이 뜨거운 날도 있었고 비를 맞거나 눈 속에 빠진 날도 있었다. 길에서 꽃과 풍뎅이도 만났고 갈대숲을 지나 산길에서 조각들을 만났다. 어떤 조각은 너무 작고, 어떤 조각은 너무 커서 맞지 않았다. 어느 날 꼭 맞는 짝을 찾아 완전한 동그라미가 되었다. 완전해진 동그라미는 너무 빨리 굴러서 꽃과 풍뎅이를 보고도 멈출 수가 없어서 슬펐다. 그래서 조각을 슬며시 내려놓고 혼자 길을 떠났다.

092

'이타주의'의 원인

> 인간은 일반적으로 사랑을 조금밖에 가지지 못했고, 이 음식을 배
> 가 차도록 먹을 수 없었기 때문에, 사랑을 강조하고 우상화해서
> 이야기해왔다. 그래서 사랑은 인간에게 '신들의 음식'이 되었다.

니체는 이타주의가 인간의 본성을 왜곡하고 불행하게 한다고 생각했다. 니체는 인간은 본질적으로 이기적이고 자신의 이익을 추구하는 것이 자연스럽기 때문에 이타주의보다는 '강인한 의지'와 '자기 긍정'을 가질 것을 강조했다.

니체는 이타심은 인간을 이기심에서 벗어나게 하지만 오히려 고통에 빠지게 한다고 보았다. 니체에 의하면 보편적인 인간애가 지배하는 유토피아 사회에서는 한 사람이 한 사람만을 사랑하는 것이 아니라, 모든 사람을 사랑하고 모든 사람에게 사랑받는다.

니체는 사람들이 이기주의를 저주하고 매도한 것처럼, 이타주의적 충동을 매도하고 저주하게 될 것이라고 주장했다. 또한 만약 시인이 유토피아 사회에 대해 시를 짓는다면 사랑이 없었던 과거를 행복하다고 말할 것이며, 숭고한 이기심, 고독이나 인기 없는 것, 증오를 받고, 경멸당하는 것을 꿈꿀 것이라고 했다.

093

선서의 양식

"내가 지금 거짓말을 하면 나는 더 이상 진지한 인간이 아니다. 그리고 누구나 내 앞에서 그렇게 말해도 된다." 이 양식을 나는 법정의 선서와 선서에서 관습으로 되어 있는 신에 대한 부르짖음 대신에 권장한다. 이것이 더 강하다.

선서는 자신의 양심에 따라 진실을 말하겠다는 약속이다. 종교적으로 신에게 맹세하거나, 법적절차에 의해 법정에서 증언할 때 선서를 한다. 개인적으로 자신의 행동을 성실히 잘 수행하기 위해서 스스로 맹세한다.

사람들은 신의 이름으로 선서하고도 거짓말하고 약속을 지키지 않았다. 이로써 신의 이름으로 한 선서가 쓸모없게 되었다. 신심이 깊은 사람들은 "너는 네 하나님 여호와의 이름을 망령되게 일컫지 마라"라는 교리를 되새겨야 한다.

니체는 양심을 도덕적이고 종교적인 의미가 아니라, 자신이 한 일을 사실대로 말하는 것이라고 말한다. 인간은 누구나 자신의 양심에 따라 진실을 말할 수 있다. 그렇기 때문에 자신의 양심을 속이고 거짓말을 한다면, "너는 성실한 사람이 아니다"라고 비난해도 된다. 니체는 신에 대한 맹세보다 자신의 양심에 맹세하는 것이 강력한 선서라고 말한다.

094

허영심 많고 탐욕스러운

> 그대들의 욕망은 그대들의 지성보다 크고, 그대들의 허영심은 욕망보다 더 크다. 그대들 같은 인간에게는 많은 기독교적 실천과 그에 덧붙여 약간의 쇼펜하우어적 이론이 권장된다!

니체는 인간은 욕망과 허영심 때문에 불행하다고 말한다. 현명한 사람은 기독교적 실천과 쇼펜하우어 이론을 따라 욕망과 허영심을 버릴 때 비로소 행복을 찾을 수 있다고 생각한다.

기독교 정신은 사랑, 봉사, 용서 등이다. 니체는 예수가 십자가에 못 박혀 죽은 이유는 인간들에게 어떻게 살아야 하는지 보여주기 위한 것이라고 생각했다. 신앙심으로 끝나지 않고 사랑하고 실천하는 것이 진정한 기독교적 실천정신이다.

쇼펜하우어는 욕망은 인간을 파멸로 이끌기 때문에, 금욕적으로 살아야 한다고 주장했다. 인간의 행위와 인식은 삶에의 의지**will to live**가 지배한다. 삶에의 의지란 욕망이다. 세상은 이성이 아니라 욕망이 지배한다. 인간은 욕망을 채우지 못하면 고통스러워하고, 욕망이 충족되면 권태로워한다. 결국 인간은 욕망의 굴레에서 벗어나지 못하고 허무에 빠진다. 그러므로 인간은 욕망과 허영심에 빠지지 않도록 금욕적으로 살아야 한다.

니체는 쇼펜하우어과 달리 인간은 자유로운 의지가 있다고 생각했다. 인간은 스스로 극복하고 창조할 수 있는 '힘에의 의지'가 있다는 것이다. 그는 힘에의 의지를 통해서 인간은 욕망과 허영심 극복하고 진정한 자유와 행복을 찾을 수 있다고 말한다.

095

갈림길에서

> 그대들은 완전히 바퀴가 되지 않으면 바퀴 밑에 깔려버린 하나의
> 조직 속에 들어가려 한다! 거기서는 누구나 위로부터 만들어진다
> 는 사실이 그대로 판명된다! 거기서는 '연고 관계'를 찾는 것이 당
> 연한 의무에 속한다! 거기서는 눈짓으로 어떤 사람에게 "그는 언
> 젠가 당신에게 도움이 될지도 모른다!" 하고 알려준다 해도 누구
> 나 모욕이라고는 느끼지 않는다! 거기서는 어떤 인물의 중재를
> 간청하기 위해서 방문하는 일이 부끄러움이 되지 않는다.

사람들은 인맥을 형성해서 서로 도움을 주고받는 사회적 네트워크를 중요
시한다. 친족 관계나 지인 관계 등 연고나 인맥人脈은 정치적인 결정이나 인
사에 영향을 미친다. 연고주의사회에서는 공정성과 투명성이 보장되지 않
는다. 이로 인해 자격과 능력을 갖춘 사람들이 정당한 기회를 잃기 쉽다.

사람들은 집단이나 조직에서 소속감을 느끼고 인정받으려는 욕구가 있
다. 집단이나 조직에서 수용하지 않으면 개인은 완전히 배제되고 무시될
수 있기 때문이다. 따라서 인간은 개인의 독립성과 자율성을 포기하고, 사
회적 관계와 체계 속에서 생활하며 규칙에 따라 순응한다.

진정한 가치는 자신을 이해하고 강점을 발휘하여 자기만의 길을 찾는
데 있다. 공직자와 정치권의 줄 대기, 직장에서의 '라인' 잡기, 줄서기 등은
경쟁사회에서 발생되는 현상이다. 능력을 우선시하는 사회에서는 경쟁력
있는 자신의 라인을 형성하는 것이 가장 확실한 생존의 방법이다. 잘 나가
는 선배는 가능성이 있는 후배를 주로 상대하고, 후배도 잘나가는 선배와
상사를 따른다. 능력주의 사회는 이런 '라인'을 만든다.

096

노동을 찬미하는 사람

노동(저 이른 아침부터 밤늦게까지 일에 열심인 것이 항상 생각나는데)을 바라볼 때 그 노동은 최상의 경찰이며, 각 사람을 억제하고, 이성, 열망, 독립욕의 발전을 강력히 저지할 수 있다는 것을 실제로 느낀다. 왜냐하면 노동은 이상하게 많은 신경의 힘을 소모하고, 숙고하고, 골몰하며 몽상, 관심, 사랑, 미움에 쓰일 힘을 빼앗는가 하면, 조그마한 목표를 언제나 겨냥하면서 손쉬운 규칙적인 만족을 이루어주기 때문이다. 이리하여 끊임없이 괴로운 노동을 행하는 사회는 더 안전하게 될 것이다. 그래서 안전이 현재는 최고의 신성으로 숭배된다.

니체는 인간의 노동에 대해 부정적으로 생각했다. 노동은 공익을 위한 비개인적인 행위들이고, 노동이 인간의 삶을 지배해서는 안 된다는 것이다. 노동은 인간의 삶의 일부일 뿐이지만, 노동은 인간의 창의성과 예술적인 면을 억압하고 삶을 피폐하게 만드는 요소가 되기도 한다.

산업사회에서 인간의 노동이 기계의 소모품으로 전락했는데, 사람들은 금전적인 수입에 만족하며 즐거워한다. 신성한 땀의 가치는 없어지고, 인간의 노동은 비용이 되었고, 생산비를 줄이기 위해서 노동자의 삶은 소외되었다.

산업현장에서 안타까운 목숨이 희생되는 사고가 발생한다. 노동의 신성한 가치는 멀어지고 '죽지 않고 일할 권리'를 외치고 있다. '중대재해처벌법'이 마련되었지만 작업 현장은 안전하지 않다. 노동할 권리에는 휴식과 여가의 권리도 있다. 노동의 가치가 존중되어야 삶도 더 의미 있고 가치 있다.

097

고독을 배우는 것

그대 가련한 이들이여! 무대에서 주역을 맡으려면 합창하는 것을 생각을 해서는 안 된다. 아니, 합창 방법조차도 알고 있어선 안 된다.

주역으로서의 역량과 합창단 구성원으로서의 역량은 다르다. 합창은 한 사람의 목소리가 두드러져서는 안 된다. 단원들 모두의 목소리가 조화를 이루어야 한다. 반면에 주역은 혼자서 자신의 역할을 주도적으로 할 수 있어야 한다.

니체는 세계화 속에서 대도시에 사는 젊은이들이 가련하다고 생각했다. 그들은 젊고 유능하지만 명예욕으로 고통받고 있기 때문이다. 명예와 성공이 반드시 행복과 만족을 주지 않는다. 대도시에서 사람들 속에 묻혀 순응하며 안주하지 말고, 고독을 추구하며 혼자서도 강하게 살아가는 법을 배워야 한다.

자신의 행복을 위해서는 자기 목소리를 내야 한다. 다른 사람 눈치보고 숨죽이면 자기 목소리를 낼 수 없다. 혼자서 조용히 자신의 목소리를 들어보라. 자신의 목소리가 작고 낯설게 느껴질 것이다. 그동안 다른 사람의 말에만 귀 기울이느라 자신의 목소리를 잊은 것이다. 고독을 통해 자신의 내면을 들여다볼 때, 진정한 자아를 찾을 수 있다. 고독은 인간관계의 집착에서 벗어나 자신을 돌아보고 발견하는 시간이다.

098 | 매일 사용되어 닳는 사람들

이 젊은이들에게는 인격도 재능도 근면함도 부족하지 않다. 그러나 그들에게는 자신에게 어떤 방침을 주는 시간이 허용되지 않았다. 오히려 그들은 어린 시절부터 어떤 방침을 받아들이게끔 길들었다. 그들이 '황야에 보내지기' 족할 만큼 성숙했을 그때, 좀 다르게 다루어졌다. 그들은 이용당했다. 그들은 자신을 박탈당했다. 그들은 매일 사용되어 닳아지도록 교육받았다. 그것이 그들의 윤리학이 되었다. 그래서 지금 그들은 그 윤리학이 없이는 더 이상 지낼 수 없고, 그것 이외의 것을 원하지도 않는다.

획일적이고 수동적인 교육을 받고 자란 아이들은, 자신의 관심사와 열정을 탐구할 시간이 없었다. 수동적으로 살았기 때문에 새로운 것을 생각하지도 않는다. 획일적으로 양육되고, 충분히 성숙되어 매일 기계처럼 일하며 소모되고 있다. 그들은 자기 자신을 박탈했고, 또 자기 자신이 이용당하고 있다. 그들은 그것을 의무로 받아들이게 되었다.

아이들마다 타고난 성향이 다른데 어른들이 정해놓고, 틀에 맞춰 아이들에게 강요한다. 좋은 대학을 나와 전문직이나 대기업에 입사해 높은 연봉을 받는 것은 기성세대 기준의 성공이고 행복이다. 부모는 아이들의 꿈을 가로채서는 안 된다. 아이가 꿈을 찾을 수 있도록 조력자가 되어야 한다. 넓은 시야를 가지고 자기 가치관에 맞는 직업을 찾아서 즐겁게 일할 수 있게 도와줘야 한다.

니체는 수동적이고 의무적인 노예정신으로부터 벗어나야 한다고 주장한다. 인간에게는 스스로를 지배할 수 있는 힘에의 의지가 있음을 알아차려야 한다. 자신을 극복하고 넘어설 수 있는 사람이 '위버멘쉬'다. 인간은 누구나 위버멘쉬가 되어야 한다. 타인이 정한 목표에 도달하는 것이 행복이 아니라, 자기가 정한 삶을 사는 것이 행복이다.

099 | 도덕 교사들의 허영심

전체적으로 볼 때 도덕 교사가 성공하는 일이 적다. 그러한 사실은 그들이 너무 많은 것을 동시에 원했다는 것, 즉 그들이 지나치게 야심에 불타올랐다는 것으로 설명된다. 그들은 너무 기꺼이 모든 사람들에게 처방전을 주려고 했다. 이전 세기가 우리 세기보다 뛰어난 점은 거기에 개별적으로 교육받은 많은 사람들이 있었다는 것이고, 이것과 함께 그러한 사람들을 교육하면서 자신의 삶의 과제를 발견한 동일한 수의 많은 가정교사가 있었다는 것이다.

성공적인 교육의 방법은 제한된 범위의 사람들을 찾고, 그들에게 맞는 교육을 해야 한다는 것이다. 동물들을 모아놓고 인간이 되라고 연설하면 동물들은 당연히 지루해한다. 늑대를 개로 만들려면 늑대를 두고 연설해야 한다. 전체를 대상으로 하지 말고, 한 사람을 교육하고 그들의 삶에 집중해야 성공적인 도덕 교사가 될 수 있다.

교사들이 모든 학생들에게 동일한 교육을 하면 효과를 얻을 수 없다. 사람마다 다르고, 다른 도덕적 가치관을 가지고 있기 때문이다. 한 사람을 교육하는 것은 모든 사람들을 교육하는 것보다 훨씬 더 어렵다. 개인의 요구와 특성에 맞는 교육은 학생들이 자신을 발견하고 의미 있는 경험이 된다.

눈높이 교육은 상대방의 수준을 알고 그에 맞춰서 하는 교육이다. 수준을 알려면 상대방에 대해 관심이 있어야 한다. 상대방이 좋아하고 관심이 있는 교육은 상대방의 적극적인 동기를 유발할 수 있다. 이탈리아의 아동교육학자 몬테소리Maria Montessori, 1870~1952는 아이들이 자기 일에 몰입하고 있을 때는 교사가 간섭하지 않고 지켜보는 것이 가장 훌륭한 교육이라고 말한다. 가장 효과적인 교육은 스스로 행동할 수 있는 가능성과 잠재력이 있다는 것을 알게 해주는 것이다.

100 진리에 관한 물음들

"내가 하고 있는 것은 도대체 무엇인가? 나는 그것으로 무엇을 원하는 것일까?" 이것은 우리의 오늘날 교양의 양상으로는 가르칠 수 없고, 따라서 물을 수도 없는 진리 문제이다. 그 문제를 생각할 시간이 없다. 어떤 식으로 어디로 흐르는 가를 파도가 알고 있을지라도 문제되지 않는다! 아니 모르는 편이 현명할 지도 모른다. "그럴지도 모른다. 그러나 한 번도 그것을 문제 삼지 않는 것은 자랑이 아니다. 교양은 인간에게 자랑을 주지 않는다."

니체는 진리에 대한 근본적인 질문들을 충분히 다루지 않는 교육제도를 비판했다. 교육이 진리에 대한 궁금증을 자극하지 않고, 그로인해 그들이 무엇을 할 것인지 진지하게 고민할 기회를 방해한다는 것이다.

획일화된 교육은 개인의 본성과 창의력을 약화시켜 사회의 부속품으로 살아가는 사람으로 만든다. 아이들은 자신의 가치와 열정을 발견하는 것이 어려울 수 있다. 자신이 하는 일에 대해 왜 해야 하는지 고민을 하면서 자신의 강점, 약점, 관심사, 가치관을 잘 이해하고 선택할수 있도록 돕는 것이 중요하다.

니체는 자신이 어떤 가치를 추구하는지, 어떤 삶을 살고 싶은지 스스로에게 묻는 것이 중요하다고 말한다. 끊임없는 묻고 답하고, 도전하고 극복함으로써 더 의미 있는 삶을 살 수 있다.

101 | 겸양에 깃들어 있는 기만

그대는 깊이 생각하지 않고 일을 저질렀고, 그대의 이웃에게 깊은 고통을 주었고, 되돌릴 수 없을 정도로 그들의 행복을 파괴했다. 그리고 그대는 그에게 가기를 그대의 허영심에게 요구한다. 그대는 그에게 굴종하고, 그대의 깊지 못한 생각이 그의 앞에서 경멸당하는 대로 맡긴다. 이렇게 괴롭고 대단히 성가신 장면이 지나가면, 결국 모든 일이 다시 해결된다고 생각한다.

타인에게 큰 잘못을 했을 때, 자만심을 버리고 용서를 구함으로써 피해를 보상했다고 생각하는 것은 겸양을 가장한 기만이다. 당신이 용서를 구하는 행동은 그에게 별로 위로가 되지 않는다. 오히려 고통받았던 기억과 감정이 다시 떠올라 심한 불쾌감을 느낄 수 있다. 피해자는 상대방의 진심을 알 수 없기 때문에 새로운 상처가 될 수도 있다.

자신의 잘못을 인정하지 않고 자신의 의도나 감정을 숨기는 행동은 상대방에게 고통을 준다. 상대방에게 거짓말과 거짓 행동으로 사과하는 것은 자신의 편함을 위한 것이다. 사과를 하려면 자신의 잘못을 인정하고 진심으로 용서를 구해야 한다.

온갖 변명을 늘어놓고 심지어는 용서해주지 않는다고 화를 내고 협박하는 사람도 있다. 용서를 받아들이라고 강요해서는 안 된다. 용서한다고 상처가 치유되는 것은 아니며, 용서할 의무도 없다. 사과는 용서받기 위해 하는 것이 아니라 자신의 잘못을 인정하는 행위이다. 다시는 잘못을 저지르지 않겠다는 자신과 타인에 대한 맹세이기도 하다.

102 | 신속하게 경멸당하는 방법

> 빨리 그리고 많이 말하는 사람은 아무리 그럴듯한 말을 하더라도 극히 짧은 기간의 동안의 교제만으로도 우리의 신뢰를 아주 급격하게 잃는다.

말은 자신의 인격이고, 말의 품격은 인품에서 비롯된다. 빨리 말하는 사람은 생각을 정리하지 않고 말하는 경우가 많고, 말을 많이 하는 사람은 자신의 의도를 제대로 전달하지 못하는 경우가 많다. 같은 내용이라도 어떻게 말하느냐에 따라 상대방과의 소통의 여부가 결정된다. 말을 할 때는 자신의 생각을 간결하면서도 명확하게 전달하는 것이 중요하다.

품위 있게 말하는 법

- 천천히 말한다. 천천히 말하면 상대방이 이해하기 쉽고, 신뢰감을 줄 수 있다.
- 명확하게 말한다. 단어를 정확하게 발음하고, 문장을 이해하기 쉽게 구성한다.
- 상대방의 말을 경청한다. 상대방의 의견을 존중하고, 공감하는 태도를 보인다.
- 비속어를 사용하지 않는다. 비속어는 품위를 떨어지게 한다.
- 감정을 절제한다. 감정이 격해지면 말을 실수하기 쉽다.
- 상대방 눈을 바라본다. 상대방에게 관심을 보이고, 존중하는 마음을 전달한다.
- 미소를 짓고 편안한 얼굴로 말한다. 상대방에게 친근감과 호감을 줄 수 있다.
- 긍정적인 태도를 유지한다. 좋은 에너지를 통해 호의적인 결과로 얻을 수 있다.

103

감사를 거절하다

청은 거절해도 상관없지만, 감사는 결코 거절해선 안 된다.(혹은 같은 것인데, 감사를 차갑게 형식적으로 받아들여서는 안 된다) 이것은 상대방에게 깊은 모욕이다. 그런데 어째서 일까?

감사는 자신에게 친절과 도움을 베풀어준 것에 대한 감동의 마음을 전하는 것이다. 감사 표시로 사례의 선물 등을 받을 때 상대방의 의도를 의심하거나 불신할 수 있다. 이때 주는 사람은 자신의 진심이 거절당하고 의심을 받았다는 사실에 모욕감을 느낄 수 있다. 감사를 거절할 때는 존중하는 마음과 예의를 지켜야 한다.

감사를 거절하는 경우

- 감사의 선물에 조건이나 기대가 따른다고 생각될 때, 불필요한 얽힘을 피하기 위해서
- 도와 줬던 사람인 경우, 또 다시 도움을 요청할 가능성을 미연에 방지를 위해서
- 자신에 대한 자부심이나 우월감이 너무 높아서, 감사가 필요 없다고 생각하는 경우
- 감사받는 상황이 불편하고 어색할 때, 상대방과의 상호작용을 피하고자 하는 경우
- 칭찬과 사례를 받는 것에 익숙하지 않거나 자신의 행동에 대해 과소평가해서 등

감사를 거절하는 경우는 개인 성향과 상호관계 등 상황에 따라 다양하다. 거절당하는 상대방의 입장을 존중하여 신중히 행동하는 것이 현명하다.

104

약점을 예술가처럼

> 위대한 예술가들은 자신의 약점을 통해 우리로 하여금 그의 덕을
> 열망하게 만들 줄 아는 힘을 갖고 있다.

베토벤의 교향곡 제9번 〈합창〉(1824)은 베토벤이 청력을 완전히 상실한 상태에서 쓴 작품이다. 그가 삶의 끝에서 느끼는 절망과 자신의 어려움을 극복하고자 하는 마음을 담았다. 9번 교향곡 초연 당시 관중들의 열광하는 박수갈채가 쏟아졌지만 베토벤은 소리를 들을 수 없었다. 그는 청중들이 열광하며 박수치는 모습만 바라 볼 수 있었다.

모차르트Wolfgang Amadeus Mozart,1756~1791는 천진난만한 성향을 가졌고 자유음악가를 꿈꿨으며 "음악의 신동"이라 불렸다. 35년이라는 짧은 생애 동안 수많은 교향곡, 오페라, 협주곡, 소나타를 작곡했다. 모차르트는 대중성과 작품성 양쪽에서 모두 최고의 경지에 도달한 음악가다. 그의 음악은 쉽고 편안하게 들리면서도 천재성이 돋보이는 음악성을 갖추고 있다.

니체는 저서《비극의 탄생》에서 바그너의 음악을 '유럽 문화의 디오니소스적인 부활'이라고 극찬했다. 니체는 바그너의 마지막 작품들이 지나치게 기독교적인 신앙에 영합하는 것을 비판했다. 바그너의 선동적인 음악은 청년들을 현혹하며 새로운 독일 제국에 굴복하는 것이라고 혹평했다.

105 | 눈에 보이는 겉모습

슬프다! 슬프다! 우리가 가장 잘, 그리고 가장 완고하게 증명해야
하는 것은 실제로 보는 것이다. 왜냐하면 너무나 많은 사람들에게
보는 눈이 없기 때문이다. 그러나 그것은 너무 지루하다!

니체는 사람들이 자신의 모습을 타인에게 보여주기 위해 노력하는 것은
지루하고 무의미한 삶이라고 했다. 타인의 시선에 얽매이면, 타인의 평가
에 따라 자신의 타고난 잠재력을 억압하고 타인의 시선에 따라 행동하게
되기 때문이다.

타인의 시선을 의식하는 것은 자신의 자유를 포기하는 노예와 같은 행
동이며, 자신의 삶을 타인에게 맡기는 것이다. 타인의 시선을 얽매이지 말
고 자신의 가치관과 신념에 따라 자신의 잠재력을 발휘할 수 있는 삶을 살
아야 한다. 사람들은 사회나 문화의 영향을 받기 때문에, 타인들에게 보여
주기 위해 노력한다.

자신의 삶을 살려면 자신의 가치와 목표를 위한 물음이 필요하다. 나는
나 자신을 사랑하는가. 자신을 사랑하면, 세상의 중심은 나 자신이기 때문
에, 남의 시선에 흔들리지 않을 수 있다. 내가 좋아하고 중요시하는 목표는
무엇인가. 자신의 명확한 목표를 이루기 위해 집중하면 남의 시선에 쉽게
흔들리지 않는다. 나를 강하게 하는 것은 스스로 극복하는 나 자신이지 타
인의 시선이 아니다.

106

우리 마음에 떠오르는 말

> 우리는 자신의 생각을 언제나 그때그때 말로 표현한다. 나의 의심
> 을 완전히 모두 말로 나타낸다면, 우리는 어떤 순간에도 말로 표
> 현할 수 있는 생각밖에 가지고 있지 않다.

사상을 표현하고 전달하는 주요 수단은 언어다. 인간의 사상은 언어에 의
해 표현되며, 언어를 통해 생각하고, 배우고, 성장하며 소통한다. 언어는
인간의 사고를 구조화하고 표현하는 데 필수적인 도구이다. 우리는 대부분
의 생각과 감정을 말로 표현하지만, 언어로 완벽하게 표현할 수 없는 복잡
하고 추상적인 논리나 감정도 있다.

사상가들이 언어를 통해 추상적인 개념이나 복잡한 사상을 완벽하게 표
현하는 것은 한계가 있다. 《주역周易》에 나오는 "서부진언 언부진의書不盡言 言
不盡意"는, 글로는 말을 다하지 못하고 말은 또 그 뜻을 다 전하지 못한다는
뜻이다. 글을 잘 쓰고 말을 잘한다고 해서 자신의 마음이나 생각을 다 표현
할 수 있는 것은 아니다.

언어는 사람들이 세상을 이해하고 경험하는 방식과 문화에 따라 다양하
며 같은 언어가 다르게 인식될 수도 있다. 읽는 사람의 이해력과 배경지식
에 따라 사상가가 의도한 바와 다르게 해석되거나 본래 의도가 왜곡될 수
도 있다.

107

병자와 예술

모든 종류의 비탄과 영혼의 비참한 상태를 극복하기 위해서는 우선 식단을 바꾸고 육체적인 고된 일을 시도해야 한다. 그러나 인간은 이 경우, 마취제에 손을 뻗치기 십상이다. 예를 들어 예술에. 그것은 그들에게나 예술에나 화가 된다! 그대들이 병자로서 예술을 열망하면 예술가를 병들게 한다는 것을 깨닫지 못하는가?

예술은 우리에게 감동과 위로를 줄 수 있지만, 영혼이 병들어 있을 때 자신의 병을 더 자각하게 되고, 더 큰 고통을 느낄 수도 있다. 우울증에 걸린 사람이 우울한 내용의 음악을 듣거나, 불안증에 걸린 사람이 불안한 내용의 영화를 보는 것은 오히려 증상을 악화시킬 수 있다.

건강한 식단과 운동은 신체와 정신의 건강에 필수적이다. 질병에 걸리면 우울증, 불안증 등과 같은 정신 질환에 걸릴 위험성이 상승한다. 건강한 식단은 필요한 영양소를 공급하고, 신체의 면역력과 질병에 대한 저항력을 높인다. 규칙적인 운동은 신진대사를 높이고 행복과 쾌감을 주는 엔돌핀 endorphin을 분비시켜 스트레스를 해소하고 기분을 좋게 한다.

니체는 시력의 저하와 심각한 두통, 소화불량 등 다양한 신체적인 문제와 질병을 겪었다. 건강한 식단과 활동적인 삶을 중요하게 여겼고, 철학적 사고와 활동을 더 잘 지원하기 위해서는 건강관리를 잘해야 한다고 생각했다. 건강관리를 위해 산책을 즐겼고, 자연 속에서의 오랜 시간 걸으며 정신적인 평화와 활력을 찾으려고 노력했다. 산책을 하면서 사유했고, 사회적인 관습에 반하는 철학적 사고를 글쓰기를 통해 표현했다.

108

칭찬의 노예

> 그대를 칭찬하려 하는 것을 알아챈 사람이 여기에 있다. 그대는
> 혀를 깨물고 그대의 가슴은 죄어온다 아, 이 그 성배聖杯가 지나가
> 버렸으면 좋겠는데! 그러나 그것은 지나가지 않고 온다! 그렇다
> 면 우리는 찬사를 보내는 자의 알랑대는 뻔뻔스러움을 마시자. 그
> 의 찬사의 핵심에 대한 혐오와 깊은 경멸을 억제하자. 감사에 대
> 한 기쁨의 주름살을 온 얼굴에 짓자! 그는 분명히 우리를 기쁘게
> 하려고 했던 것이다! 그러나 그것이 지나간 뒤에 우리는 그가 자
> 기를 대단히 탁월하다고 느끼고 있다는 것을 안다. 그는 우리에게
> 승리를 거두었다.

니체는 칭찬이 타인을 굴복시키고 지배하는 수단으로 사용될 수 있다고
말한다. 칭찬의 노예가 되면 칭찬받기 위해 노력한다. 칭찬을 받지 못하면
불안해하거나, 자신이 가치 있는 사람이 아니라고 생각한다.

칭찬하는 사람의 의도와 동기는 다양하다. 상대방의 능력을 인정하고 긍
정적인 에너지를 상승시켜 의도하는 성과를 얻어낼 수 있다. 칭찬한 사람
은 자신이 탁월하다고 생각하며 승리감을 갖는다. 자신이 해준 칭찬 덕분
에 상대방이 성공했다고 믿기 때문이다.

칭찬은 자존감을 높이고, 동기부여가 되지만, 자만심을 부추겨 노력하지
않는 사람으로 만들 수도 있다. 니체는 말하는 위버멘쉬는 타인의 칭찬에
얽매이지 않고 스스로 가치를 추구하는 사람이다. 칭찬이나 외부 평가에
의존하지 말고, 독립적으로 삶을 추구해야 한다.

109 | 따뜻한 덕과 차가운 덕

사람들은 냉정한 대담성인 거침없는 태도의 용기와 열렬하면서도 반쯤은 맹목적인 용기, 둘 다 하나의 이름으로 부르고 있다! 그러나 차가운 덕은 따스한 덕과 얼마나 다른지! '선함'이 따스함에 의해서만 생긴다고 생각하는 자는 바보일 것이다. 그것을 차가움에 의해서만 가능하다는 것도 그에 못지않게 바보일 것이다.

니체는 용기는 냉정한 결단력과 열렬한 용감성뿐만 아니라, 따뜻한 마음과 차가운 이성 모두 필요하다고 말한다.

차가운 덕은 이성과 분석에 기반을 둔 용기다. 위기 상황에서 냉정한 결단력으로 감정의 흔들림 없이 객관적인 판단과 안정된 선택을 한다. 위험을 정확하게 판단해서 계획을 세우고, 집중력을 발휘하여 실행한다. 따뜻한 덕은 열정과 동기에 기반을 둔 용기다. 열렬하고 맹목적인 용감성은 위험한 상황에서도 자신의 목숨을 걸고 어려운 환경에 처한 사람들을 돕는다.

차가운 덕과 따뜻한 덕은 성격은 다르지만 모두 중요하다. 선함은 이성적인 판단 또는 따뜻한 열정을 통해서 나타난다. 냉정한 용기는 상황을 파악하고, 문제를 해결하는 데 유용하다. 따뜻한 용기는 사람들을 고무시키고 변화를 이끌어내는 데 유용하다.

110

친절한 기억

귀한 사람은 친절한 기억을 사들이는 것이 좋다. 즉 한 사람 한 사람에 대해 생각할 수 있는 모든 좋은 점을 인정하고, 나머지는 지워버리는 것이 좋다. 그럼으로써 사람들이 기꺼이 자신에게 의존하게 한다. 사람들은 자신에게도 똑같이 취급할 수 있다. 자신이 친절한 기억을 갖는가 갖지 않는가는 결국 자신에 대한 자신의 태도를 결정하고, 자신의 기호와 의도를 고귀하고 관대하게 보는지 혹은 불신하는지 결정하며, 마지막으로 다시 기호와 의도 자체의 종류를 결정한다.

니체는 사람들이 친절한 기억을 갖는지 갖지 않는지에 따라 사람을 대하는 태도가 결정된다고 말한다. 친절한 기억이 많은 사람은 타인에게 자애롭게 대할 가능성이 높다. 자신이 타인에게 도움을 주고 긍정적인 영향을 주었던 기억 덕분에 자신은 좋은 사람이라고 생각하기 때문이다. 친절한 기억이 적은 사람은 타인을 부정적으로 대할 가능성이 높다. 자신이 타인과의 관계에서 부정적인 영향을 주었던 기억 때문에 자신을 나쁜 사람이라고 생각하기 때문이다.

　자기 자신에게 친절한 사람은 타인에게도 친절을 베풀 수 있다. 자신의 감정을 존중하고 실수나 부족함을 인정할 줄 알기 때문에, 타인에 대해서도 이해하고 배려할 수 있다. 친절한 기억을 발달시키면 사람들과 유쾌하고 좋은 관계를 유지할 수 있다.

　사람을 다가오게 하는 힘은 친절이다. 친절은 사람의 마음을 움직이고, 신뢰와 호감을 준다. 불친절한 선배나 상사는 절대 다가설 수 없는 장벽과 같다. 친절이 몸에 베여서 자연스러운 사람도 있다. 반면에 친절을 베풀고 싶지만, 머쓱해서 일부러 무관심한척 하는 사람도 있다. 친절한 사람이 되는 것도 연습과 훈련이 필요하다.

111

오만함

오만이란 겉치레의 거짓된 긍지다. 그러나 긍지의 특유한 점은 그
것이 장난도, 위장도, 위선도 아니며, 원할 수도 없는 것이라는 점
이다. 그 점에서 오만은 위선의 재능이 없는 위선이고, 대단히 곤
란한 것이고, 대체로 실패하는 것이다.

오만은 자신을 과대평가하고 다른 사람을 얕보는 태도다. 오만은 자신감
을 겉치레로 꾸민 것으로 진정한 자신감이라 할 수 없다. 오만은 자신의 능
력이나 업적에 대한 과도한 자부심이다. 오만한 사람은 자신의 능력과 가
치를 과장하기 때문에 실수를 하거나 거짓이 들통난다. 반면에 긍지는 자
신의 능력이나 업적에 부합하는 자부심이다. 긍지는 어떠한 겉치레도 위장
도 위선도 아니다.

인간의 최대 오만은 사랑받고자 하는 욕구다. 니체는 자신이 사랑받을
가치가 있는 사람이라고 생각하는 것은 오만이라고 말한다. 자신은 사랑받
을 가치가 있고 다른 사람보다 특별한 존재라고 생각하기 때문에 그런 오
만을 보인다는 것이다.

112

청년을 망치는 것

> 똑같이 생각하는 사람을 다르게 생각하는 사람보다 더 높이 존경
> 하라고 청년을 지도하는 것은 그 청년을 가장 확실하게 망치는
> 길이다.

청년의 시기는 세상을 배우고 다양한 경험을 한다. 청년은 자신의 의견과
신념이 절대적으로 옳다고 생각하기 쉽다. 세상에는 다양한 사람들이 있
고, 각자 자신만의 독특한 경험과 다양한 가치관을 가지고 있다. 타인의 의
견에 관심을 갖고 존중하는 태도가 없으면 편협한 지식과 독단적인 태도
에 빠질 수 있다. 자신의 의견과 다르더라도 다른 사람의 의견을 존중하고
그들의 가치를 인정하는 법을 배우는 것이 중요하다.

 니체는 고등교육은 직업과 생계를 위한 준비 과정이 아니라, 진정한 교
양인을 양성하기 위한 것이라고 주장했다. 19세기에 교육기관들이 지식
위주의 교육을 함으로써 학생들을 '교양 속물'로 만들고 있다고 했다. 학생
들이 교양 속물이 됨으로써 새로운 문화를 창조하려는 그들의 의지를 파
괴한다는 것이다.

 교양 속물은 지식이나 문화를 습득하여 교양인으로 포장하는 속물을
말한다. 교양 속물은 지식을 습득했지만, 문화를 창조하는 능력이 부족하
며 자신의 삶에 적용하지 못하고 과시하기 위한 수단으로 생각한다. 문화
를 창조할 수 있는 사람으로 교육하기 위해서는 언어, 고전, 철학, 예술 교
육 등 각 분야에서 학생들의 본성에 맞는 수준 높은 교육이 필요하다고
강조한다.

113

Morgenröthe

강한 성격

'나는 한 번 말한 것은 한다.' 이런 사고방식은 성격이 강한 것으로 간주된다. 많은 행위들은 가장 이성적인 행위로 선택되어 수행된 것이 아니라, 마음에 떠올랐을 때 무언가의 방법으로 우리의 명예심과 허영심이 자극받아 맹목적으로 수행된 것이다! 이리하여 그 행위들은 우리 자신에게 우리의 성격과 가책 없는 양심에 대한 믿음, 즉 일반적으로 우리의 힘에 대한 믿음을 증가시킨다.

'나는 한 번 말한 것은 한다'고 말하는 사람들은 주변사람들에게 자신감과 신뢰감을 보여준다. 그들은 결단력을 발휘하여 신속하게 결정하고 동시에 행동함으로써 빠른 결과를 얻을 수 있다. 단점은 모든 상황을 긍정적인 태도로 접근하므로 현실감이 떨어질 수 있다. 또한 성급한 판단과 과도한 행동으로 인해 일을 그르치는 경우가 있다. 타인 앞에서 자신의 능력과 성취욕를 과시함으로써 주변 사람들과 마찰이 생길 수도 있다.

이성적 행위를 하는 사람들은 이성적 사고를 중시한다. 그들은 논리와 사실에 근거하여 문제를 철저하게 분석한다. 상황을 판단하고 결정할 때 현실적인 측면과 실현 가능성을 고려한다. 그 결과 위험하고 무분별한 도전보다는 안전한 선택을 하므로 실패할 확률이 적다. 단점은 논리적인 분석과 계획에 의존하기 때문에 쉽게 결정을 내리지 못한다. 이러한 성향은 계획되지 않은 뜻밖의 상황이나 변화된 상황에 대처하는 것을 어려워한다.

니체는 명예욕과 허영심이 인간의 본성이지만, 그럼에도 불구하고 이를 극복하고 창의성과 자율성을 발휘할 수 있다고 생각했다.

114

인색에 대하여

물건을 살 때 물건이 싸면 우리의 인색함은 증가한다. 왜? 작은 값
의 차이가 이제 막 인색의 작은 눈을 만들었기 때문일까?

일반적으로 사회적인 이미지 관리와 품위 유지를 위해 명품이나 고가 제
품을 살 때는 가격을 깎지 않지만, 시장에서는 물건을 값을 깎고 덤을 요구
하는 과정을 재미로 느끼며 이를 '즐거운 흥정문화'라고 생각하는 사람들
도 있다.

　사람들은 자신의 부의 정도와 관계없이 물건을 구입할 때 경제적으로
최선의 선택을 한다. 금액에 상관없이 비슷한 제품을 더 저렴하게 구매하
는 방법을 찾는다. 값싼 물건이나 사소한 비용을 지불하면서도 그에 상응
하는 가치를 느끼지 못하는 경우, 사람들은 이를 회피하려는 욕구가 있다.

　물건의 가치가 높으면 가격에 상관없이 가치를 인정한다. 가치가 낮다
면 가격을 협상하여 실제 가치에 맞다고 느끼는 가격을 지불한다. 물건에
따라 가치 인식이 다르기 때문이다. '가성비'는 가격이 저렴하여 가격 대비
성능이 좋은 소비를 말한다. '가심비'는 비용과 상관없이 조금 비싸더라도
만족스러운 소비를 선택한다. 어느 쪽을 선택하느냐는 상황과 사람에 따라
다르다.

115 상거래를 모르는 것이 고귀하다

교사로서, 공무원으로서, 예술가로서 그 미덕을 가장 높은 가격으로만 팔거나, 그것으로 고리대금업을 하는 것은, 천부의 재능과 소질을 소매상품으로 만드는 것이다. 사람은 어떻게든 그 지혜를 결코 약삭빠르게 이용하려 해서는 안 된다!

니체는 산업화 과정에서 물질주의가 삶을 지배하는 것을 문화의 몰락이라고 생각했다. 교사, 공무원, 예술가들이 돈을 벌기 위해 자신들의 천재성과 재능을 상품화하는 것은 사회를 타락시키는 것이다. 지식과 예술에 대한 자율성과 창의성은 중요한 가치로써 존중되어야 한다. 지식을 상품화하는 것은 지식을 상품화하여 경제적 이익만을 생각하는 것이다. 교육자나 예술가들의 내면적 가치나 영감을 무시해서는 안 된다.

교사들은 열정을 가지고 학생들에게 지식과 가치를 전달해야 한다. 학생들의 학업 성취나 발전보다는 급여나 보상에 관심을 가지면 교사들 간의 경쟁과 부정한 관행이 생길 수 있다. 학생들은 열정과 창의성을 가진 교사들로부터 올바른 교육을 받아야 한다. 개인적 이익과 돈을 중요시하는 공무원들은 부정부패, 뇌물수수 등 부정한 행위를 하기 쉽다. 이로 인해 공정한 규칙과 제도가 훼손되고 불신이 증가하여 신뢰감을 잃게 된다.

예술은 예술가의 감정, 경험, 메시지를 표현하는 수단이다. 돈으로만 예술을 평가하고 구매한다면 예술의 순수성과 창의성이 저하될 수 있다. 예술은 돈으로 가치를 매길 수 없다. 예술은 사람들에게 예술의 아름다움과 작가의 열정적 경험을 느끼게 하는 소중한 것이다.

116

공포와 사랑

공포는 사랑보다 인간에 관한 일반적인 통찰을 촉진해왔다. 왜냐
하면 공포는 타인이 누구인가, 무엇을 할 수 있는가, 무엇을 원하
는가를, 추측하려 하기 때문이다. 이 점을 잘못 생각하면 위험과
불이익을 초래하게 될 것이다.

반대로 사랑은 타인에게서 가능한 한 많은 아름다운 것을 보고
자 하거나 그를 가능한 한 높이 올리고자 하는 은밀한 충동을 갖
는다. 그때 잘못 파악하는 것은 사랑에게는 기쁨이고 이익일 것이
다. 그래서 사랑은 잘못 파악하는 것이다.

위해를 가하려는 사람을 좋은 사람이라고 생각하면 나쁜 상황에 빠질 가
능성이 높아진다. 위험성을 인식하지 못하기 때문에 대상자로 인해 신체
적·정서적·경제적 피해를 입을 수 있다. 사람을 제대로 보지 못한 자신의
판단력을 자책하게 되고, 사람들에 대한 불신감이 생길 수 있다. 위해를 가
하는 사람인줄 모르고, 이 사람을 다른 사람에게 연결시켰다면 피해는 더
확산된다.

사랑할 때 상대방을 잘못 판단하는 것이 오히려 즐거움과 이익을 줄 수
있다. 사랑에 빠지면 눈에 콩깍지가 낀다고 말한다. 상대방의 아름다운 면
만 보이고, 부족한 점이나 결점은 보이지 않는다. 이러한 현상은 초기의 열
정적인 단계에서 강하게 나타난다. 상대방에 대한 긍정적인 시선과 태도는
다양한 긍정적인 영향과 결과를 가져올 수 있다. 상대방의 장점만 보고 결
점은 지나침으로써 돈독한 애정 관계가 형성된다.

117

친구와 우정

> 사람들은 그 희망을 만족시켜줄 수 없는 친구가 오히려 적이기를
> 바란다.

니체는 친구와 우정을 인간의 삶에서 중요한 가치로 보았다. 친구와 함께 있으면 즐겁고 행복하다. 좋은 친구는 서로에게 긍정적인 영향을 주며, 정신적인 성장과 발전에 도움이 된다.

우리는 친한 친구에게 너무 많은 것을 기대할 때도 있다. 친구가 내 얘기를 잘 들어주고 내 마음을 잘 알지만, 내가 원하는 대로 다 만족시킬 수는 없다. 어느 순간 친구가 내 기대에 못 미치면 실망하게 되고 심지어 친구를 적으로 생각한다.

친구에게 실망했거나 불만, 갈등, 불화 등의 감정을 느끼거나 상처받았을 때, 내 마음이 변했을 때, 절교 선언을 한다. 두 사람 사이의 관계가 변화되고 사이가 벌어짐으로 인해 친구 관계를 유지하는 것이 어려워진다.

친구에 대한 기대와 욕망이 현실적이고 실현 가능한지 생각해보는 것이 중요하다. 사람은 누구나 완벽하지 않으며, 자신을 만족시켜주는 존재가 될 수 없음을 이해하면 친구와 지속적이고 안정적인 관계를 유지할 수 있을 것이다.

118

환대

환대하는 관습의 의미는 타인의 적의를 마비시키는 것이다. 만일 우리가 타인을 더 이상 적으로 느끼지 않는 경우, 환대는 줄어든 다. 환대는 그것의 악의를 지닌 전제가 강할수록 거창해진다.

환대는 다양한 상황과 목적에 따라 의도적으로 연출한다. 적국과의 관계를 우호적으로 유지하는 외교적 전략은 전쟁 상황에서도 중요한 역할을 하며, 다양한 전술로 이용되기도 한다.

환대를 통해 적국과 우호관계를 유지하는 이유

- 적국의 경계를 낮추게 하여 전략적인 이점을 얻을 수 있다.
- 적국의 정보를 수집하여 전략을 수립하고, 적국 내부의 반대 세력을 약화시킬 수 있다.
- 적국과 협상 기회를 통해 전쟁 상황에서 불필요한 피해를 줄일 수 있다.
- 종전 협상을 이끌어내어 전쟁을 종료하고 평화적 해결 방안을 모색할 수 있다.
- 평화를 존중하는 이미지를 통해 국제 사회에서의 지지를 얻어 적국을 견제할 수 있다.

119

아첨에 관대하다

> 만족할 줄 모르는 야심가들의 최고의 행동은 아첨꾼의 모습을
> 볼 때 자신들의 경멸감을 그들이 눈치 채지 못하게 하고, 그들에
> 게 역시 관대한 모습을 보이는 것이다. 참으로 관대할 수 있는
> 신처럼.

영리한 야심가는 자신의 야망을 이루기 위해 아첨하는 사람을 이용한다. 아첨하는 사람을 통해 자신의 능력을 과시하고, 자신의 지위를 높이고, 자신의 목표를 달성하기 위한 정보를 얻는다. 야심가들은 아첨하는 사람들을 경멸하지만 관대한 척하며 이용한다.

아첨꾼은 야심가들에게 거짓 호의를 베풀며 아첨하여 필요한 지원을 받는다. 이들의 공통점은 목표를 추구하기 위해 상대방을 철저히 이용한다는 것, 진정성이 없다는 것을 알면서도 서로 속이고 속아준다는 것이다.

아첨은 자신의 이익을 위해 타인을 칭찬하는 것이다. 아첨을 받으면 기분이 좋아지고, 호감을 갖게 되며 친밀감이 형성된다. 아첨은 사람을 이용하거나 속여서 자신의 이익을 취하는 것이므로 사회적으로 혼란과 불신을 조장한다.

120

날씨에 대해서

> 날씨가 매우 이상하고 예측할 수 없으면, 인간도 서로 신뢰하지
> 않게 된다. 게다가 인간은 개혁을 좋아한다. 왜냐하면 그 습관에
> 서 벗어나야 하기 때문이다. 그 때문에 전제 군주는 날씨가 도덕
> 적인 모든 지방을 좋아한다.

예측 불가능한 날씨는 사람들의 삶에 지장을 준다. 예상치 못한 상황을 어떻게 대처해야 할지 혼란스럽고, 어떤 정보를 믿어야 할지 판단하기 어렵기 때문이다.

농업사회에서는 비가 오지 않으면 식량 부족과 기근으로 인한 생존에 위험이 발생하기 때문에 정부나 군주가 책임져야 한다고 생각했다. '기우제'는 농작물의 풍작을 기원하는 축제나 행사를 말한다. 이는 군주나 지도자의 관심을 높이고 사회적인 연대와 공동체 의식을 강화하여 상황을 극복하는 중요한 풍습이었다.

과학이 발달한 현대사회에서도 날씨와 기후의 급격한 변화는 우리들의 삶에 큰 영향을 미친다. 지구의 생태계와 환경 보호를 위해 개인과 기업, 정부 모두가 기후 위기 문제를 해결해야 한다.

121 | 가능하면 의사 없이 산다

나에게는 병자가 의사에게 치료를 받을 때가 혼자서 자기의 건강
에 신경을 쓸 때보다 경솔한 것처럼 보인다. 전자의 경우 지시 받
은 것만 엄밀하게 따르면 충분하다. 후자의 경우 우리는 지시가
목표로 하는 것, 즉 우리의 건강을 의사로부터 권유받아서 하는
것보다 더 양심적으로 주목하고, 훨씬 많은 것을 자신에게 명령하
고 금지한다.

병에 걸렸을 때 어떤 사람은 종교에 의지하고, 어떤 사람은 의사에 의지하
고, 어떤 사람은 자신의 신념이나 정신력에 의지한다. 의사는 환자의 병을
진단하고, 치료하지만 모든 병을 치료할 수 있는 것은 아니다. 환자의 의지
는 병을 치료하는 데 있어 매우 중요하다. 병을 이겨내겠다는 환자의 의지
가 강할수록 치유될 가능성이 높아진다.

니체는 평생을 질병의 고통 속에서 살다가 간 철학자다. 스스로 자신의
병을 치료하고 건강을 회복하기 위해 노력했다. 좋은 자연이 있는 곳으로
거처를 옮겨 산책하고 건강에 관한 책을 읽으며 건강을 관리했다. 신선한
공기를 마시며 깊은 사유의 시간을 통해 '힘에의 의지'에 의한 질병의 극복
등 건강에 관한 다양한 철학적 사상을 표현했다.

니체는 질병이 자신을 이성적으로 만들고, 고통을 극복하며 새로운 가치
를 발견할 수 있는 기회가 된다고 생각했다. 건강한 사람은 질병과 고통을
통해 잠재력을 실현하고 삶을 발전시킨다. 니체는 질병을 부정하지 말고
긍정적으로 받아들여 건강을 회복하는 것을 '위대한 건강'이라고 말한다.

122 | 표면상으로만 도덕적인

> 그대들은 결코 자기에게 불만을 품으려 하지 않고 자기에 대해 괴
> 로워하려 하지 않는다, 그리고 그대들은 이것이 그대들의 도덕적
> 경향이라고 말한다. 그러면 좋다. 그대들은 자신이 하나의 우연으
> 로, 그리고 흙덩이 위의 흙덩이로 머물 것이다!

니체는 자신에 대한 불만과 고통을 회피하지 말고, 내면의 세계를 탐험하
며, 성장해야 한다고 말한다. 사람들은 자기 자신에 대해 불만을 느끼거나
스스로 괴로워하지 않으려고 한다. 자신들은 이것을 자신의 도덕적 경향이
라고 말하지만, 타인들은 그대들이 비겁하다고 말할 지도 모른다.

사람들은 자기 자신에 대한 부정적인 감정을 피하고 자기만족의 상태에
머무르려고 한다. 니체는 이러한 자기보호적인 성향을 표면적으로만 도덕
적인 행동이라고 비판한다.

니체는 도덕을 선과 악의 개념이 아닌, 삶의 상승에 유용한지 아닌지의
여부로 판단했다. 나쁜 도덕이란 약함에서 유래하는 것이며, 좋은 도덕이
란 강한 힘을 느끼고 발휘하는 것이다. 변화하지 않는 삶은 죽음과 같다.
도덕의 가치와 기준도 계속 변화해야 한다. 인간도 가치 있는 삶을 살려면
스스로 계속 변화를 추구하며 발전해야 한다.

123

우리의 행복

> 많은 사람이 아주 작은 행복밖에 느낄 수 없다. 그들의 지혜가 더
> 이상 행복을 줄 수 없다는 것은 그들의 지혜에 대한 이의는 아니
> 다. 의술이 많은 사람을 치료할 수 없으며 다른 사람들은 항상 병
> 약하다는 것이 의술에 대한 이의가 아닌 것처럼.

인간은 자신의 지혜를 통해 더 큰 행복을 찾을 수 있을 것이라 기대한다.
지혜는 인간의 시야를 넓히고 깊이 있는 사고를 할 수 있게 한다. 하지
만, 모든 문제를 해결하거나 모든 상황에서 더 큰 행복을 가져다주는 것은
아니다.

의술은 마음과 신체의 질병을 치료하지만, 모든 인간을 완전히 치료할
수 있는 것은 아니다. 모든 사람의 건강 상태와 상황은 다르며, 의술이 모
든 질병을 다 치료할 수 있는 것도 아니다. 사람들은 질병 앞에서 나약하다
고 느낄 수 있지만, 의술 자체의 문제는 아니다.

니체는 "모든 사람이 자신의 최고의 행복을 실현할 수 있는 인생관을 발
견하는 것은 행운이다. 그러나 이 경우에도 삶은 여전히 비참하고 별로 부
러워할 것이 못 될 수 있다"라고 말한다. 사람들은 작은 행복을 느끼면서도
더 큰 행복을 바란다. 더 높은 수준의 행복을 찾으려는 노력이 한계에 부딪
히더라도, 노력 자체가 무가치한 것은 아니다.

124 | 연설가들을 위한 학교

> 일 년 동안 침묵하고 있으면 우리들은 수다를 떠는 일을 잊고, 연
> 설하는 방법을 배운다.

연설가에게 오랜 침묵은 생각을 깊게 하고 내용을 준비하는 시간이다. 말을 많이 하는 것이 연설하는 데 도움이 되는 것은 아니다. 침묵하면서 내면의 성장과 교양을 쌓는 것이 더 중요하다. 연설할 내용을 신중하게 선택하고 정확하게 전달함으로 훌륭한 연설가가 될 수 있다. 내용이 깊고 의미 있는 연설은 청중에게 강한 영향과 감동을 줄 수 있다.

좋은 연설가들의 특징 세 가지

* **첫째, 인문학적 소양이 풍부해야 한다.**

  정치, 법률, 철학, 문학 등 다양한 분야의 지식을 연설에 활용한다.

* **둘째, 논리적으로 자신의 주장을 전개한다.**

  자신의 주장을 뒷받침하기 위해 증거를 제시하고, 반박에 대한 대응책을 마련한다.

* **셋째, 청중에게 공감을 주는 웅변술에 능해야 한다.**

  목소리와 태도를 통해 진정성을 표현하고, 청중의 감정과 반응을 살핀다.

125

힘의 감정

> 다음 사실을 잘 구별하라. 우선 힘의 감정을 획득하려고 하는 자
> 는 모든 수단을 붙들고 그 감정을 기르는 것을 부끄러워하지 않는
> 다. 그러나 힘의 감정을 소유하고 있는 자는 취향이 몹시 까다롭
> 고 고상하다. 그가 어떤 것인가에 만족하는 일은 드물다.

힘은 인간에게 중요한 욕구이며, 사람들은 누구나 힘을 가지고 싶어 한다. 힘을 가지면 자신감이 생기고 더 나아가 타인을 지배하고 싶어 한다. 힘의 감정을 처음 획득하려는 사람과 이미 소유한 사람의 심리와 행동에는 차이가 있다.

처음으로 힘의 감정을 얻으려는 사람은, 자신의 목표를 달성하기 위해 모든 가능한 수단을 사용한다. 힘의 감정을 성취한 경험 없기 때문에 선입견 없이 다양한 방법으로 노력한다. 힘의 감정을 이미 소유한 사람은 일상적인 만족감보다 의미 있는 성취를 위해 더 높은 기준을 세운다. 힘을 통해 자신의 목표를 달성함으로써 더 성숙한 시각을 가지며, 힘을 사용하여 타인을 지배함으로써 자신의 욕망을 충족시킨다.

니체는 인간의 의지는 힘의 표현이며, 행동과 생각은 힘의 결과물이라고 생각했다. 인간은 '힘에의 의지'를 가지고 있는 존재다. 그러므로 자신의 욕구와 힘의 역동성을 최대한 발휘하여 더 나은 존재로 성장하라고 말한다.

126 | 죽음에 대한 두려움

죽는다는 행위는 일반적으로 외경의 마음으로 주장되는 것처럼 중요하지 않으며, 죽어가는 사람은 그가 여기서 곧 잃을 것보다 좀 더 중요한 것을 살아 있는 동안에 잃었으리라. 그렇다면 종말은 여기에서 분명히 목표가 아니다.

죽음에 대한 두려움은 생존 본능에서 비롯된다. 죽음에 대한 생각은 개인의 성향, 문화적 배경, 종교적인 신념에 따라 생각이 다르다. 임종을 앞둔 사람들이나 지켜보는 사람들은, 죽음에 대한 두려움과 죽음 이후의 삶에 대해 궁금해한다. 종교적 신념을 가진 사람들은 영적인 측면에서 편안함을 느낀다. 종교가 없는 사람들은 자신의 경험과 신념에 따라 죽음을 받아들인다.

니체는 종교적 신념에 대해 반대했다. 내세를 믿는 사람들은 현세에서 하지 못한 일을 내세에서 이룰 수 있다는 희망으로 세월을 보내기 때문이다. 죽음은 삶의 목적이 아니라 과거의 삶에서 새로운 삶으로 향하는 과정이다. 삶과 죽음의 의미를 받아들이고 현재의 삶을 충실하게 살아가야 한다고 말한다.

니체의 '영원회귀永遠回歸, Ewige Wiederkunft 사상'이란, 세상의 모든 사건은 영원히 반복된다는 것이다. 만약 자신의 삶에 영원히 반복된다면, 어떻게 살 것인지 진지하게 고민하고 현재의 삶에 최선을 다할 것이다. 나약한 삶의 자세에서 벗어나 적극적이고 후회 없는 삶을 살아야 한다.

127 | 약속을 하는 가장 좋은 방법

어떤 약속이 이루어질 때, 약속을 하는 것은 말이 아니라 말의 배후에서 말로 표현되지 않는 것이다. 그뿐 아니라 말은 약속을 하는 힘의 일부분에 해당되는 힘을 방출하고 소비함으로써 약속을 약하게 한다. 그러므로 그대들은 손을 뻗고 동시에 손가락을 입에 대라. 그러면 그대들은 가장 확실하게 약속한 것이 된다.

약속은 말로만 하는 것이 아니라 앞으로의 행동에 대한 조건을 제시하고 결정하는 것이다. 말은 상대방의 마음가짐이나 신념을 표현하는 수단이지, 실제로 약속을 지키게 하는 것은 아니다. 약속할 때는 상대방의 말에만 의존하지 말고, 상대방의 의도나 신념을 잘 파악해야 한다.

말만 잘하는 사람은 자신이 했던 말을 행동으로 실천하지 못하는 경우가 많다. 따라서 말만 믿지 말고 행동을 봐야 한다. 상대방의 과거 이력이나 주변의 평판 등 상대방의 신뢰성을 확인해야 한다. 말만 잘하는 사람은 상대방의 감정을 사로잡아 정확한 판단을 흐리게 한다. 감정에 휘둘리지 않는다면 말만 잘하는 사람에게 현혹되지 않고 의도를 잘 파악할 수 있다.

약속은 상호 간 신뢰를 기반으로 사적관계 또는 거래, 계약 등 사회적 관계에서도 중요하다. 약속을 할 때에는 상대방의 언어뿐만 아니라 비언어적인 표현과 상황, 과거의 패턴, 정직성과 일관성, 유연성과 타협 가능성, 신뢰도와 신용도 등을 여러모로 살펴봐야 한다.

128

괴로움에 대한 용기

우리는 현재와 같은 상태에서 꽤 많은 불쾌를 견딜 수 있다. 그리고 우리의 위는 이 무거운 음식물을 소화하는 데 알맞게 되어 있다. 아마 괴로움이 없다면 인생이라는 식사는 무미건조하게 생각되어질 것이다. 고통에 대한 좋은 의지가 없다면 우리는 너무 많은 기쁨을 놓칠 게 분명하다!

인생을 살다보면 어려운 상황에 부딪혀 고통을 겪지만 이를 피할 수는 없다. 고통과 어려움을 견디지 못하면 성취의 기쁨과 행복을 느끼기 어렵다. 목표를 달성하고 더 좋은 결과를 얻기 위해서는 노력과 헌신이 필요하다. 고통을 겪을 때 사람들은 자신의 한계를 극복하고, 새로운 것을 배우고, 더 강해질 수 있다.

니체는 참된 즐거움은 고통을 극복하는 과정에서 발생하며, 인간은 힘에의 의지를 통해 어려움을 극복하고 성장할 수 있다고 말한다. 또한 우리의 삶은 고통을 통해 자아를 깨닫고 강화하는 과정이며 고통을 극복함으로서 성취하는 기쁨이라고 했다.

니체는 "나를 죽이지 못하는 고통은, 나를 더욱 더 강하게 해줄 뿐이다" 라고 말한다. 니체는 건강 악화와 사회적 고립으로 인해 신체적·심리적 고통을 겪었지만, 자신을 발전시키는 과정으로 받아들였다. 그는 사람들에게 고통을 두려워하지 말고, 고통을 통해서 성장하라고 말한다.

129 | 결혼을 긍정하는 것

우리가 결혼을 인정하는 것은, 첫째, 우리가 아직 결혼을 모르기 때문이고 둘째, 길들여져 있기 때문이고 셋째, 결혼했기 때문이다. 즉, 우리는 거의 모든 경우를 긍정한다. 그러나 일반적으로 결혼이 좋은 것인지 나쁜 것인지는 이러한 긍정으로 증명되어 있지 않다.

사람들이 결혼을 보편적이고 긍정적으로 생각하는 이유는 가족을 구성함으로써 소속감과 안정감이 생기기 때문이다. 결혼을 인생의 중요한 과정으로 여기며, 결혼을 하지 않을 경우 가족이나 사회적로부터 결혼을 강요받기도 한다.

우리 사회에서 결혼을 미루거나 포기하는 사람들이 늘어나고 있다. '삼포세대'란 사회·경제적 상황으로 인해 연애, 결혼, 출산을 포기한 세대를 의미한다(이제는 그 포기하는 수가 늘어나 '다포세대', 'N포세대'라는 말까지 생겼다). 경제적인 부담으로 일과 가정을 양립하기 어렵기 때문이다. 또 다른 이유는 결혼에 대한 가치관의 변화다. 개인의 가치, 자유·독립성이 강조되면서 결혼보다는 개인적인 삶을 우선시한다.

니체는 결혼에 대해서 부정적인 생각을 가지고 있었다. 소크라테스를 제외한 위대한 철학자들이 결혼하지 않은 것을 예로 들어 결혼은 철학자에게는 장애물과 같다고 했다. 니체는 결혼은 상호 의존성을 도모하고 책임을 분담하는 것이지만, 이로 인해 개인의 자유와 독립성이 제한되고 자아가 희생된다고 생각했다.

130 | 너무나 분명하게 말하는 것

우리가 분명하고 지나칠 정도로 음절을 나누어서 이야기하는 데는 여러 가지 이유가 있다. 첫째, 새롭고 익숙하지 않은 언어를 사용할 때 자신을 믿지 못하기 때문이다. 둘째, 타인이 우둔하거나 이해가 느리다고 해서 타인을 신뢰하지 않기 때문이다.

음절을 끊어서 말하는 것은 음절을 강조하거나 분명한 발음을 전달하기 위한 방법이다. 음절을 분리해서 발음하면, 각 음절이 뚜렷하게 들리므로 문장을 더 명확하게 이해할 수 있다. 특정 부분을 음절 단위로 끊어서 말하면 그 부분에 강한 감정이나 강조를 주는 효과가 있다. 모든 언어나 상황에서 음절을 끊어서 발음하는 것이 항상 적절한 것은 아니다. 음절을 끊어서 발음하는 것이 특정 언어나 문화에서 부적절하거나 이상하게 들릴 수 있으므로 맥락과 상황을 고려해야 한다.

효과적인 의사소통을 하려면 상대방의 반응과 피드백을 살피면서 적절하게 조절하는 능력이 필요하다. 너무 빠르게 말하면 상대방은 대화의 속도를 따라오기 어렵고 알아들을 수 없다. 명료하고 정확한 발음으로 너무 빠르거나 느리지 않게 상대방의 반응에 따라 조절하는 것이 좋다. 대화의 상황과 대상에 따라 친밀한 친구와의 대화, 전문적인 회의, 가벼운 수다 등 상황에 맞게 대화 방식을 선택해야 한다.

목소리 톤과 발음은 대화를 효과적으로 전달하는 중요한 수단이다. 강조하는 부분에서는 음성을 높이고, 중요한 내용을 전달할 때는 감정을 담아 목소리에 변화를 준다. 강요하는 목소리나 발음은 상대에게 거부감을 줄 수 있으므로 자연스러운 톤과 발음을 유지하는 것이 좋다.

131

많이 자는 것

지쳐서 자신에게 싫증이 났을 때, 원기를 회복하려면 어떻게 하면 좋을까? 어떤 사람은 도박장, 다른 사람은 기독교, 또 다른 사람은 전기요법을 권한다. 그러나 나의 친애하는 우울증 환자여, 가장 좋은 것은 역시 실제적으로나 비유적으로나 많이 자는 일이다! 그러면 아침을 다시 가질 것이다! 삶의 지혜라는 재주는 어떤 종류의 잠이든 딱 알맞을 때 잠이 들 수 있다.

잠을 자는 것은 휴식을 취하며 재충전하는 것이다. 휴식을 취하면 스트레스 호르몬이 감소하고, 면역력이 향상되므로 긴장이 완화되고 마음이 평온해진다. 피로하고 지루할 때 잠시 동안 휴식하는 시간을 통해 창의성과 영감을 불러올 수 있다. 창조적인 아이디어나 문제 해결책을 찾기 위해 잠시 멈춘 후 다시 시작하는 것이 삶의 중요한 지혜다.

수면의 기능은 생명 유지에 중요한 요소이다. 동물실험에서 동물에게 수면을 박탈하면 3주 이내에 죽을 수 있다고 한다. 사람들도 잠을 못 자면 졸리고, 안절부절못하며, 집중력이 떨어진다. 낮의 활동에서 소모되고 손상된 우리 몸은 우리가 자는 동안에 회복된다. 몸이 아프거나 상태가 안 좋을 때 잠을 자는 것은 신체기능 회복과 면역력 증강을 위한 것이다

'잠이 보약이다'이란 말이 있다. 사람들은 몸이 아프거나 마음에 편치 않을 때 깊은 잠을 이루지 못한다. 불안정한 수면은 세포를 노화시켜 기억력 감퇴와 치매를 유발할 가능성을 높인다. 잠을 잘 자는 것은 신체적·정신적 건강을 유지하는 데 중요하다.

132 | 허영심이 많은 사람들

우리는 상품을 진열해놓은 가게와 같다. 우리는 거기에 타인이 주는 우리의 특질이라는 것을, 언제나 스스로 정돈하거나 감추거나 내놓는다. 자기를 속이기 위해서이다.

허영심이 많은 사람들은 자신을 '진열된 상품'처럼 자신의 단점은 감추고 장점을 보여준다. 사회적 기대 맞추고 외부 압력에 따라 행동한다. 보여주기 위한 이미지를 만들기 위해 외관을 조작하거나 감추려고 한다. 타인의 시선에 민감하기 때문에 외부의 평가나 보상 중심으로 행동한다.

페르소나persona란 고대 그리스 가면극에서 배우들이 썼던 가면이다. 자신의 모습을 가리고 사회에서 요구하는 역할에 맞춰서 행동하는 것을 의미한다. 사회에서 성공하기 위해서는 적절한 페르소나가 필요할 때도 있다. 요즘 온라인게임 용어에서 유래한 '본캐(본래 캐릭터)'와 '부캐(부 캐릭터)'라는 단어가 사용되고 있다. 본캐는 자신을 있는 그대로 보여주는, 실제 자신의 모습이다. 부캐는 본인의 다른 면모나 성격·특징을 나타내는 것으로, 원래 자신과 다른 역할이나 모습을 보여주는 것이다.

우리는 타인의 시선과 평가에 끊임없이 노출되고 그에 맞춰가며 살아가고 있다. 다른 사람들을 의식하느라 지치고 자기 정체성을 잃을 수도 있다. 니체는 자신의 가치를 타인의 시선에 의존하는 허영심을 극복해야 진정한 자유를 얻을 수 있다고 말한다.

133 | 결혼 전에 이루어지는 숙고

> 그녀가 나를 사랑한다면, 오랜 시간이 흐른 뒤 그녀는 나에게 얼
> 마나 무거운 짐이 될 것인가! 또 그녀가 나를 사랑하지 않는다면,
> 오랜 시간이 흐른 뒤 결국 그녀는 나에게 얼마나 무거운 짐이 될
> 것인가! 두 가지 다른 종류의 무거운 짐이 문제될 뿐이다. 그러므
> 로 우리는 결혼하자!

그녀가 나를 사랑한다면, 나에게 많은 관심을 가지고 내 모든 일을 간섭할
것이다. 그녀가 나를 사랑하지 않는다면, 나에게 무관심하고 나와 함께하
고 싶어 하지 않을 것이다. 어떤 상황이든 두 사람의 생활 습관, 성격, 가치
관이 다르기 때문에, 결혼이란 어려운 선택이다.

니체는 결혼에 대해 철학자의 길에 놓인 장애물이고 재난이라고 말한다.
그는 결혼에 대한 생각을 책 속에서 언급했으며 결혼에 대해 무조건 부정
적이지는 않았다. 결혼은 서로에게 도움을 주고 변화하고 발전할 수 있도
록 돕는 친구 같은 관계가 될 수도 있다고 말한다.

니체는 당대 지식인들의 뮤즈였던 루 살로메Lou Salomé, 1861~1937에게 청
혼했지만 거절당했다. 1882년 여름, 니체 나이 서른여덟 살에 스물한 살의
루 살로메를 처음 본 순간 사랑에 빠졌다. 루 살로메는 대학에서 비교종교
학과 예술학을 전공한 재능 있는 작가였다. 루 살로메의 지성과 육체적 매
력에 빠져 고백을 했다가 고배를 마셨다. 루 살로메가 거절하지 않았다면
니체의 삶은 어땠을까?

134

허영심을 갖지 않는 것

정열적인 인간들은 다른 사람들이 생각하는 것을 별로 생각하지
않는다. 그들의 상태는 마음을 허영심 이상으로 높이는 것이다.

니체는 정열적인 사람과 허영심이 많은 사람의 차이에 대해 다음과 같이
말했다.

- **정열적인 사람은 자신의 열정에 깊은 관심을 가지고 행동한다.**
  허영심을 가진 사람은 주목받고 싶은 욕망으로 인해 행동한다.
- **정열적인 사람은 자신의 목표를 달성하기 위해 헌신적이고, 열정적으로 행동한다.**
  허영심을 가진 사람은 타인의 시선을 끌기 위해 겉치레에 치중하며 내실이 없다.
- **정열적인 사람은 자신이 열정을 통해 자신의 가치를 실현한다.**
  허영심을 가진 사람은 타인의 인정으로 자신의 가치를 확인받는다.

니체는 허영심을 가진 사람들을 노예, 낙타, 약자, 진열장의 상품이라고
말한다. 정열적인 사람은 내면의 소리에 귀를 기울인다. 또한 힘에의 의지
를 사용하며, "너 자신이 되어라" 하고 말한 니체의 삶을 실천한다.

135

Morgenröthe

가장 위험한 망각

> 우리는 타인을 사랑하는 것을 잊는 일에서 시작해 자신에게서 사
> 랑할 가치가 있는 것을 더 이상 발견하지 못하는 것으로 끝난다.

사랑이란 타인을 이해하고, 공감하며 자신의 관심과 애정을 타인에게 전하는 것이다. 사람들은 타인과의 관계를 통해 소속감과 안정감을 얻고, 타인을 사랑함으로써 자신의 존재를 확인하고 가치를 인정한다.

사랑에 실패한 경험이 있거나 자존감이 낮은 사람은 타인을 사랑하는 것이 두려울 수 있다. 자존감이 낮으면 자신을 부정적으로 평가하거나 자신의 가치에 대한 확신이 없다. 이로 인해 사랑을 의심하거나 받아들이지 못하기에 타인과 깊은 관계를 맺지 못한다. 자신은 사랑할 능력이 없는 사람이라고 생각하기 때문에 결국 자기 자신도 사랑하지 못한다.

사랑은 타인을 소유하려는 욕망도 아니고 자신을 희생하는 것도 아니다. 사랑은 더 나은 사람이 되기 위해 서로를 돕는 것이다. 사랑은 서로에게 영감을 주고, 삶에 의미를 부여할 수 있는 관계다.

141

136 | 불멸의 존재로 만드는 것

적을 죽이려고 하는 자는, 바로 그 때문에 적이 자기 마음속에서
영원한 존재가 되는 것이 아닌가를 잘 생각해보는 것이 좋다.

건강한 자기관리법은 자신의 감정을 조절하고 갈등 상황을 건강하게 해결
하는 것이다. 자신의 감정을 존중하면서도 부정적인 감정들에 휘둘리지 않
고 현명한 결정을 내릴 수 있는 능력을 키워야 한다.

원한과 증오를 품고 상대방을 해치거나 죽이려는 행동으로 화를 일시적
으로 해소할 수는 있다. 하지만 이는 문제를 악화시켜 괴로운 감정을 자신
의 마음속에 영원히 남게 한다. 적을 용서함으로써 자신의 내면에 쌓인 부
정적인 감정을 해소하고 자유로워질 수 있다. 용서는 상대방의 특정한 행
동을 사라지게 하기 위한 것이 아니라, 자신을 무겁고 어둡게 하는 감정의
짐을 던져버리는 것이다.

사건 자체를 완전히 잊는 것은 어렵거나 불가능할 수 있다. 잊는다는 것
은 과거의 상처나 갈등에 대한 기억을 희미하게 하는 것이다. 복수와 원한
의 감정에 사로잡히는 대신 자신의 내면의 평온을 위해 사건으로부터 교
훈을 얻거나 자신의 성장에 집중해야 한다.

137

당파 속의 용기

불쌍한 양들은 대장에게 말한다. "어쨌든 앞장서서 가라. 그러면 우리는 그대를 따라 갈 용기를 잃지 않을 것이다." 그렇지만 불쌍한 대장은 마음속으로 생각한다. "어쨌든 내 뒤를 따라 와라. 그러면 나는 그대들을 인도할 용기를 잃지 않을 것이다."

지도자는 강력한 의지와 비전을 가진 존재여야 한다. 지도자는 추종자들에게 희망과 목표를 제시하여 성공으로 이끌 수 있는 의지가 있어야 한다. 추종자는 스스로 생각하고 판단할 수 있는 존재여야 한다. 추종자는 지도자의 뒤를 무조건적으로 따르기만 하는 것이 아니라, 자신의 의견과 아이디어를 제시할 수 있어야 한다.

지도자는 추종자들을 지배하기 위해 노력해서는 안 된다. 추종자들은 지도자에게 맹목적으로 의존해서는 안 된다. 지도자와 추종자는 서로를 돕고, 서로를 발전시키기 위해 노력해야 한다. 지도자와 추종자의 관계가 건강할 때, 더욱 발전하고 성공할 수 있다.

니체는 지도자를 '위버멘쉬', 추종자를 '양'으로 비유했다. '위버멘쉬'는 전통적인 도덕 체계를 넘어서는 사람이다. 자신의 경험과 역량을 기반으로 타인을 이끌고 영감을 주는 지도자다. 니체는 사회적 규범을 뛰어넘어 창의적이고 독립적인 '초인(위버멘쉬)'을 지지했다. 반면에 독립적인 사고를 하지 못하고 단순히 다수를 따르는 추종자 '양'들은 비판했다. 여기서의 '양'은 자신의 생각과 신념을 버리고 대중의 의견에 따르는 사람들이다.

138 | 다른 사람들을 기쁘게 하는 것

다른 사람을 기쁘게 하는 것은 왜 모든 기쁨보다 나을까? 우리는
그럼으로써 자신의 쉰 가지 충동을 단번에 기쁘게 하기 때문이다.
하나하나는 아주 작은 기쁨일지도 모른다. 그러나 만일 우리가 그
것 모두를 하나의 손 안에 넣으면, 이제까지 없었던 정도로 우리
의 손은 가득 차게 된다. 그리고 마음도 마찬가지다!

인간은 사회적 동물로서 타인과의 관계에서 많은 기쁨을 느낀다. 타인을
돕거나 기쁘게 한 행동은 타인과의 유대감을 형성하고 자신의 가치와 만
족감을 높인다. 누군가에게 선물을 주고 그 사람이 기뻐하는 모습을 보면,
자신도 기쁨을 느낀다. 다른 사람이 어려움을 극복할 수 있도록 도와주면
자신의 존재가 더 가치 있게 느껴진다.

　기쁨과 연결되는 감정은 다양하다. 행복, 웃음, 흥분, 신남, 환희, 만족감,
희열, 유쾌함, 의욕, 열정, 기대감, 만족, 감사, 자부심, 감동, 사랑, 친밀감,
인정받음, 즐거움, 성취감, 자신감, 칭찬, 성취, 목표 달성, 성공 등이다. 사
랑하는 사람과 함께하는 것, 친구들과 시간을 보내는 것, 가족과 시간을 보
내는 것, 맛있는 음식을 함께 먹는 것, 따뜻한 말을 듣는 것, 감사하는 마음
으로 사는 것 등은 우리를 기쁘게 한다.

　니체는 이기심과 이타심은 본질적으로 차이가 없다고 생각했다. 내가
누군가를 돕고 기쁨을 주는 이타심도 자기만족을 위한 이기심이다. 자신
을 사랑하고 존중하기 때문에 타인을 돕고 세상을 더 가치 있게 만드는
것이다.

139

몰락을 피하는 법

> 우리의 유능함과 위대함은 단번에 무너지는 것이 아니라 끊임없이 잘게 부서져 간다. 모든 것 속으로 들어가서 자라고, 어디에서나 단단하게 매달릴 줄 아는 작은 식물, 이것이 우리가 가지고 있는 위대한 것을 황폐하게 한다. 그것은 우리 환경의 매일매일, 매시간 간과되는 비참함이고, 이런저런 작은 감각과 소심한 감각의 수많은 작은 뿌리로서 우리의 이웃, 우리의 직장, 우리의 교제, 우리의 일과 등에서 자라난다. 만일 이 작은 잡초를 조심하지 않으면 우리는 눈치 채지 못한 채 그 때문에 파멸해버린다!

위대함은 한 번에 무너지는 것이 아니다. 정원에 잡초들을 방치하면, 어느 순간 잡초가 무성해져 정원은 엉망진창이 된다. 웅장한 건축물이 작은 균열에서부터 무너지기 시작하는 것과 같다. 작은 균열은 처음에는 눈에 보이지 않지만, 시간이 지남에 따라 점점 커지고, 결국 건물을 무너뜨린다.

작은 감정이나 변화들을 경시하거나 무시하면 점점 확대되어 삶 전체를 무너뜨릴 수 있다. 위대함을 파괴하는 작은 균열은 부정적인 감정들이다. 질투, 분노, 시기심, 자기 비하 등 부정적인 생각은 자신을 무너뜨리고 위대함으로부터 멀어지게 한다.

부정적인 감정을 극복하기 위해서는 자신의 감정과 행동을 돌아보고 자기 성찰을 통해 해소해야 한다. 운동, 명상, 글쓰기, 음악 감상 등은 부정적인 감정을 해소하고, 자신의 내면을 치유하는 데 도움이 된다. 감사, 희망, 사랑, 용기와 같은 긍정적인 감정은 위대함을 향해 나아가는 힘이다. 부정적인 감정을 건강하게 관리하면 위대함을 파괴하는 균열을 극복하고 자신의 잠재력을 실현할 수 있다.

140

인간과 사물

> 왜 인간은 사물을 보지 않는가? 그 자신이 방해가 되고 있기 때문
> 이다. 그는 사물들을 은폐하고 있는 것이다.

사람들은 과거의 경험, 문화적 배경, 사회적 영향 등에 따라 사물들을 보고 평가한다. 이로 인한 감정이나 선입견은 사물들을 객관적으로 보지 못하고 왜곡시킬 수 있다. 자신의 편견이나 선입견, 고정관념, 경험이나 지식의 한계를 극복하고 세상을 더 객관적으로 바라볼 필요가 있다.

특정 종교를 믿는 사람은, 종교의 교리를 바탕으로 세상을 해석하고 이해한다. 특정한 정치적 성향을 가진 사람은, 정치적 성향에 따라 세상을 바라보게 된다. 이외에 특정 분야에 대해 무지하다거나, 두려움, 분노, 슬픔 등의 감정에 휩싸여 있을 때에도 사물을 제대로 인식하지 못한다.

니체는 인간의 편견이 세상을 이해하고 탐구하는 데 걸림돌이 된다고 생각했다. 편견은 주관적인 관점이기 때문에 인간의 사고를 가로막고 진리에 도달하는 데 장애가 된다. 이를 극복하기 위해서는 편견을 버리고 세상을 객관적으로 바라봐야 한다. 사물을 제대로 보기 위해서는 다양한 관점을 수용하고, 사물의 본질을 탐구해야 한다.

"규칙은 나에게 언제나 예외보다 더 흥미가 있다." 이렇게 느끼는
사람은 인식이 멀리 나아가 있는 사람이며 전문가에 속한다.

전문가는 자신의 분야에 대한 지식이 풍부하고, 그 지식을 바탕으로 새로
운 시도를 할 수 있는 사람이다. 규칙은 일반적인 현상을 나타내고, 예외는
규칙의 한계를 보여주며 새로운 가능성을 제시한다. 규칙을 이해하는 사람
은 새로운 것을 창조할 수 있다. 규칙의 현상 속에서 예외를 발견하는 사람
이 전문가다. 전문가는 세상을 더 넓게 보고, 더 깊이 있게 이해할 수 있는
사람이다.

원칙은 어떤 행동이나 이론 등에서 지켜야 하는 기본적인 규칙이나 법
칙을 의미한다. 원칙 중심 접근은 법칙과 규칙을 중요시한다. 예외 상황보
다는 넓은 범주의 현상에 적용될 수 있는 법칙을 통해 예측력을 발휘한다.
과학자의 경우 규칙에 따라 일어나는 현상을 통해 새로운 현상을 발견하
고, 새로운 이론을 개발한다. 경제학자는 경제적 원칙을 통해 경제 흐름을
예측하여 경제 위기를 예방한다.

니체는 전통적인 규칙과 가치에 대한 도전적인 관점과 창조성을 강조했
다. "원칙 없는 예외는 없다"라는 말은 있지만, 원칙 없이 예외만 있는 것은
없다. 상황에 맞게 유연하게 적용하더라도 원칙을 지켜내려는 노력이 우선
되어야 한다. 인생에도 원칙이 있어야 한다. 자신이 세운 원칙을 함부로 무
시하면 목표한 삶이 어느 순간 무너질 수 있다.

142

교육에 대해서

우리 방식의 교양과 교육의 가장 일반적인 결함이 점차 나에게 분명해졌다. 아무도 고독에 견디는 것을 배우지 않고 갈망하지 않고 가르치지 않는다.

인간은 고독을 두려워한다. 고독한 시간을 견디기 힘들어하고 고독을 피해서 일과 사람을 찾는다. 아무리 가까운 가족이나 친구도 자신의 깊은 외로움은 알지 못한다. 고독을 피하려고 타인에게 의존하지 말고 고독을 극복해야 한다. 자신을 진정으로 사랑하기 위해서는 먼저 무엇인가에 온전히 힘을 쏟아야 한다.

고독한 상태에서 인간의 창조력이 탄생한다. 위대한 사람들은 혼자만의 시간을 통해 영감을 얻음으로써 훌륭한 작품을 남겼다. 고독은 자신과 마주하는 시간이다. 위대한 사람들처럼 고독을 승화시키기 위해서는, 고독을 피하지 말고 직면하며 자기계발의 기회로 삼는 것이 중요하다.

니체는 인간이 고독한 것은 자신을 제대로 사랑하지 못하기 때문이라고 했다. 인간은 고독할 때 자신의 내면과 자기를 둘러싼 세계를 객관적으로 바라볼 수 있다. 고독은 피해야 할 대상이 아니라 오히려 추구해야 할 대상이다. 고독을 직면하고 홀로 시간을 보내면 진정한 자신을 만나고 사색의 시간을 통해 성장할 수 있다.

143 명성 때문에 잃는 것

유명하지 않은 인물로서 사람들에게 이야기해도 괜찮다는 것은
얼마나 큰 이점인가! 신들은 우리에게서 익명을 빼앗아 우리를
유명하게 하는 경우 '우리 덕의 절반'을 빼앗는다.

유명세有名稅는 세상에 이름이 널리 알려져 있는 탓으로 당하는 불편이나
곤욕을 말한다. 사람들은 유명하지 않거나 익명성이 보장 될 때, 자신의 신
분이나 사회적 지위가 드러나지 않기에 더 자유롭게 의사 표현을 한다.

유명인의 경우 실수하거나 잘못을 저지르면, 일반인보다 더 큰 비난을
받기 때문에, 솔직한 의사 표현이나 부정적인 감정을 드러내는 것에 주의
를 기울인다. 사소한 말실수로 인해 비난받기도 하고, 사람들의 악성 댓글
로 크게 상처를 입기도 한다. 말실수를 했을 때는 즉시 사과하고, 잘못된
부분을 바로잡는 것이 중요하다.

사람들은 유명인들에 대해 높은 기대치를 갖는다. 유명인들은 항상 완벽
한 모습을 보여야 한다는 부담감 때문에 스트레스가 많고 심한 경우 우울
증으로 고통받기도 한다. 경우에 따라 다른 사람에게 미치는 영향력 때문
에 활동을 중단하는 경우도 있다. 유명인이든 그렇지 않든, 진정성과 책임
감 있는 언행과 항상 타인을 존중하는 것이 중요하다.

144

슬픔을 극복하라

학문의 문을 엿보는 것은 정열적인 정신의 소유자들에게는 매력 중의 매력으로 작용한다. 그리고 아마 그들은 그때 공상가로, 형편이 좋을 때는 시인이 될 것이다. "망상을 사라지게 하라! 그러면 '아 슬프다!'도 역시 사라지고 만다. 그리고 '아 슬프다!'와 함께 슬픔 또한 사라진다."(-마르쿠스 아우렐리우스)

니체는 로마제국의 제16대 황제이자 철학자인 마르쿠스 아우렐리우스Marcus Aurelius, 121~180의 말을 인용해 열정적인 학문의 힘과 가치를 예찬한다. 열정적인 정신을 가진 사람에게 학문이란 모든 매력 중에서 가장 큰 매력이다. 그들은 학문을 통해 세상을 이해하고 새로운 것을 창조할 수 있다는 것에 열광한다. 이들은 새로운 것을 배우거나 연구에 몰두하며, 음악, 그림, 문학 등 다양한 분야에서 자신의 재능을 발휘한다. 이들의 열정은 인식하는 사람의 행복에 대해서도 그들의 열망만큼 격렬하다.

니체는 아우렐리우스의 말을 통해 망상을 떨쳐버리고 슬픔을 극복하고 말한다. 망상은 부정적인 사고나 허황된 상상이다. "슬프다"라는 단어 자체가 슬픈 감정을 강화하고 슬픔을 지속시킨다.

슬픔은 인간의 삶에서 종종 나타나는 감정이지만, 그 원인을 이해하고 극복하는 것은 쉽지 않다. 사람들은 현실에서 발생되지 않은 부정적인 시나리오를 미리 생각하는 경우가 많다. 망상이 사라지면 부정적인 감정도 사라질 것이다.

145

성급함

> 행동가와 사상가에게는 어느 정도의 성급함이라는 것이 있다. 이 성급함은 그들이 실패했을 때 즉시 그것과 정반대의 나라로 옮겨가고, 거기에서 열정을 갖고 새로운 기획에 종사할 것을 그들에게 명한다. 결국 그들은 거대한 방황과 연습의 결과인 인간과 사물에 관한 많은 지식을 갖게 되고 충동이 약간 완화되면서 강력한 실천가가 될 수 있다. 이렇게 해서 성격의 결함은 천재의 학교가 된다.

성급함은 충분한 생각이나 준비 없이 행동하는 것이다. 성급하게 행동하면 실수를 저지를 가능성이 높아진다. 성급함은 긴장하거나 흥분했을 때 발생하는 경우가 많다. 그러므로 감정을 조절하는 훈련을 통해 신중히 판단하고 행동하는 습관을 길러야 한다. 타인의 의견을 경청하고, 자신의 생각을 재검토하는 습관을 기르면 다양한 관점을 통해 더 신중한 결정을 내릴 수 있다.

자신의 관심과 능력을 찾지 못하면 혼란스러운 상태에서 성급한 선택을 할 수 있다. 잘못 선택한 진로로 인해 자신의 강점과 역량을 발휘하지 못하는 상황이 발생한다. 업무 수행능력이 저하되고 저조한 성과로 인해 지속적인 불만과 스트레스가 누적된다. 더 나아가 자신의 적성이 맞는 분야에서 능력을 발휘할 기회를 놓치거나 지연될 수도 있다.

니체는 "성급한 성격의 결함이 천재의 학교가 된다"고 말한다. 행동가와 사상가 둘 다 성급함 때문에 실패와 역경을 겪지만, 이를 통해 강력한 실천가로 성장할 수 있다. 성급한 결정으로 자신의 적성과 다른 '반대의 영토'에서 실패와 역경을 경험하면서 세상에 대한 깊은 이해와 지혜를 축적한다. 이 경험들을 통해 자신의 목표에 더 집중하며 행동하는 강력한 실천가로 성장할 수 있다.

146

첫 번째 천성

현재 우리가 교육받고 있는 대로 우리는 처음으로 제2의 천성을 얻는다. 세상 사람들이 우리가 '성숙했다. 성년에 달했다. 쓸모 있다'고 말할 때 우리 그것을 갖고 있는 것이다. 몇몇 소수만이 그들의 껍질 밑에서 그 첫 번째 천성이 성숙하게 된 바로 그때, 이 껍질을 벗어 던질 수 있다. 대부분의 사람들에게 있어 첫 번째 천성의 싹은 말라죽는다.

첫 번째 천성은 태어났을 때부터 가지고 있는 기본적인 성격과 특성이다. 첫 번째 천성은 생물학적, 유전적인 영향을 받아 형성된 인격이다. 제2천성은 사회의 요구, 교육, 경험 등을 통해 발전하거나 변화된 성향이다.

첫 번째 천성은 자신의 내면에서 우러나오는 것이다. 사람들은 살아가면서 사회적 요구에 의해 첫 번째 천성은 차츰 억압되고, 제2의 천성을 갖게된다. 제2의 천성에 맞춘 삶은 사회에서 성공을 위한 수단이지 자신이 진정으로 원하는 삶은 아니다. 자신의 천성을 무시하고 사회적 요구에 맞춰 살다 보면 소외되고 자존감도 상실된다.

니체는 제2의 천성의 허물을 벗고, 첫 번째 천성으로 살아가라고 말한다. 무조건 자신의 성격과 특성 그대로 살라는 것이 아니다. 첫 번째 천성을 통해 자신의 성향과 가치관을 알고 자신의 꿈을 실현하기 위해 어떻게 해야 하는지 알아야 한다. 니체는 첫 번째 천성의 싹이 말라 죽기 전에 자신의 천성을 발휘하여 창조적인 삶을 살아야 한다고 강조한다.

147

최후의 침묵

몇몇 사람들은 보물을 파내는 사람과 같다. 그들은 타인의 영혼에 감추어져 있는 것을 우연히 발견하고 그것에 관해 지식을 쌓는다. 우리는 사정에 따라서는 살아 있는 사람들과 죽은 사람들을 어느 정도까지 잘 알고 그 내심을 밝혀낼 수 있지만, 그들에 대해 타인에게 이야기하는 것은 고통이 된다. 우리는 말 한 마디 한 마디가 무분별하게 되지 않을까 염려한다. 가장 현명한 역사가마저도 갑자기 말이 없게 되는 것을 나는 상상할 수 있다.

우연히 보물이 발굴되는 것처럼, 사람들은 타인의 지식을 탐구하다가 숨겨진 생각, 감정, 경험까지 알게 되는 경우가 있다. 살아 있는 사람이든 죽은 사람이든 세상에 알려지는 것을 꺼려하고 고통스러워할 만한 사실까지 알게 된다. 이러한 것은 타인의 고통이나 상처를 유발할 수 있다.

역사가는 과거의 사건과 인물에 대한 지식을 탐구한다. 그러면서 알게 된 지식으로 인해 타인의 고통과 부끄러움이 드러나기도 한다. 역사가는 이러한 지식을 함부로 발설하지 않기 위해 침묵을 선택한다.

우리 형법은 사자의 명예훼손죄死者名譽毀損罪에 대하여, 허위사실의 적시만 처벌하고 있다. 만약 진실한 사실까지 처벌하면 역사적 진실에 대한 평가까지 범죄가 성립되기 때문이다. 법원은 적시된 사실이 역사적 사실인 경우 시간이 경과함에 따라 사자의 명예보다는 역사적 사실에 대한 탐구 또는 표현의 자유가 보호되어야 한다고 판결했다. 그러나 표현의 자유도 절대적인 것이 아니므로 타인의 명예나 권리 등을 함부로 침해하면 안 된다. 오로지 공공의 이익에 관한 것이거나 합리적인 자료나 근거가 있는 경우에만 허용된다.

148

이론의 맹점

> 훌륭하게 형성된 지성을 갖고 있고, 그러한 지성에 속한 성격, 기
> 호, 체험도 가지고 있는 인간, 매우 드문 일이고, 더군다나 황홀하
> 게 하는 것이다.

이론이나 지식만 풍부하고 현장 경험이 없는 사람을 이론가라고 한다. 이론가는 특정 주제나 분야에 대한 이론적 지식을 많이 가지고 있지만, 현장 경험이 부족하기 때문에 실제 문제 해결이나 실무적인 상황에서는 대처 능력이 떨어진다.

지적인 능력이 뛰어나도 인간미가 없고 냉정한 사람은 타인의 고통이나 감정에 무감각하다. 자신의 이익이나 목적을 위해서라면 타인을 이용하거나 희생시키는 것을 주저하지 않기 때문에 사람들은 이들을 경계한다.

지성이 높은 사람은 세상을 이해하고, 문제를 해결할 수 있는 능력이 있다. 자신의 지성을 활용하여 새로운 정보나 아이디어를 수용하고 깊은 통찰력과 이해력을 발휘한다. 지식과 경험, 인격까지 다 완벽하게 갖춘 사람은 드물다. 하지만 사람들은 그런 사람들을 신뢰하고 존경한다.

149 위험한 때를 이용한다

우리와 우리가 가장 사랑하는 자에 대한 재산, 명예, 생사 등에 관계된 위험이 어떤 인간이나 어떤 상태의 움직임 하나에 숨어 있다면, 우리는 그 인간과 상태를 완전히 다른 식으로 인식하게 된다. 우리는 비교적 너무 안전한 상태에서 살고 있기 때문에 뛰어난 인간에 대해 정통한 사람이 될 수 없다.

니체는 진리에 대한 사람들의 태도를 비판한다. 사람들은 진리를 제대로 이해하지 못하고 자신의 편견이나 욕망에 맞추어 해석하려고 한다. 진리가 우리에게 무언가 중요한 것을 말해줄 때, 우리는 그것을 받아들이지 않고 오히려 은밀하게 경멸한다. 우리가 진리를 우리 마음대로 조종할 수 있다고 생각하기 때문이다.

사람들은 진리가 우리에게 아무런 영향을 미치지 않는 한, 진리를 진지하게 받아들이지 않는다. 진리의 칼날이 우리의 육신을 베어낼 때, 사람들은 진리를 진정으로 이해하고 진리가 우리 삶에 얼마나 중요한 것인지 깨닫게 된다. 진리가 우리에게 고통이나 불편을 가져다줄 때, 비로소 진리에 대해 진지하게 생각한다.

니체는 사람들이 진리를 "날개가 달린 꿈"처럼, 우리가 "진리들로부터 눈뜰 수 있는 것처럼" 우리 마음대로 갖고, 우리 마음대로 해석할 수 있다고 생각한다. 하지만 진리는 결코 우리 마음대로 할 수 있는 것이 아니라고 말한다.

150

고독과 사교

만약 그대가 고독할 때 자신을 위대하고 생산적이라고 생각한다면,
사교는 그대를 작게 만들고 황폐하게 할 것이다. 그리고 그 역逆도
참이다. 아버지의 힘찬 온화함, 이 기분이 그대를 감동시키는 곳에
그대의 집을 건설하라. 혼잡 속이든 정적 속이든 간에 내가 아버지
인 곳, 그곳에 조국이 있다.

어떤 사람은 고독 속에서 창의력을 발휘하고 자신을 더 잘 표현한다. 어떤
사람은 다른 사람들과의 관계 속에서 활력을 찾고 행복을 느낀다. 고독을
즐기는 사람에게는 사교가 왜소하고 황폐하게 느껴질 수 있다. 반면에 사
교를 즐기는 사람에게는 고독이 쓸쓸하고 우울하게 느껴질 수 있다.

　니체는 각자가 자신의 본성에 맞는 삶을 살 것을 강조한다. 고독 속에서
자신을 위대하고 생산적이라고 느낀다면, 사교를 피하는 것이 좋다. 반면
에, 사교 속에서 더 큰 행복과 활력을 얻을 수 있다면, 고독을 피하는 것이
좋다.

　사람들은 자기만의 공간이 필요하다. 버지니아 울프는 "자신만의 공간에
서 존재하는 것은 최고의 치유다"라고 말했다. 사람들의 각자의 본성에 따
라 어떤 환경을 좋아하는 지는 다를 수 있다. 고독을 좋아하든, 혼잡한 상
황을 좋아하든 사람들은 자기만의 물리적이고 심리적인 공간이 필요하다.

151 | 사귀고 싶은 사람

적당한 때 불 속에 넣었다가 끄집어낸 밤처럼 부드럽고, 맛이 좋고 영양이 풍부해진 사람들과 교제를 바란다면, 우리가 너무 많은 것을 바라는 것일까?

사람들이 사귀고 싶은 이상적인 사람은, 갓 구워 낸 밤처럼 따뜻하고 부드러운 사람이다. 긍정적이고 친절하며 사람들에게 도움을 주는 사람이다.

명성을 추구하거나 많은 것을 기대하지 않으면서도 자신에 대한 긍지가 강한 사람, 니체는 이런 사람을 철학자라고 말한다.

진정한 철학자는 인생에서 거의 아무것도 기대하지 않는다. 그들은 인생을 당연히 받아야 할 것이라고 생각하지 않는다. 새와 벌이 그들에게 보내 준 것처럼 받아들인다.

진정한 철학자는 어떤 일에 대해서 자신이 보수를 받았다고 느끼지 않는다. 왜냐하면 그들을 스스로에 대해 긍지가 너무 강한 사람들이기 때문이다.

진정한 철학자는 인식과 성실함의 정열이 너무나도 진지하다. 그래서 그들은 명성을 추구할 시간이나 호의를 가진 적도 없는 사람들이다.

152

자기의 길

> 우리가 결정적인 수단을 갖추고 '자기의 길'로 걸어 들어갈 때, 갑
> 자기 하나의 비밀이 우리 앞에 모습을 나타낸다. 우리에게 우정과
> 친밀감을 품고 있던 사람들은 모두 지금까지 우리보다 우월하다
> 고 굳게 믿고 있었고 이제 감정이 상한다.

니체는 자신의 꿈을 성취하기 위해 자신의 길을 떠날 때 주위 사람들의 반
응은 다양하다고 말한다.

첫 번째, 가장 나은 사람은 관대함을 보여준다. 우리가 옳은 길을 다시
발견하게 될 것이라며 참을성 있게 기다려준다. 그들은 옳은 길을 알고 있
기도 하다.

두 번째, 보통사람은 비웃거나 유혹자라고 비난한다. 우리를 비웃고 우
리가 일시적으로 바보가 된 것처럼 대한다.

세 번째, 나쁜 인간은 자만심이 가득 찬 바보라고 공언하고, 우리의 동기
를 비방하려고 한다.

네 번째, 가장 나쁜 인간은 그들에게 가장 좋지 않은 적으로 생각하고 우
리를 두려워한다.

인생을 길로 표현한다. 삶의 긴 여정旅程을 구만리와 같다고 하며, 생
을 마감하고 떠나는 길을 황천길이라고 표현한다. 선택의 기로岐路에 서 있
기도 하고, 낭떠러지 같은 막다른 길에 다다르기도 한다. 꽃길만 걸으라
고 희망과 응원을 보내주는 사람도 있고, 성공을 시기하며 훼방을 놓는 사
람도 있다. 자신이 선택한 길이 꽃길이라고 생각하는 자신에 대한 믿음이
중요하다.

153 | 거리를 두고 보는 것

나는 친구들과 함께 있을 때보다 혼자 있을 때 그들을 더 분명하고 아름답게 본다고 생각한다. 그리고 내가 음악을 가장 사랑한다고 느꼈을 때, 나는 음악에서 떨어져 생활하고 있었다. 사물을 잘 생각하기 위해서는 먼 시야가 필요한 것처럼 보인다.

친구와 함께 대화, 놀이 등을 할 때는 여러 가지 생각과 감정을 느낀다. 친구의 본질적인 모습은 친구와 함께 있을 때보다 혼자 있을 때 더 잘 알 수 있다. 함께 있을 때 느꼈던 감정적인 요소를 배제하고 원래의 친구의 모습을 볼 수 있기 때문이다. 있는 그대로의 친구를 앎으로써 친구에 대한 이해가 깊어지고, 친구의 존재가 나의 삶에서 얼마나 소중하고 중요한지 알게 된다.

미술 작품을 감상할 때도 거리를 두고 바라보는 것이 좋다. 미술 작품을 가까이에서만 보면 작품의 세부적인 부분만 눈에 들어오고, 전체적인 느낌을 파악하기 어렵다. 거리를 두고 바라보면 작품의 전체적인 구조와 흐름을 파악할 수 있고, 작품을 더 깊이 있게 이해하고 감상할 수 있다.

니체는 고독을 긍정적 의미로 생각했다. 사람들은 혼자 있는 것을 두려워하고 피하려 한다. 때로는 사람들과 거리를 두고 혼자만의 시간을 보내는 것이 필요하다. 그 시간 속에서 타인의 영향력에서 벗어나 고독 속에서 자신과 그들과의 관계를 돌아보고 진정한 가치를 발견할 수 있다.

154

고독의 또 다른 이유

갑: "그렇다면 그대는 다시 그대의 사막으로 되돌아간다는 건가?
을: "모든 사람을 위한 물통에서 물을 마시지 않기 위해. 많은 사
람들 사이에서 나는 사람들처럼 생활하지, 내 방식으로 생각지 않
는다. 이 경우 언제나 조금 지나면 그들이 나를 나 자신에게서 추
방하고 나로부터 영혼을 빼앗으려 하는 것이 아닌가 하는 기분이
든다. 그래서 나는 모든 사람을 두려워한다. 사막은 그때 내가 다
시 건강해지기 위해 필요한 것이다.

사회는 다양한 가치관과 신념이 공존한다. 많은 사람들 틈에서 살다 보면,
타인들의 가치관과 신념에 동화되어 자신의 정체성을 잃어버릴 수 있다.
이럴 때 사람들은 자신의 영혼이 빼앗긴 것 같은 생각에 빠진다. 타인을 의
식하느라 다른 사람들처럼 살고 자기 방식대로 살지 못하기 때문이다.

타인들에게 자신의 영혼을 빼앗기지 않으려면, 타인의 시선을 의식하지
않고, 자신의 삶을 살아가는 법을 찾아야 한다. 자신의 정체성을 유지하고,
삶의 의미를 찾기 위해서는, 홀로 있는 시간을 통해 자신만의 생각과 감정
을 정리할 필요가 있다.

니체는 인간의 정신적 성장을 자아의 샘물에 비유했다. 사람들 속에서
자신을 잃어버리고 있다고 느낀다면, 사막에 있는 것과 같은 고독이 필요
하다. 사막에서 갈증을 참고 자아의 샘물이 나올 때를 기다리는 인내도 필
요하다. 사막은 황량하고 외로운 곳이지만, 고독함을 통해 자신의 가치관
과 신념을 찾을 수 있는 곳이다.

155 | 서로 다른 의견과 관점

진리가 커다란 힘을 가진다는 것만으로 나에게는 충분하다. 그러나 진리는 싸울 수 있어야 하고 적을 가져야 한다. 그리고 우리는 때때로 진리에서 벗어나 원기를 찾아야 한다. 그렇지 않으면 우리에게 진리는 지루하고 무력하고 맛없는 것이 되고, 또 우리 역시 바로 그런 것으로 만들어버릴 것이다.

모든 의견은 하나만 참된 것으로 간주해서는 안 되고 다양함이 필요하다. 한 가지 의견만이 지배되고 허용되는 사회는 문제가 발생할 수 있다. 자유로운 의견 표현을 통해 문제를 다양한 각도에서 검토해야 한다. 서로 다른 의견과 관점은 창의성과 혁신을 촉진하여 더 훌륭한 진리를 발견할 수 있게 한다.

니체는 진리 하나가 단독으로 지배하는 것은 바람직하지 않다고 생각했다. 어떤 의견이나 관점을 가진 진리도 절대적인 진리는 아니다. 진리는 다른 의견이나 관점과 충돌하면서 비로소 그 힘을 발휘한다.

인간은 다양한 의견과 관점 속에서 자기 생각을 형성한다. 만약 진리가 단독으로 지배하면, 인간은 자기 생각을 자유롭게 표현할 수 없고, 창의성도 발휘할 수 없다. 일상생활에서 스트레스로 인해 에너지가 고갈될 때, 현실에서 벗어나 상상을 통해 새로운 아이디어를 찾을 수 있다.

156

사랑하도록 유혹한다

> 우리는 자기 자신을 미워하는 자를 꺼려야 한다. 우리는 그의 분
> 노와 복수의 희생자가 될 것이기 때문이다. 그러므로 우리는 그를
> 유혹하여 자신을 사랑하도록 만들자!

자기 자신을 증오하는 사람은 자신을 가치 없고 쓸모없는 사람이라고 생
각한다. 평소 우울증과 불안 증세를 보이며 자신을 비하하거나 자신을 해
치는 행동을 한다. 자기뿐만 아니라 타인도 자신과 마찬가지로 쓸모없다고
생각하기 때문에 타인을 해칠 수도 있다.

　자신의 감정을 억누르거나 부정하면 분노가 쌓여 폭발하고 타인에게도
분노 감정이 미친다. 증오와 분노에 차있는 사람을 도우려면, 먼저 그 사
람의 감정을 알아야 한다. 분노하는 이유와 상황 등에 대해 관심과 이해가
필요하고, 어떤 상황과 감정상태 인지 알고 해결 방안을 찾으려는 노력이
필요하다.

　"행복해지려면 행복한 사람 곁으로 가라"는 말이 있다. 행복 바이러스는
내가 행복하면 내 주변 사람에도 행복이 전이된다는 것이다. 반대로 다른
사람이 우울하고 슬프면 나도 우울하고 슬퍼질 수 있다. 사람의 감정도 전
이 될 수 있기 때문이다.

157

Morgenröthe

귀를 갖지 않는 현명함

사람들이 우리에 대해 이야기하는 것을 매일 듣거나, 우리에 관해 생각하는 것을 생각해내면, 아무리 강한 사람이라도 파멸해버린다. 뿐만 아니라 타인은 매일 우리에 대해 판단을 내리기 위해 우리를 살려둔다! 만일 그들에 대해 우리가 판단하거나 판단하기를 바란다면, 그들은 틀림없이 우리를 견뎌낼 수 없을 것이다!

우리가 살아가면서 타인의 평가나 평판을 무시하지 못하고 의식하는 것은 불가피하다. 지나치게 의식할 경우 자신의 인생과 선택이 타인에 의해 조종당하는 결과를 초래할 수 있다. 타인의 평가나 평판에 대한 의식이 자신의 삶에 부정적인 영향을 미치지 않도록 해야 한다.

타인의 평가나 평판에 지나치게 얽매인다면, 타인과 거리를 두거나, 관계를 단절하는 방법도 고려해야 한다. 타인의 평가나 평판도 중요하지만, 자신의 삶을 살아가는 데 있어서 가장 중요한 것은 자신이 원하는 목표와 비전을 위해 노력하는 것이다.

니체는 칭찬이든 비난이든 차라리 평판 없이 사는 게 낫다고 말한다. 타인의 비판이나 칭찬에 대해 지나치게 신경 쓰지 말고 자신의 신념과 심리적 평온을 유지해야 한다. 우리 역시 타인을 함부로 평가하려 들지 말고 서로를 이해하고 존중하는 것이 좋다.

158

적은 복용량

> 가능한 한 깊숙한 곳까지 변화시키려고 한다면, 우리는 가장 적은
> 복용량으로 장기간에 걸쳐서 끊임없이 약을 주는 것이 좋다! 어
> 떤 커다란 것이 단번에 완성될 수 있겠는가? 그래서 우리는 우리
> 가 길들여져 있는 도덕의 상태를 사물의 새로운 평가와 서둘러서
> 무리하게 교환하지 않도록 주의하려 한다.

니체는 도덕적 변화와 가치평가는 단번에 일어날 수 없다고 말한다. 어떤
일을 '옳다'고 여기는 것은 오랜 세월 동안 형성된 도덕적 가치 평가에 의
해 결정된 것이다. 가치 평가를 바꾸려면 기존의 가치 평가를 깨고 새로운
가치 평가를 받아들이는 과정이 필요하다. 가치는 오랜 기간 동안 축적된
경험과 문화에 의해 형성된다. 오래된 가치를 급격하게 바꾸면 혼란과 갈
등이 따를 수 있다.

　니체는 정치적인 실험과 '대혁명'은 피투성이 엉터리 치료와 같아서 모
든 정치적 병자들을 초조하고 위험하게 만들 수 있다고 말한다. 변화를 서
두르거나 성급하게 이루려고 해서는 안 된다. 갑작스러운 변화나 폭력적
인 접근 방식은 부작용이 발생한다. 정치적인 실험과 변화는 급격하고 폭
발적인 것보다는 점진적으로 이루어져야 한다. 니체는 혁명은 새로운 질서
를 위한 것이지만, 많은 혼란과 갈등을 초래하므로 급진적인 변화는 피해
야 한다고 주장한다.

159 | 자신을 함부로 대하지 않기

우리가 다른 인간의 명예를 공적으로 존중하는 것과 마찬가지로
혼잣말을 할 때도 소중히 다루지 않는 다면, 우리는 행실이 나쁜
인간이다.

사람들은 타인에게는 예의를 갖추고 칭찬하면서 자신에게는 무례하고 가
혹하다. 여러 사람과 같이 있을 때보다, 혼자 있을 때에는 자기 자신을 함
부로 대하기 쉽다. 자신의 내면을 돌아보고 살핌으로써 바른 생각과 바른
행동을 함으로써 자신의 가치를 높일 수 있다.

'신독愼獨'은 유학儒學의 두 정전,《대학大學》과《중용中庸》에 실려 있는 말로,
'혼자 있을 때에도 도리에 어긋나는 일을 하지 않고 삼가는 것'을 말한다.
남이 보는 앞에서만 바르게 행동하는 것이 아니라, 남이 보지 않는 곳이나
혼자 있을 때에도 자신의 행동을 삼가고 경계하는 것을 말한다.

니체는 스스로의 도덕적 기준을 세우고 실천하는 것이 '주인도덕'이라고
말한다. 타인에게 보여주고 인정받기 위한 행동이 아니라, 스스로 자신을
인정하고 존중할 수 있어야 한다. 자신을 사랑하고 존중하는 것이 니체가
말한 자신의 운명을 사랑하고 춤추는 삶을 사는 것이다.

160

우리, 정신의 비행사들

멀리, 아주 멀리 날아가는 이 모든 대담한 새들. 분명히 그것들은 더 이상 날아갈 수 없게 되어 어딘가에서 돛대나 보잘것없는 암초에 웅크리고 앉을 것이다. 더군다나 이 비참한 피난처에 매우 감사하면서! 그러나 그 사실에서 그것들 앞에는 거대한 자유로운 길이 더 이상 없다든가, 그것들은 날 수 있는 최대한을 날았다든가 하고 추론해서는 안 된다!

모든 담대한 새들처럼 모든 위대한 스승과 선구자들도 결국에는 멈춰 섰다. 그들이 멈춰 선 것은 그들의 한계가 아니라, 새로운 진리를 찾기 위한 노력의 일환이다. 니체 자신도 언젠가는 멈춰 설 것이지만, 그가 멈춘 자리는 새로운 도전의 시작점이 될 것이라고 말한다.

니체는 인간의 탐구 정신이 궁극적으로 어디로 향하는지에 대한 의문을 제기한다. 때로는 인간의 욕망이 모든 태양이 침몰한 서쪽으로 가고 있는 것처럼 보인다. 이러한 의문과 고민은 우리 자신의 한계를 넘어 더 높은 곳으로 나아가기 위해 필요한 과정이다.

니체는 인간의 탐구 정신의 위대함과 중요성을 강조했다. 인간의 탐구 정신은 끝없이 이어질 것이고, 새로운 것을 발견하고 발전해나갈 것이다. 인간은 무한한 가능성과 잠재력을 가지고 있기 때문이다. 인간의 탐구는 멈추지 않고 더 멀리 날 것이다.

161 | 성자 대신 사티로스

> 나는 그저 지금까지 덕이 있다고 존경을 받아온 인간 종류의 정반대인 본성을 가진 존재일 뿐이다. 바로 이것이 나의 긍지다. 나는 철학자 디오니소스의 제자이다. 나는 성자보다 사티로스가 되기를 바란다.

디오니소스Dionysus는 그리스 신화에서 술과 풍요의 신이며, 자유로움과 즐거움을 상징한다. 사티로스Satyros들은 디오니소스를 찬양하며 숲의 요정과 따라다니며 쾌락을 추구한다. 성자는 종교적인 신성함과 숭고한 도덕성을 가진 사람이다.

니체는 자신이 덕이 있다고 존경받아온 인간 종류 정반대의 본성을 가졌다고 말한다. 디오니소스의 제자로써 성스러움보다는 삶의 즐거움 중시하는 사티로스가 되기를 원한다. 이러한 본성이 사회에서 환영받지 못한다. 성자와 같은 덕이 있는 사람은 존경받지만, 사티로스와 같은 사람은 비난의 대상이 된다.

니체는 성자 대신 사티로스가 되는 것이 자신의 긍지라고 말한다. 자신은 허깨비 인형이나 꼭두각시가 아니고 자기 의지와 판단에 따라 행동한다. 그렇기 때문에 도덕적 기준에 어긋나는 행동을 하지 않는 올바른 사람이다. 니체는 자신의 의지대로 판단하고 살아가는 삶을 강조하고 중요시했다.

162 | 오류는 비겁이다

인식을 향한 모든 업적, 모든 발걸음은 용기에서, 자신에 대해 저항하는 강인함에서, 자기 자신에 대한 깨끗함에서 나온다. 나는 이상을 거부하지 않는다. 다만 장갑을 낄 뿐이다. 니티무르 인 베티툼(Nitimur in vetitum), 이 말과 함께 나의 철학은 언젠가 승리를 거둘 것이다. 왜냐하면 사람들은 지금까지 언제나 오로지 진실만을 철두철미하게 금지시켰기 때문이다.

오류는 자신의 편견과 자기 합리화에 갇혀 진실을 직시하기 두려워하는 비겁함이다. 오류를 깨닫고 진리를 찾는 것은 쉽지 않다. 자신의 생각과 행동을 바꾸는 용기와 자신에 대한 깨끗함을 가지고 있다면 진리를 찾을 수 있다. 다만 이성적인 존재이기 때문에 피할 수 없는 것들을 무리하게 거부하지 말고 경계(장갑에 비유)하라고 말한다.

'니티무르 인 베티툼Nitimur in vetitum'은 라틴어로, "우리는 금지된 것을 추구한다"는 뜻이다. 금지된 것에 대한 욕망은 인간의 성장과 발전을 위한 원동력이 될 수도 있지만, 파괴적인 결과를 초래할 수 도 있다. 이런 이유로 인간은 규제와 제약에 굴복한다.

진리나 이상을 찾기 위해 금지된 것을 두려워해서는 안 된다. 니체는 기존의 도덕과 윤리에서 벗어나 도전하고 탐구하는 삶을 살고자 했다. 진실은 언제나 금지의 대상이었기 때문에, 진실을 추구하는 것은 쉽지 않다. 니체는 철학은 진실을 추구하기 때문에 결국 승리할 것이라고 말한다.

163 | 아버지와 그림자

나의 아버지는 36세에 돌아가셨다. 그는 부드럽고 사랑스러웠지만 병약했다. 그의 삶이 내리막길을 걸었던 바로 그 나이에 나의 삶도 또한 내리막길을 걸었다. 내 나이 36세에 나는 내 생명력의 가장 낮은 지점에 도달했다. 나는 바젤대학교 교수직을 내려놓았고, 그해 여름 생모리츠에서 그림자처럼 살고 있던 때다. 그리고 그다음 해 겨울을, 내 삶의 햇빛이 가장 적었던 그 겨울을 나움부르크에서 그림자로 살았다. 이것은 나의 작은 작품《방랑자와 그의 그림자》를 탄생하게 했다.

니체의 아버지 카를 루트비히 니체Karl Ludwig Nietzsche는 루터교 목사였으며, 니체가 다섯 살 때 뇌졸중으로 세상을 떠났다. 니체는 아버지를 통해 음악, 철학, 문학에 대한 관심을 키웠다.

니체는 다섯 살 때 아버지를 여의고, 서른여섯 살에 건강 때문에 교수직도 잃어 삶이 어둡고 무기력한 상태였다. 삶에서 가장 힘들었던 시기를 '햇빛이 가장 적었던 그 겨울'이며, 자신을 '그림자'라고 표현한다. 자신의 절망을 극복하려는 의지를 담아《인간적인 너무나 인간적인Menschliches, Allzumenschliches》(1878~80) 2권 2장에 해당하는 〈방랑자와 그의 그림자Der Wanderer und Sein Schatten〉를 썼다. 사람들은 자신의 어두운 면을 부정하고 도망치려고 한다. 니체는 어둠을 극복함으로써 자신을 완성할 수 있다는 의지를 보여준다. 그는 자신의 그림자를 통해 어두운 면을 이해하고, 보다 완전한 존재가 될 수 있었다.

164 | 염세주의와의 이별

전형적으로 건강한 존재에게는 병든 상황조차 삶을 위한, 더 많은 삶을 살기 위한 에너지 넘치는 자극제가 될 수 있다. 나는 건강과 삶을 향한 나의 의지로부터 나의 철학을 만들어냈다. 나의 생명력이 낮았던 그해는 바로 염세주의자임을 그만두었던 때였다. 자기 자신을 다시 세우려는 본능은 내게 비참과 낙담의 철학을 금지시켰다.

인간은 근본적으로 건강하다. 건강한 인간은 단단하면서도 부드럽고, 좋은 향기를 뿜어내는 나무와 같다. 인간은 본능적으로 자신의 삶을 유지하고 발전시키는 힘이 있기에 자신에게 유익한 것만 받아들이고, 해로운 것은 거부한다.

니체는 자신의 생명력이 가장 낮았던 시기에 염세주의 사상을 그만두었다. 건강에 대한 본능이 그를 강하게 하고 비참과 낙담의 철학을 금지시켰기 때문이다. 니체는 자신의 생명력이 낮았던 것은 건강이나 외적인 요인 때문이 아니라, 내면에 있는 염세주의적 태도가 생명력을 약화시킨다고 생각했다.

니체는 "나를 죽이지 않는 것은 나를 더욱 강하게 만든다"라고 말한다. 건강한 인간은 강인한 생명력과 유연하고 긍정적인 태도를 가지고 있다. 인간이 어려움을 겪는 것 자체는 나쁜 것이 아니다. 인간은 역경을 통해 더 강해지고, 어려움도 극복할 수 있는 힘을 가지고 있다.

165 | 나는 다이너마이트다

나는 나의 운명을 알고 있다. 언젠가 나의 이름에는 어떤 끔찍한 것에 대한 기억이 접목될 것이다. 이 대지위에 단 한 번도 존재한 적 없는 위기에 대한, 가장 깊은 곳에서 발행하는 양심의 충돌에 대한, 지금까지 믿어져왔고 요구되어왔으며 신성시되어왔던 모든 기억을 불러일으키는 결단에 대한 기억이.

니체는 저서《이 사람을 보라》에서 자신에 대해서 설명한다. 사람들이 오랫동안 믿었던 모든 가치에 대한 거역을 불러일으켰기 때문에 자신의 이름에 끔찍한 기억이 접목될 것이라고 생각했다. 그는 대중을 향해 이 '자서전'이 사람들이 자신에게 저지를 횡포를 막아주고, 또 '왜 이 책을 출판하는지' 설명해줄 것이라고 했다. 니체는 아래처럼 자신을 설명했다.

- 니체는 자신을 '다이너마이트'라고 말한다. 자신의 삶과 철학이 폭발력이 강한 다이너마이트처럼, 세상을 뒤흔들고 새로운 미래를 열어놓을 것이라고 생각했기 때문이다.
- 니체의 자신을 '하나의 운명'이라고 말한다. 자신의 삶이 단순히 우연에 의해 결정된 것이 아니라, 자신의 내면에 있는 필연적인 힘에 의해 결정되었다고 생각했다.
- 니체는 자신을 '가장 끔찍한 인간'이라고 말한다. 자신이 가장 좋은 일을 하는 인간이 되는 것을 배제하는 것이 아니기 때문이다.
- 니체는 자신을 '모범적인 파괴자'라고 말한다. 파괴할 때의 즐거움을 자신의 힘에 상당하는 만큼이며, 부정하는 행위를 긍정을 말하는 것에서 분리시키지 않기 때문이다.
- 니체는 자신을 '최초의 비도덕주의자'라고 말한다. 최고라고 여겨졌던 선한인간, 호의적인 인간, 선행하는 인간을 부정하기 때문이다.
- 니체는 자신이 '신앙인'을 원하는 것이 아니라고 말한다. 니체 자신을 믿기에도 스스로가 너무 사악하기까지 하다는 생각이 들기 때문이다.

166 | 위대한 개인

사람들은 자기 부모를 가장 적게 닮는다. 자기 부모를 닮았다는 것은 비천함에 대한 가장 강력한 표시일 것이다. 보다 고귀한 본성의 소유자들은 그들에게로 가장 오랫동안 모아지고 아껴지고 축적되어야만 했던 그들의 근원을 무한히 소급해간다. 위대한 개인들은 가장 오래된 사람들이다. 나는 알 수 없지만, 율리우스 카이사르가 내 아버지일 수도 있으리라.

니체는 자기 부모를 닮았다는 것은 비천함에 대한 표시라고 말한다. 자기 부모는 자신과 같은 시대를 살아가는 사람들이기 때문이다. 위대한 사람은 자기 부모를 닮는 것이 아니라, 오랜 세월 동안 유전적, 문화적 요소를 통해 형성된 인류의 역사와 문화를 닮는다.

개인의 성격과 능력은 혈통에 따라 결정된다고 한다. 니체는 이를 부정하고 개인의 본질, 개인의 영혼이 더 중요한 요소라고 말한다. 부모에게서 받은 유전자는 자식이 성장하는 환경에 따라 다양하게 발현되므로, 부모와 자식은 외모·성격·가치관이 다르다고 생각했기 때문이다.

니체는 스스로를 위대한 개인이라고 믿었다. 고귀한 본성의 소유자들은 과거의 위대한 사람들과 닮는다. 이들은 과거의 위대한 사람들로부터 축적된 영감을 받기 때문이다. 위대한 개인들은 가장 오래된 사람들이다.

167

내 삶의 주인

나는 나 자신의 주인이 되기 위해 사전에 준비해두지 말았어야 했다. '인간'이라는 악기가 제 소리를 잃을 수 있는 것처럼, 어떤 악기는 제 본래의 혹은 원하는 소리를 잃을 수 있다.

니체는 인간의 삶에서 자신의 본래의 소리를 내는 것이 가장 중요한 일이라고 생각했다. 사람이 자신의 목표나 본성을 찾지 못하면 정신적으로 병들게 될 것이다. 자신의 내면의 소리에 귀를 기울이면 진정한 자기 자신을 발견하고, 창의력과 잠재력을 발휘할 수 있다.

내 목소리를 내려면 내 삶을 주도할 수 있는 주인이 되어야 한다. 자신의 생각과 경험을 있는 그대로 받아들이고 이해해야 한다. 자신의 본래 모습을 잃었을 때는 방향을 다시 찾는 과정을 통해 올바른 소리를 내도록 해야 한다.

'인생은 하얀 도화지와 같다'고 말한다. 사회적 제도와 구조는 밑그림을 그려놓고 그 안에서 살게 한다. 남이 하는 대로 따라서 살다보면 그림 속에 자신이 없음을 발견할 때가 있다. 자신의 삶에 중심을 잡고 자신이 그린 꿈으로 빈 도화지를 채워가야 한다.

168

동정심

나는 동정하는 자들을 비난한다. 그들에게는 수치심, 경외심, 거리감을 느끼는 민감함이 쉽게 결여된다. 또 동정은 손을 뒤집을 때 천민 냄새가 나고 무례한 태도와 혼동될 정도로 비슷하다. 위대한 운명 속으로, 상처 입은 고독 속으로, 혹은 중대한 죄에 대한 특권 속으로 동정하는 손길들이 뻗치게 되면, 그것은 경우에 따라서는 즉시 파괴적이 되기 때문이다.

니체는 동정을 싫어했다. 동정은 그 사람을 고통에 안주하게 만듦으로써 고통을 지속시킨다는 것이다. 이때 동정하는 사람은 누군가를 동정함으로써 그 사람을 약자로 만들고 자신이 강하다고 느낀다.

동정은 타인의 고통을 이해하고 존중하는 것이 아니라, 나약한 사람들이 자신을 위로하기 위해 사용하는 수단이라고 니체는 생각했다. 동정은 타인의 고통에 자신을 동화시켜 자신의 고통을 완화시키려는 것이고, 동정을 극복해야 내면의 힘을 키울 수 있다는 것이다.

동정을 극복하는 것은 강하고 고귀한 사람들의 미덕이다. 동정하는 사람은 타인의 고통을 자신의 고통처럼 느낀다. 그러므로 타인을 자신의 의지대로 조종함으로써 타인을 억압하고 파괴할 수 있다. 니체는 멀리 내다보는 동정을 강조한다. 이는 앞서 말한 동정처럼 단기적인 해결을 도모하는 것이 아닌 그들이 스스로 일어설 수 있게 하는 것을 말한다.

169

현명한 선택

나의 보복책은 가능한 한 빨리 현명함이 어리석음 뒤를 따르게 하는 것이다. 그러면 그 어리석음을 따라 잡을 수 있을 테니까. 비유적으로 말하자면, 신맛 나는 이야기 하나를 없애버리기 위해 나는 과일 잼 통 하나를 보낸다. 사람들이 내게 어떤 나쁜 짓을 한다 해도, 나는 그런 식으로 보복하게 될 것을 사람들은 확신할 것이다.

나쁜 짓을 하는 사람에게 보복하는 것보다 감사하는 것이 현명한 선택이다. 감사는 상대방의 마음을 움직일 수 있는 강력한 힘을 가지고 있다. 감사함으로써 자기의 행동에 대해 깊이 생각하고 책임질 수 있는 동기를 부여 할 수 있다. 인간은 누구나 자신의 존재와 가치를 인정받고 싶어 한다. 나쁜 짓을 하는 사람도 예외는 아니다.

감사의 마음은 진심이어야 한다. 상대방을 이용하거나 조종하려는 의도는 오히려 부정적인 결과를 가져올 수 있다. 감사의 표시를 하는 것은 그 사람의 나쁜 행동을 정당화하는 것이 아니다. 감사를 표현함으로써, 그들의 존재와 가치를 인정하고 행동을 변화시킬 수 있다.

빅토르 위고Victor-Marie Hugo, 1802~1885의 소설 《레미제라블Les Miserables》 (1862)은, 보복하지 않고 현명함으로써 나쁜 행동을 변화시킨 이야기다. 주인공 장발장은 빵 한 조각을 훔친 죄로 19년간 감옥살이를 하고 나왔다. 사람들이 전과자라고 문전박대를 했지만, 신부는 그에게 저녁식사와 잠자리를 제공한다. 한밤중에 장발장은 신부 집에서 은수저 세트를 훔쳐 도망쳤다. 다음 날 경찰이 장발장을 붙잡아 신부 집으로 끌고 왔다. 신부는 은수저를 도난당한 게 아니라 선물로 준 것이라며 은촛대까지 챙겨준다. 장발장은 신부에게 감명받아 새로운 삶을 살기로 결심한다.

170

침묵과 그 반대

내게는 가장 거친 말, 가장 거친 편지가 침묵보다 더 선의에 가득 차 있고 더 예의 바른 것처럼 느껴진다. 침묵하는 자들에게는 거의 언제나 마음에서 우러나오는 섬세함과 정중함이 결여돼 있다. 침묵은 하나의 반박이다. 깊이 삼키는 것은 필연적으로 나쁜 성격을 만든다. 심지어 그것은 위장까지도 상하게 한다. 모든 침묵하는 자들은 소화불량에 걸려 있다.

침묵하는 사람들은 자신이 말할 수 없는 것이 뭔지 알고, 그것을 말하는 것이 두렵기 때문에 침묵한다. 침묵은 말 못할 강한 감정이나 생각을 억누르기 때문에 나쁜 성격과 위장병으로 이어진다고 니체는 주장한다.

니체는 거친 표현이 무조건 나쁜 것은 아니라고 말한다. 거친 표현은 자신의 생각을 분명하게 전달하는 효과적인 방법이며 가장 인간적인 반박 형식이다. 분노, 혐오, 미움 등 자신의 감정을 솔직하게 표현하는 것은 인간적인 본능이다. 거친 표현은 부정적인 감정을 표출하고, 부당한 행위에 대한 저항과 정의감을 표현하는 것이다.

침묵은 거친 표현보다 상대방에게 더 큰 상처를 줄 수 있다. 거친 표현은 상대방을 공격함으로써 자신의 감정을 표출한다. 반면에 침묵은 상대방의 말이나 행동에 대해 아무런 반응을 하지 않기 때문에 상대방은 자신이 무시당했다고 생각할 수 있다. 침묵은 소통 단절로 인해 문제 해결을 방해하고 상대방의 분노와 적개심을 키울 수 있다.

171 | 싸움에는 적수가 필요하다

> 모든 성장은 강력한 적수를, 혹은 문제를 찾는 데서 드러난다. 호전적인 철학자는 또한 문제들에 대해 결투를 신청한다. 진정한 적수들은 이겨서 승자가 되는 것이 아니다. 대등한 적수들에 대해서, 자기의 온 힘과 유연함, 싸움의 기술을 힘껏 발휘하는 데 있다.

니체는 적수가 자신을 넘어서게 하고, 더 강하게 만든다고 생각했다. 적수의 존재를 두려워하거나 회피하지 말고 오히려 감사해야 한다. 강한 본성은 저항을 필요로 하기에, 적수의 존재는 강한 본성을 성장시킨다. 적수일 수 있다는 것, 적수라는 것은 강한 본성을 전제로 한다. 강한 경쟁자와 대결함으로써 자신의 실력이 향상되고, 훌륭한 학자들과 논쟁함으로써 자신의 학문이 발전할 수 있다.

니체는 자신의 기질이 호전적이고 공격적인 것은 본능에 속한다고 말한다. 니체는 망치를 들고 기존의 사상과 관념을 깨뜨리는 공격적이고 비판적인 철학자다. 니체는 이렇게 발전시킨 폭넓은 철학적 사상으로 후대에 깊은 영향을 미쳤다.

윈윈 전략win win strategy은, 미국의 군사전략에서 유래되었다. 전쟁에 대비하여 모두가 준비할 수 있도록 군사력을 배치하고, 전쟁이 일어났을 때 어디서든 모두가 승리할 수 있도록 한 전략이다. 상대방을 경쟁 상대로만 보지 않고 함께 승리할 수 있도록 서로를 강하게 함으로써 모두에게 좋은 결과를 준다.

172

싸움의 방식

> 정직한 결투를 위한 첫 번째 전제. 적을 경멸한다면 싸움을 할 수
> 없다. 명령을 하거나, 어떤 것을 자기 밑에 있다고 얕잡아보면 싸
> 움은 이루어질 수 없다.

니체는 싸움의 대상을 단순히 적으로 생각하지 않고 자신을 강하게 만들
어주는 존재로 생각했다. 승부에 집착하는 것이 중요한 것이 아니라 자신
의 성장을 위한 싸움이어야 한다고 말한다. 스포츠에서 강조하는 페어플레
이fair play 정신은 정정당당하고 공정한 경기를 말한다. 페어플레이 정신은
학교, 직장 등 사회 전반에 걸쳐 모두가 지켜야 할 소중한 가치이다. 타인
을 비방하고 음해하고 편법을 사용하여 승리를 거두는 것은 스스로의 발
전을 저해하고 사회적 비난의 대상이 된다.

니체가 싸우는 방식

- 첫째, 나는 승리하고 있는 것들만 공격한다. 나는 적수가 승리할 힘을 갖출 때까지
  기다려준다.
- 둘째, 나는 내 우군이 하나도 없을 법한 곳에, 나 홀로 서 있어야 하는 곳에, 내가 오로지
  나만을 위태롭게 하는 곳에 있는 것만을 공격한다. 이것이 옳음 대한 나의 기준이다.
- 셋째, 나는 결코 개인을 공격하지 않는다. 닳고 닳은 교활한 자를 풍요로운 자로, 뒤처진
  자를 위대한 자로 혼동하는 우리 '문화'의 허위와 본능의 불완전을 공격했다.
- 넷째, 개인적인 것에 대한 온갖 차별이 배제되고, 나쁜 경험을 하게 될 배경이 없는 것만
  을 공격한다. 기독교에게 나 자신은 반드시 필요한 적수이기에, 수천 년간의 숙명을 한
  개인의 탓으로 돌릴 생각은 없다. 진지한 기독교인들은 자신에게 항상 호의적이었으며
  기독교로부터 그 어떤 숙명도 압박감도 체험하지 않았다.

173

위대한 이성

> 무엇으로부터도 벗어날 수 없고, 아무것도 해결되지 않으며, 아무
> 것도 퇴치되지 않는다. 모든 것이 상처로 남을 뿐이다. 인간과 사
> 물이 지나칠 정도로 가까이 있고, 체험은 깊은 충격을 주며, 기억
> 은 곪은 상처가 된다. 병들어 있다는 것 그 자체는 일종의 원한이
> 다. 이에 대항하여 병자는 오로지 하나의 위대한 치료책을 갖고
> 있을 뿐이다. 나는 그것을 러시아적 숙명론이라고 부른다.

나약함에서 탄생한 원한은 무엇보다 약자 자신에게 가장 해롭다. 원한은
어떤 격정보다도 자신을 더 빨리 불사른다. 화냄, 병적인 예민함, 복수할
수 없는 무기력, 쾌락, 복수에 대한 갈증, 모든 의미에 독을 타는 것, 이런
것은 지칠 대로 지친 자에게는 분명 가장 불리한 반응 양식이다.

니체는 견딜 수 없는 사회 속에서 몇 년 동안 버티고 있을 때 러시아적
숙명론을 생각했다. 러시아군은 행군이 너무 혹독하면 눈 위에 드러눕는
다. 그것이 우연한 것들을 바꾸거나 바꿀 수 있다고 느끼거나 반항하는 것
보다 더 나았다. 가장 치명적인 상황을 숙명처럼 받아들이고, 오히려 삶을
유지하는 것을 니체는 '위대한 이성'이라고 말했다.

영혼을 원한으로부터 자유롭게 하는 것이 건강의 첫걸음이다. 동물은 추
위를 견딜 수 없을 때 겨울잠에 의지하여 신진대사를 감소시키고, 회교 수
도승은 동굴 안에서 몇 주 동안 잠을 자며, 러시아군은 행군이 혹독할 때
눈 위에 눕는다. 위대한 이성은 삶이 가장 위험한 상황에 처했을 때는 삶을
유지하는 것을 중요시한다.

174 | 순수함을 지키는 것

나는 섬뜩할 정도로 완벽하게 민감하고 순수한 본능을 가지고 있다. 나는 모든 영혼의 가장 내적인 것, 즉 내장을 생리적으로 지각할 수 있고, 또 냄새도 맡을 수 있다. 교육에 의해 아무리 허식으로 꾸며졌어도 나는 한 번만 접촉해보면 곧 알아차린다. 내가 제대로 관찰했다면, 내 순수함이 견뎌낼 수 없는 본성들까지도 자기들 쪽에서 이미 내가 구토하지 않으려 조심하고 있다는 것을 알아차릴 것이다.

사람들의 본성에는 감춰진 오물이 있고, 이것은 교육이나 사회적 허식으로 가려져 있다. 니체는 자신은 민감하고 순수한 본능을 가졌다고 말한다. 타인의 내면을 너무나 잘 알기 때문에 다른 사람들과 어울리기가 어렵다고 말한다. 자신의 순수함과 민감성은 사람들의 비밀을 감지할 수 있기 때문에, 그들이 거리감을 느낀다.

사람들은 상대방의 진심이 느껴지지 않을 때 "영혼이 없다"는 말을 한다. 사람들은 영혼이 맑고 순수한 사람을 좋아한다. 이기적이고 위선적이며 남을 교묘하게 이용하는 사람은 영혼이 깨끗하지 않기 때문에 거리를 두려고 한다. 각박한 세상에 살다보면 어느새 자신의 영혼이 순수성을 잃어가고 있음을 느낄 때가 있다.

니체는 불순한 사람들로부터 오염되지 않고 자신의 순수함을 유지하려고 노력했다. 상대방이 본성을 숨기고 위선으로 꾸며낸 오물들이 자신의 순수함을 더럽힐 수 있기 때문이다. 깨끗하지 못한 곳에서는 살 수 없기에, 자신의 순수함을 지키는 것이 생존의 조건이라고 생각했다.

175

고독의 시간

> 나의 인간애는 그 사람과 똑같이 공감하는 데 있지 않다. 오히려
> 그들과 공감한다는 것을 내가 견뎌내고 있다는 데 있다. 나의 인
> 간애는 끊임없는 자기 극복이다. 하지만 나는 고독이 필요하다.
> 내가 말하고자 하는 바는 내게는 건강 회복이, 나 자신에게로 되
> 돌아옴이, 자유롭고 가볍게 유희하는 공기의 숨결이 필요하다는
> 것이다.

고독은 혼자 있는 물리적인 공간의 상태가 아니다. 자신의 내면을 위한 사색과 탐구를 위한 자기만의 시간이다. 집단과 사회 속에서 윤리와 가치 규범이나 답답한 환경, 허영심이 강한 사람이나 경멸하고 싶은 사람들로부터 벗어나는 것이다.

일상에 쫓겨 혼자만의 시간을 가져 본적이 없었거나, 무인도와 같은 황량한 적막함을 감당하지 못하는 사람은 고독을 두려워한다. 고독은 외롭고 쓸쓸하게 느껴지지만, 내면의 소리를 듣고 자신을 발견하는 시간이다. 고독을 온전히 누릴 수 있으려면 자신을 극복하려는 의지와 자기에게 집중하는 능력이 필요하다.

니체는 인간의 부정적인 속성에서 벗어나, 자유롭고 순수한 경험을 위해 고독을 찾았다. 그는 산책하며 시간을 보내는 것을 좋아했다. 혼자서 낭만을 즐기며 걸었고, 신선하고 자유로운 공기 속에서 영혼의 평온함을 찾았다. 고독한 삶 속에서 인간의 본질에 대한 깊은 통찰력을 얻었고 이를 통해 심오한 내용이 담긴 작품을 집필했다.

176 | 양심의 가책

> 나는 어떤 행위를 취한 다음 그것을 돌보지 않은 채 그냥 내버려
> 두고 싶지 않다. 나는 나쁜 결과나 귀결들을 가치문제에서 철저히
> 배제하는 것을 선호한다. 나쁜 결과들에서 사람들은 자기가 한 그
> 행위에 대한 올바른 시각을 너무 쉽게 잃어버린다. 양심의 가책이
> 란 내게 있어서는 일종의 사악한 시선인 것 같다. 실패한 어떤 것
> 을, 그것이 실패했다는 이유로 인해, 더욱 소중히 여긴다는 것, 바
> 로 이것이 오히려 내 도덕에 속한다.

니체는 양심의 가책을 도덕적 의식의 근본으로 보는 전통적인 관점을 비
판했다. 죄를 지은 인간을 위해 예수그리스도가 인간을 대신해서 희생했
다. 신은 사랑을 베풀었고 인간은 이로 인해 수천 년 동안 신에 대한 죄책
감을 안고 살아간다. 니체는 양심의 가책에 대해 인간을 억압하고 복종하
도록 만드는 도구라고 생각했다.

니체는 양심의 가책이 부채감에서 발생한다고 생각했다. 누군가 자신의
재산을 훔치거나 파괴하면 피해자는 가해자에게 보상을 요구한다. 가해자
는 부채감과 양심의 가책을 느낀다. 양심의 가책은 내면화된 복수심에서도
발생된다. 인간은 복수심을 가지고 있기 때문에 타인이 자신에게 해를 끼
치면, 내면화된 복수심으로 인해 스스로를 비난한다.

양심의 가책은 자신의 행동이나 결정이 도덕적으로 부적절하다고 생각
하고, 죄의식이나 책임감을 갖는 것이다. 이는 건강하고 주도적인 개인이
갖는 책임의식이자 자유의식이다. 인간은 도덕적 규범에 묶이지 않고 개인
의 도덕성을 자유롭게 추구해야 한다. 사회의 지배 이념에 의한 양심의 가
책에 억압되지 않고, 자신의 의지로 극복해야 한다.

177

무신론

신, 영혼불멸, 구원, 피안은 그저 말뿐인 개념들이다. 이것들에 대해 나는 어린아이였을 때조차 주목하지도, 시간을 투자 하지도 않았다. 나는 무신론을 본능적으로 이해한다. 나는 너무나도 호기심이 많고, 질문도 많으며, 오만하기까지 해 대충 얼버무린 대답으로 만족하지 않는다. 신은 하나의 대충 얼버무린 대답이며 우리 사상가들의 입맛에는 맞지 않는다.

신의 존재는 과학적으로 증명되지 않았으며, 호기심 많은 인간들을 논리적으로도 설득시키지 못했다. 니체는 무신론을 하나의 결과물이나 사건으로 보지 않고 본능적인 것으로 이해했다. 무신론자들이 신의 존재를 부정하는 것은 어리석음이 아니라 그들의 지적인 태도에서 온 것이다.

니체는 종교가 인간의 삶에 부정적 영향을 미친다고 생각했다. 종교가 인간의 삶에 대한 문제를 다루지 않고 인간의 삶을 부정적으로 왜곡한다는 것이다. 그래서 종교적으로 어려운 문제들에 대해 숙고해본 적도 없고, 종교적 신념이나 가치관이 없다고 말한다. 니체는 기독교의 교리에 대해서 비판적으로 생각했다. 신이 존재한다는 주장은 인간의 사고를 제한하고, 진리를 추구하는 것을 방해한다고 생각했기 때문이다.

178

반항한다는 것

공격은 인간의 본능이다. 누군가의 적이 될 수 있다는 것, 혹은 누군가를 적으로 간주할 수 있다는 것은 인간의 본능에 내재된 잠재력이다. 이 잠재력이 드러나기 위해서는 언제나 반항이 필요하다. 따라서 반항이란 요구의 진짜 이름이다.

인간은 다른 사람을 적으로 보거나 공격적으로 행동할 수 있는 본능을 가지고 있다. 반항은 주로 권위나 규칙, 규정 등에 대항하여 개인의 의견, 가치관, 또는 자유를 지키기 위한 행동이다. 이런 반항은 권위를 가진 개인이나 단체 또는 규칙에 반대하거나 저항하며, 사회적 불평등을 해소하기 위한 정의사회 구현과 인권보장 등 사회적 운동으로 나타난다.

니체는 스스로 "나는 망치로 철학을 한다"고 말한다. 기존의 가치에 반항하여 망치로 모든 것을 때려 부순다는 뜻이다. 반항은 개인의 신념과 가치관에 따라 기존의 가치를 바꿔나가려는 적극적인 행동이다. 반항이 긍정적일 때는 변화나 사회적 개선을 이끄는 역할을 한다. 반면에 무책임하고 무분별하거나 불법적인 행동은 부정적인 결과를 초래할 수 있다.

니체는 '신은 죽었다'라며 기독교 신학과 도덕 체계를 비판하고 도덕적 독립과 개인주의를 강조했다. 개인의 힘과 창조성을 가진 도덕을 주인도덕 Herrenmoral이라고 한다. 반면에 노예도덕Sklavenmoral은 무조건 순종만 하는 억압된 도덕이다. 진정한 도덕은 개인의 특성과 욕구에 부합하도록 적극적으로 요구하고 변화시켜가는 것이다.

179

편견 깨기

가능한 앉아 있지 말라. 바깥 자유로운 움직임을 통해 탄생하지 않은 생각은 무엇이든 믿지 말라. 근육이 축제를 벌이지 않는 생각도 믿지 말라. 모든 편견은 내장에서 나온다. 꾹 눌러앉아 있는 끈기, 이것에 대해 나는 이미 한번 말했었다. 신성한 정신에 위배되는 진정한 죄라고.

니체가 말하는 앉아 있는 것은 단순히 육체적으로 앉아 있는 것이 아니다. 정신적으로 닫혀 있음으로 인해 정체되고 침체된 상태를 말한다. 자기주장만 내세우고 자기 자리 한곳에서 움직이는 않는 사람은 편견에 사로잡히기 쉽다.

인간의 본질적인 힘과 잠재력을 억눌러서 새로운 지혜를 발견하거나 깨우침을 방해하는 것은 신성한 정신에 위배되는 죄다. 편견은 몸과 마음의 깊은 내장 속에 자리 잡은 감정과 욕망에서 나온다. 편견을 극복하기 위해서는 단순히 생각이나 판단을 바꾸는 것만으로는 부족하다. 편견의 근원인 자신의 감정과 욕망을 직면하고 깨뜨려야 한다. 편견은 기존의 질서와 관습에 얽매여 변화와 발전을 가로막기 때문이다.

철학자나 사상가는 틀에 갇힌 생각으로는 세상을 이해할 수 없다. 진리는 책을 탐독하는 것만으로 얻어지지 않는다. 진정한 진리는 근육을 움직이게 하고 행동을 변화시킨다. 산책을 하거나 여행을 떠나가거나, 새로운 사람들을 만나는 등 다양한 경험을 통해 세상을 이해하고 사고의 폭을 넓혀야 한다.

180

휴식과 독서

내 경우에는 모든 독서가 나의 휴식에 속한다. 독서는 내게서 나를 떠나게 하고, 나를 낯선 학문과 영혼들 안으로 산책하게 한다. 반면 열심히 일에 몰두하는 동안에는 내 곁에 어떤 책도 두지 않는다. 이는 누군가 내 곁에서 말을 한다든가 심지어 대신 생각하는 그런 것으로부터 나 자신을 보호하는 것이다. 그리고 이런 것이야말로 진정 독서라고 불릴 만하다.

니체는 어려서부터 책을 좋아했고, 다양한 분야의 책을 읽었다. 고전 철학, 그리스 신화, 음악, 미술 등에 관심이 많았다. 소크라테스, 플라톤Plato, 아리스토텔레스Aristotle 등의 고대 그리스 철학자들의 생각과 경험을 통해 자신을 성장시키고 영감을 얻었다.

니체는 독서를 통해 철학적 사유를 확장하고, 새로운 관점을 통해 독창적인 철학을 완성했다. 그는 추종자 또는 다수의 관념을 따르는 사람들을 비판한다. 다른 사람들의 평가나 기준에 종속되지 말고 자신만의 가치 체계를 개발하고 창조해야 한다고 말한다.

독서란 자기만의 성을 쌓는 것이다. 창작할 때는 독서를 피하고, 자신의 내면세계에 집중해야 한다. 맹목적으로 책을 읽는 것보다 독서를 통해 얻은 지식을 생각과 연결해 자기 발전에 적용하는 것이 중요하다.

181 | 불운한 장소

생명이 위태로울 정도였던 그 세월을 제외하고는 내가 나의 삶을
지난 마지막 10년 동안, 항상 오로지 잘못된 곳에서, 내게 금지된
곳에서 보냈다는 끔찍한 사실을 생각하면 몸서리쳐진다. 나움부
르크, 슐포르타, 튀링겐 일대, 라이프치히, 바젤, 베니스, 이곳들은
다 같은 정도로 내 생리에는 맞지 않는 불운한 장소들이다.

니체는 1844년 10월 15일 독일 뢰켄에서 태어났다. 아버지를 여의고 나움
부르크에 외할머니 집으로 이사한 후, 여섯 살에 시립학교, 열 살에는 김
나지움, 열네 살에는 슐포르타 기숙사 학교를 다녔다. 스무 살에 본 대학교
신학학부에 입학해 두 학기를 다닌 후, 라이프치히대학교로 옮겼다.

1868년에 스위스에 바젤대학교 고전문헌학 교수로 생활했고, 1870년
프로이센-프랑스 전쟁이 발발하여 위생병으로 지원했다가 디프테리아
와 이질에 걸려 다시 바젤로 돌아왔다. 그 후 요양을 위해 이탈리아 등을
여행했다.

1879년에는 건강이 악화되어 바젤대학교 교수직을 사임한 후 유럽 지역
을 돌아다니며 생활했다. 1881년 7월 스위스의 실스마리아에 근처 실바플
라나 호숫가에서 피라미드 모양의 거대한 바위(일명 '차라투스트라 바위')를
바라보며 '영원회귀 사상'을 생각해냈다.

1889년 1월 3일, 이탈리아 토리노 광장에서 정신발작을 일으켜 쓰러졌
고, 독일 예나에 있는 정신병원이 입원했다. 1년 뒤에는 판단력과 언어 능
력을 거의 상실한 채로 나움부르크의 어린 시절 집으로 돌아갔다. 1900년
8월 25일 바이마르에서 사망했고, 여동생이 고향 뢰켄의 아버지 묘 옆에
니체를 안장했다.

182

바그너와의 만남

> 나를 가장 심도 있고 마음속 깊이 휴식을 취하게 했던 것에 대해
> 감사의 표현을 해야 할 필요성을 느낀다. 그것은 리하르트 바그너
> 와의 친밀한 교제였다. 나머지 사람들과 맺은 관계는 허접한 것들
> 일 뿐이다. 나는 어떤 대가를 받는다 하더라도 트립센에서의 날들
> 을, 그 심오한 순간들을. 다른 사람들은 바그너에게서 무엇을 체
> 험했는지 모른다. 우리의 하늘에는 구름한 점 지나간 적이 없다.

1868년에 니체는 바그너를 만났다. 니체는 24세의 고전문헌학도였고, 바
그너는 55세의 유명한 작곡가였다. 아버지 없이 자랐던 니체는 바그너에
게 아버지와 같은 정을 느꼈다. 니체는 바그너의 음악을 좋아했다. 니체는
고대 그리스의 비극 작품과 바그너의 음악 세계를 높이 평가했다. 고대 그
리스 비극의 정신을 바그너 음악이 담고 있다고 생각했기 때문이다.

니체는 바그너의 음악적 재능은 물론이고, 그의 성격과 사상에도 매료되
었다. 두 사람은 함께 자주 시간을 보내며 음악, 철학, 문학 등 다양한 주제
에 대해 토론했다. 니체는 쇼펜하우어의 철학에 심취해 있었는데, 바그너
가 쇼펜하우어의 철학을 깊이 이해하고 있다는 점이 공통 관심사가 되어
더욱 친밀해졌다.

니체와 바그너가 나눈 수많은 철학적 대화들은 니체에게는 철학적 영감
을, 바그너에게는 음악적 영감을 고취시켰다. 니체는 바그너의 예술적 업
적을 매우 높이 평가하며, 자신의 삶의 위대한 은인으로 생각했다. 1872년
자신의 첫 저서인 《비극의 탄생》을 바그너에게 헌정하기도 했다.

183

바그너와의 결별

가련한 바그너! 그가 어떤 길로 빠져 들어갔단 말인가! 적어도 더러운 돼지들에게나 갔더라면 차라리 더 나았을 것을! 그런데 독일인들 사이에 빠져버렸다. 우리 후손들을 위한 교훈을 삼기 위해 우리는 진짜 바이로이트 사람을 박제로 만들어야 한다. 그들에게는 정신이 결여되어 있으니.

바그너는 루트비히 2세의 후원을 바탕으로 독일 바이로이트에 자신의 오페라를 제대로 공연할 수 있는 거대한 극장을 짓기로 결심하고, 스위스를 떠나 바이로이트에 정착했다. 바그너는 바이로이트에 있으면서 꾸준히 니체를 불렀지만, 니체는 바그너의 예술에 회의를 품고 멀리했다.

니체는 독일을 "문화가 부패하는 곳"이라고 했다. 바그너의 프랑스 예술적 감수성이 독일인들의 눈높이로 내려가면서 변질되었다고 생각했기 때문이다. 바그너 작품은 민족주의적이면서 기독교적 성격을 강하게 나타내고, 오페라에서 종교적인 주제를 자주 다룬다. 니체는 바그너의 오페라 〈파르지팔〉이 반유대주의와 파시즘 등 독일의 어두운 면을 반영했다고 비판했다.

니체가 바그너와 멀어진 또 다른 이유는, 바그너가 니체의 건강 문제를 걱정하며 니체의 주치의에게 보낸 편지 때문이었다. 바그너는 이 편지에서 그 원인을 니체의 자위행위masturbation를 들었고, 이 내용이 바깥으로 흘러나와 사람들에게 가십거리가 되었다. 니체가 이 사실을 알게 되었을 때는 이미 바그너가 사망한 후라서, 이 둘 사이의 불화는 해결되지 않은 채로 남았다.

184

자기방어 본능

우리가 하는 가장 큰 지출은 지극히 자주 거듭되는 작은 지출들이
모인 것이다. 방어하는 것, 다가서지 못하게 하는 것은 하나의 지
출이다. 여기서 혼동하지 말아야 할 것은, 그것이 부정적인 목적
들에게 낭비되는 힘이라는 것이다. 방어를 해야 하는 지속적인 필
요만으로도 더 이상 자기 자신을 방어할 수 없을 정도로 약해질
수 있다.

자기보존 본능은 식사, 수면, 안전한 환경 등 생존에 필요한 생물학적 욕구
다. 자기방어 본능은 외부적인 위협이나 공격으로부터 자신을 보호하기 위
해 필요한 조치를 취하는 것이다. 방어를 위해 많은 것을 보거나 듣지 않
고, 그 무엇도 자기에게 다가서지 못하게 하는 취향을 가진다.

게임에서 방어에만 치우치면 승리할 기회를 놓치기 쉽다. 방어적인 사람
은 타인과의 경쟁을 회피하고 공격 점수를 올리는 것보다, 자신의 점수를
지키는 것에 더 집중하면서 지지 않으려고 한다. 좋은 플레이어는 공격과
방어를 균형 있게 조절하여 게임을 지배할 수 있어야 한다.

니체는 지속적으로 방어적인 자세를 취하면, 결국은 자신조차 방어할 수
없을 정도로 지치고 힘들어진다고 말한다. 방어적 자세는 자신의 힘을 강
하게 만드는 것이 아니라, 에너지를 소모시켜 약하게 할 수 있다. 자기 방
어 본능이 지나치게 강하면 새로운 기회를 얻거나, 실패를 통해 성장할 수
있는 기회를 놓치게 된다.

185 | 너무 많은 독서

> 여러 책들을 '뒤져 가며' 조사하는 학자나 하루에 대략 200권 정도가 적당하다고 말하는 문헌학자는 스스로 생각하는 능력을 완전 잃고 말 것이다. 책을 뒤지지 않으면 생각도 하지 않는다. 학자는 긍정과 부정을 말하는 데만, 즉 이미 생각된 것을 비판하는 데만 자기의 모든 힘을 쏟는다. 그는 더 이상 스스로 생각하지 않는다.

니체는 자유와 주도권을 독서하는 방법에 비유했다. 하루에 200권의 책을 읽는 학자의 경우, 자기방어 본능을 상실할 수 있다. 책을 통해 접한 타인의 의견을 그대로 수용하고 자신의 의견을 수립하지 않기 때문이다. 그들은 너무 많은 독서와 연구로 인해 사고 능력을 잃고 있다. 니체는 이러한 학자를 '데카당decadent(퇴폐)'이라고 표현했다.

니체는 천부적인 소질과 풍요롭고 자유로운 본성을 가진 사람들이 이미 30대에 스스로 망가질 정도로 독서만 하고 있다고 했다. 이들은 이른 아침부터 다음 날 아침놀을 맞이할 때까지 책을 읽는다. 니체는 이러한 독서 행위를 나쁜 습관이라고 말한다.

학자들은 항상 자기방어 본능과 사고 능력을 유지하려고 노력해야 한다. 지나치게 많은 정보에 의존하거나 독립적인 사고를 소홀히 할 경우 자신의 자유과 주도권을 잃을 수 있다. 망가질 정도로 독서만 하면 누군가가 그어야만 불붙는 성냥개비처럼 지식에 의존하고, 스스로 생각하지 못한다.

186

가치의 전도

가치의 가치전도라는 과제를 위해서는 개인이 습관적으로 가지고 있는 것보다 더 많은 능력과 서로를 방해하지 않는 능력들의 대립이 필요했을 것이다. 능력들의 등급을 정하고, 거리를 유지하고, 적대시키지 않으면서도 분리하는 기술, 아무렇게나 섞어놓지 않고, 대충 화해시키지 않는 기술이 필요하다. 이는 어마어마한 다양성이지만 그럼에도 불구하고 카오스와는 반대되는 것, 이것이야말로 본능의 전제 조건이며, 오랫동안의 비밀스러운 작업이자 예술가적인 수완이었다.

가치전도는 철학, 종교, 정치, 문화 등 다양한 분야에서 일어날 수 있다. 니체의 가치전도는 기존의 가치들을 완전히 부정하는 것이 아니라, 그 속에서 새로운 가치를 창조하는 과정이라고 말한다.

서로 다른 가치관과 세계관을 가진 사람들이 조화롭게 공존하기 위해서는 적절한 거리를 유지하고 분리되어야 한다. 다른 가치관들을 무조건 섞어놓거나 화해시키려고 하면 오히려 혼란과 갈등이 발생될 수 있다. 서로 방해받지 않게 적절하게 분리하고 그에 따른 우선순위를 정하는 것이 중요하다.

가치전도는, 가치가 뒤바뀐 것이다. 현대사회를 물질만능주의라고 말한다. 편리한 삶을 위한 수단에 불과했던 물질이 삶에서 가장 중요한 목표가 되었다. 사람들이 정신적 가치보다 물질적 가치를 더 중요시한다. 가치 있는 삶을 위해 노력하는 삶이 아니라 더 많은 물질과 부를 축적하는 것에 가치를 두게 되었다.

187

위대한 영리함

사람이 변화를 겪어서 어떤 사람이 되었다는 것은 자기가 누군지는 전혀 눈치 채지 못하고 있다는 것을 전제한다. 가끔씩 옆길로 샌다든지, 잘못된 길로 접어든다든지, 망설인다든지, 겸손하게 대한다든지, 즉 이 과제와는 전혀 상관없는 과제들이 쏟아내는 잘못된 진지함 등도 나름대로의 의미와 가치를 갖게 된다.

니체는 자기 자신을 아는 것이 위험하다고 말한다. 사람이 어떤 변화를 겪어서 어떤 사람이 되었다는 것은 자기가 누구인지 전혀 눈치 채지 못하고 있다는 것이 전제되어야 한다. 자신이 어떤 사람인지 너무 잘 알고 있으면, 자기에 대한 고정관념에 사로잡혀 새로운 가능성을 받아들이기 어렵다.

"노스케 테 입숨Nosce te ipsum(너 자신을 알라)"은 철학자 소크라테스가 남긴 말이다. 자신의 한계를 알고, 그 한계를 극복하기 위해 노력해야 한다는 의미다. 반면에 니체는 위대한 영리함은 자신을 의식하지 못하는 것이라고 말한다. 자신이 누구인지, 자신의 한계를 알면 도전을 시도하거나 노력하지 않는다. 자신이 누구인지를 모르기 때문에, 새로운 길을 개척하고, 새로운 가능성을 발견할 수 있기 때문이다.

188

내 안의 본능

내 기억에는 내가 뭔가 하려고 애를 써본 적이 없는 것 같다. 나의 삶에서는 어떤 투쟁의 특징도 증명될 수 없다. 나는 영웅적인 본성과는 반대된다. 어떤 것을 '원하고', 어떤 것을 '추구하며', 하나의 '목적'과 하나의 '소망'을 주목하는 것, 이 모든 것을 나는 나의 경험상으로는 알지 못한다. 지금 이 순간에도 나는 나의 미래를 바라보고 있다. 마치 매끈한 바다에서 솟아오르는 하나의 광대한 미래를! 어떤 욕망도 그 바다 위에 잔물결을 일으키지 않는다.

니체는 자신이 사소한 것에서도 어떤 것이 자기의 모습과 다르게 되는 것을 원하지 않으며, 스스로도 일부러 다르게 변화하려고 하지 않았고, 어떤 소망을 가져본 적도 없었다. 지금까지 살면서 명예와 여자와 돈 때문에 애를 쓴 적도 없었다고 말한다.

니체는 자신의 본능이 자신도 자기 안에 무엇이 자라고 있는지 예감조차 하지 못할 만큼 강력하게 자신을 보호했다고 말한다. 이로 인해 자신의 모든 능력이 성숙해졌으며 어느 순간 궁극적인 완성의 형태로 하루아침에 드러났다고 말한다.

22세에 고전문헌학자가 되었고, 24세의 나이에 대학교수가 되었으며, 첫 번째 고전문헌학 논문을 스승 리츨 교수에게 요청받았다. 이 모든 것을 예상치 못했으며 그렇게 되리라고 단 한 번도 생각해보지 않았다고 말한다.

189

아이처럼

> 나는 위대한 과제를 대하는 방법으로 놀이보다 더 좋은 것을 알지
> 못한다. 이것이야말로 바로 위대함의 징표이자, 본질적인 전제 조
> 건이다. 경미한 압박감, 우울한 표정, 거친 목소리, 이런 것들은 모
> 두 한 인간에 대한 이의 제기다. 그리고 그의 작업에 대해서는 훨
> 씬 더 강한 이의 제기가 된다.

니체에게 놀이란 삶에 대한 지혜다. 놀이에는 재미가 동반되어야 하기 때
문에 재미가 없으면 놀 수가 없다. 인생의 과제를 해결해야 할 문제나 일로
만 생각해서는 안 된다. 삶을 놀이의 관점에서 바라보면, 새로운 방식으로
살 수 있다.

니체는 아이처럼 살기를 바란다. 아이들은 호기심을 가지고 자유롭게 상
상하며 새로운 것을 탐구하고 즐거워한다. 아이는 과거나 미래에 대한 과
도한 걱정 없이 현재 순간을 놀이처럼 즐긴다. 아이들은 놀 수 없을 때 답
답해하고 불안이 높아진다. 아이들은 놀 수만 있다면 삶에 아무런 문제가
없다.

호모 루덴스Homo Ludens는 놀이하는 인간을 뜻하는 용어다. 네덜란드 역
사학자 요한 하위징아Johan Huizinga, 1872~1945에 의해 창출된 개념으로 여기
서 놀이는 단순히 논다는 말이 아니라, 정신적인 창조 활동을 가리킨다. 호
모 루덴스에게 재미는 곧 놀이의 궁극적 목표로서 매우 중요하다. 노는 행
위의 본질은 생명력과 각종 능력의 자유로운 분출 또는 자유분방한 발휘
에 있다.

190 | 운명을 사랑하라

인간의 위대함에 대한 나의 공식은 아모르파티(amor fati: 운명을 사랑하라)이다, 이것은 앞으로도, 뒤로도, 영원토록 다른 것은 결코 갖고 싶어 하지 않는다는 것을 의미한다. 필연적인 것을 단순히 견뎌내기만 하는 것이 아니라, 오히려 그것을 사랑하는 것이다. 모든 이상주의는 필연적인 것 앞에서는 그저 허위일 뿐이다.

운명運命이란, 인간을 포함한 모든 우주만물이 나아갈 길이다. 인간과 우주만물 그 자체를 지배하는 초인간적인 힘 또는 그것에 의해 이미 정해진 목숨이나 처지를 말한다. 운명에 순응하며 살아가는 사람도 있고, 반대로 거스르기 위한 것이라고 말하는 사람도 있다. 아예 운명 같은 건 없다고 말하는 사람도 있다. 운명을 자연의 섭리로 여기며 순응하느냐, 자유 의지를 가지고 운명을 개척하느냐에 따라 결정론determinism과 의지론free will으로 구분된다.

좋고 나쁜 것, 고통과 상실 등 삶에서 발생하는 모든 것이 운명이다. 삶에서 일어나는 사건이나 상황을 받아들이고 그것을 사랑하는 것도 운명이다. 삶이 만족스럽지 않거나 고통스럽더라도 자신의 운명을 적극적으로 받아들이고 사랑해야 한다.

니체는 인간은 자신의 운명을 거부하지 말고 개척해나가야 한다고 말한다. 필연적으로 다가오는 운명을 감수하는 것으로 그쳐서는 안 된다. 극복해내고 긍정하며 자신의 것으로 받아들이고 진심으로 사랑하라고 말한다.

191

좋은 책

나 자신의 때는 아직 오지 않았다. 몇몇 사람들은 죽은 후에 태어나기도 한다. 언젠가 내가 살았던 삶과 가르침대로 사람들에게 살도록 하고 그렇게 가르치게 될 기관들이 필요하게 될 것이다. 어쩌면 심지어 《차라투스트라는 이렇게 말했다》를 해석하는 일에만 종사하는 교수직들도 생길 것이다.

니체가 자신의 책을 출판했을 당시에 세상의 반응은 부정적이었다. 니체의 사상이 기존의 가치관과 도덕에 반대하는 것이었기 때문이다. 《선악의 저편》은 '니체의 위험한 책'이라는 논문으로 발표되기도 했다. 니체는 《차라투스트라는 이렇게 말했다》의 1부를 열흘 만에 쓰고 '다섯 번째 복음서'가 될 것이라고 자부했지만, 출판업자는 인쇄를 계속해서 미뤘고 출간한 책도 거의 팔리지 않았다. 심지어 《차라투스트라는 이렇게 말했다》 4부는 자비로 소량만 출간하기도 했다.

니체는 당시 사람들이 《차라투스트라는 이렇게 말했다》를 잘 이해할 수 없는 것은 당연한 일이라고 말했다. 이 책을 읽고 여섯 문장을 이해했다는 것은 그 문장을 체험한 것이고, 이는 현대적 인간이 도달할 수 있는 단계보다 더 높은 단계에 도달한 것이라고 했다.

"많은 곳에 나의 독자들이 있고, 모두 선택된 지성인들이다. 니체라는 내 이름뿐만 아니라 철학이라는 말조차 들어보지 못한 비非독자들도 자신과 눈길만 마주쳐도 명랑해지고 즐거워한다. 나는 '철학자라면 이 정도는 되어야지'라고 생각했다." 니체의 책이 본격적으로 대중의 관심을 받기 시작한 것은 니체가 사망한 이후였고, 시간이 지날수록 가치를 인정받게 되었다.

192 | 선물 같은 시간

질병은 나에게 모든 나의 습관들로부터 완전히 돌아설 수 있는 권리를 주었다. 그것은 망각을 허락했고, 기다림과 인내에 대한 필요를 선사했다. 나의 두 눈은 홀로 온갖 책벌레들에게 안녕을 고했다. 독일어로 말하자면, 문헌학을 끝냈다. 나는 '책'으로부터 구제되었다. 나는 몇 년 동안 아무것도 읽지 않았다. 이것은 내가 나자신에게 베푼 가장 위대한 선물이었다.

니체는 1879년에 바그너와 단절하고, 건강 악화로 바젤대학교 교수직을 내려놓았다. 이때 자신의 본능이 총체적으로 길을 잃은 느낌이었다고 말한다. 바그너와의 만남과 바젤대학교 교수직은 참을 수 없는 실책들이었고, 교수직을 그만둔 것은 자신에게 돌아갈 수 있는 절호의 기회라고 생각했다.

바젤대학교에서 보낸 10년 동안 정신의 영양이 철저히 단절되었고, 학문이란 것이 먼지를 뒤집어쓴 잡동사니에 불과하다는 점을 잊고 있었다고 했다. 처음에는 무식해서 또 어려서 빠져들어 갔고, 나중에는 타성이 붙기 시작했으며, '의무감'까지 생겨나 매달리기까지 했다고 후회했다. 니체는 자신의 실존 전체를 쓸모없게 배제한 것은 자신의 잘못된 겸손함이라고 생각했다.

마침 이 시기에 아버지의 나쁜 유산(뇌연화증)이 자신을 이러한 상황에서 끌어내 분리시켜 주었다. 니체는 질병을 앓으며, 질병과 빈곤 등이 '자기 자신이 배제된 것'보다 더 낫다고 생각했다. 그는 생리학과 의학, 자연과학 공부 외에는 아무것도 하지 않고 시간을 보냈다. 니체는 이 시기가 자신을 위한 가장 위대한 선물과 같은 시간이었다고 말한다.

193 | 기존의 틀을 깨려면

아아, 너희 인간들이여, 내게는 돌 속에 하나의 형상이, 내 머릿속 많은 형상들 중의 형상이 잠자고 있는 듯하구나! 아아, 그것이 가장 단단하고도 가장 못난 돌 속에 갇혀 잠을 자야만 하다니! 이제 나의 망치가 이 감옥에 대항하여 잔인하게 폭행을 일삼는다. 돌에서 파편이 흩날린다. 내게 무슨 상관이란 말인가! 나는 이 형상을 완성하고자 한다. 왜냐하면 하나의 그림자가 내게 다가왔기 때문이다. 모든 사물들 중에서 가장 조용하고 가장 경쾌한 것이 나를 찾아왔다! 초인의 아름다움이 그림자로서 나를 찾아왔다. 신들이 내게 무슨 상관이란 말인가.

니체는 종교, 도덕, 진리, 사회 구조 등 인간을 억압하고, 자기를 실현하는 것을 방해하는 모든 것들을 감옥이라고 생각했다. 인간을 속박하고 노예로 만드는 기존의 틀을 부수고 새로운 가치를 창조하기 위해 그는 망치를 들었다.

종교는 인간에게 허구의 세계를 제시하고 순종하도록 강요한다. 전통적인 도덕은 새로운 가치를 통한 변화를 반대한다. 진리는 인간이 만들어낸 것이므로, 언제든지 변화될 수 있는 것이다. 도덕과 진리에 대한 가치는 사람마다 다르므로 사람마다 자신의 가치관을 창조해야 한다.

니체는 인간은 기존의 가치관을 의심하고, 새로운 가치관을 창조할 수 있는 능력을 가지고 있다고 생각했다. 사람들 스스로 자신을 부정하고, 자신을 억압하며 자신을 감옥에 가두는 경우가 많다. 감옥에서 벗어나기 위해서는 스스로 사고하고, 가치를 창조할 수 있어야 한다.

194

나의 임무

내가 약속할 수 있는 최후의 것은 오직 이것뿐이다. 나는 인간을 '개혁'할 것이다. 그렇다고 어떤 새로운 우상을 만들겠다는 뜻은 아니다. 저 낡은 우상들에 대해서는 진흙으로 만든 두 다리가 무엇에 걸려 넘어지는지만 알아내면 그만이다. 우상, 이것은 이상을 뜻하는 나만의 단어다. 우상을 전복시키는 것, 이것은 오래전부터 내 목숨을 걸고 수행해온 나의 임무다.

'우상Idol'은 개인이나 사회, 문화, 종교, 철학 등 다양한 영역에서 가치나 믿음의 대상으로 추상화된 개념이다. 니체가 말하는 우상의 의미는 지금까지 진리나 이상이라고 지켜왔던 것을 말한다.

니체는 인간이 낡은 우상에 사로잡혀 현실을 제대로 보지 못하고 있다고 생각했다. 우상은 실체가 없고 허구적이며 맹목적인 숭배와 추종을 강요한다. 종교적 우상은 진리를 말하지 않고 개인의 자율성을 제한하며 권위를 강화한다고 비판했다.

니체는 이러한 우상들을 전복시키고 인간을 개혁하는 것이 자신의 철학적 임무라고 생각했다. '우상의 황혼'이란 옛 진리가 종말로 다가가고 있다는 의미이다. 현재는 진리가 왜곡되고 거짓 세계에 의해 지배되고 있으므로, 거짓을 폭로하고 진리를 찾아내야 한다. 우리가 낡은 우상을 전복시키려면 현실을 있는 그대로 바라보는 의식적인 노력이 필요하다고 말한다.

195

나에 대한 탐구

우리는 우리 자신을 잘 알지 못한다. 우리 인식하는 자들조차 우리 자신을 잘 알지 못한다. 여기에는 그럴 말한 충분한 이유가 있다. 우리 자신을 한 번도 탐구한 적이 없기 때문이다.

현대사회는 해시태그#hashtag를 통해 여행, 건강, 자기계발 등 좋아하는 주제나 관심사를 찾는다. 알고리즘 분석을 통해 관심사를 파악하고 콘텐츠를 추천받기도 한다. 살아가면서 많은 경험하지만, 무엇을 좋아하며 어떤 것에 관심과 가치를 두는지 모를 때가 많다.

어느 날 중요한 일이 발생하거나 삶에 큰 변화가 생길 때 자신의 존재와 삶의 의미에 대해 의문을 갖는다. 사람들은 불안함을 달래고 지혜를 구하고자 종교나 인문학을 찾는다. 인문학은 자기 자신을 이해하고 삶의 의미를 찾는 학문이다. 요즘 인문학이 유행하는 것은 사람들이 직면한 다양한 문제를 해결할 수 있는 방향을 제시해주기 때문이다.

사람들은 자신에게 필연적으로 낯선 존재다. 니체는 우리가 자기 자신을 이해하지 못하며, 자신을 혼동하지 않을 수 없다고 말한다. '모든 사람은 자기 자신에게 가장 먼 존재이다'라는 명제는 우리에게 영원한 의미를 지닌다. 우리의 보물은 우리의 인식의 벌통이 있는 곳에 있다. 날개 달린 동물로 태어난 우리는 정신의 벌꿀을 모으는 자로 언제나 그 벌통을 찾아가는 중이다.

196

약하다는 것을 인정하기

> 고귀한 인간은 자기 자신을 신뢰하여 마음을 열고 살아간다. 반면
> 에, 원한을 품은 인간은 솔직하지도 순진하지도 않으며, 자기 자
> 신에 대해 정직하지도 진솔하지도 않다 그의 영혼은 곁눈질을 한
> 다. 그의 정신은 은신처, 샛길, 뒷문을 사랑한다. 그는 숨겨진 모
> 든 것을 자신의 세계, 자신의 안전, 자신을 생기 있게 하는 것으로
> 여긴다.

니체는 고귀하고 강한 자는 자신을 힘을 믿기에 자신에게 닥친 고통과 불
행을 자기 탓이라 여기고 열린 마음으로 살아간다. 반면, 약하고 열등한 자
는 자신의 고통과 불행의 책임을 악한 사람들이 자신을 괴롭히기 때문이
라고 생각한다. 그래서 타인에게 원한을 품고 산다.

니체는 '원한'을 무능력한 약자의 감정이라고 생각했다. 노예도덕은 연
약하고 비겁한 자들이 강한 자들에 대해서 갖는 원한과 시기, 증오 등에
서 비롯된 것이다. 강자가 자신을 부당하게 해쳤기 때문에 그를 악한 사람
이라고 생각한다. 그러면서 자비와 동정을 기대하거나 원한을 품는 것을
비판한다.

약한 자는 자신이 약하다는 것을 솔직하게 인정하는 것이 중요하다. 원
한을 품은 약한 자들은 은신처, 샛길, 뒷문 등을 사랑한다. 이것은 그들이
실력으로 복수하지 못하기 때문에 선택한 기만적이고 비겁한 행동이다. 자
신의 연약함과 비겁함을 솔직하게 인정하고 자신의 힘을 키우는 것이 자
신의 삶을 개선할 수 있는 방법이라고 말한다.

197

약자의 도덕

"보복하지 않는 무력감은 '선함'으로 바뀐다. 소심한 비겁함은 '겸허'로 바뀐다. 증오하는 사람에게 복종하는 것은 '순종'으로 바뀐다. 약자의 비공격성, 비겁함 자체, 그가 문가에 서서 어쩔 수 없이 기다려야 하는 것이 여기서는 입에 발린 말로 '인내'가 되고, 또한 저 미덕으로 불릴지도 모른다. 심지어 용서로 불릴지도 모른다.

기독교적인 도덕은 신이나 양심에 의해서 주어진 명령에 따라 무조건 순종하고 복종하는 것을 선이라고 주장한다. 니체는 기독교의 도덕은 약자의 비겁함을 합리화하기 위한 것이라고 비판했다. 보복하지 않는 무력감, 소심한 비겁함, 증오하는 사람에게 복종하는 것 등은 원한에 근거하고 있으며, 이것을 사랑으로 미화시킨 노예도덕일 뿐이다.

　기독교의 도덕은 강자의 지배를 정당화하고, 약자에게 복종하라고 가르친다. 만약 약자의 도덕이라면, 강자의 지배를 정당화할 것이 아니라, 강자에 맞서기 위한 도덕이어야 한다. 기독교 도덕은 인간의 삶을 억압하고 위축시킨다. 진정으로 중요한 것은 힘에의 의지를 통해 자아를 창조하는 것이다.

　원수를 사랑하라는 도덕적 명령은 정당하지 않다. 원수를 사랑하라는 말은 저항할 줄 모르는 바보가 자기합리화를 하는 것이다. 기독교에 의해 부정된 인간의 자유정신을 찾고 노예 상태에서 벗어나야 한다. 니체의 자유정신은 고통을 회피하지 않고 적극적으로 대처하는 초인정신을 말한다.

198

자유로운 인간

자유로운 인간은 오랫동안 지속되어 잘 망가지지 않는 의지를 소유한자다. 그는 소유하는 것에 자신의 가치 척도를 지니고 있다. 그는 자신을 기준으로 남을 바라보면서 존경하거나 경멸한다. 그는 필연적으로 동등한 자, 강자, 신뢰할 수 있는 자를 존경한다.

니체는 자유로운 인간이 존경하는 사람은 주권자처럼 묵직하고 드물게 천천히 약속하는 사람이라고 말한다. 이런 사람은 자신의 말과 행동에 무게를 둔다. 그러므로 신중한 판단력과 강한 책임감을 가지고 약속하며 이를 지키기 위해 최선을 다한다.

자유로운 인간이 존경하는 사람은 쉽사리 남을 신뢰하지 않고, 신뢰를 할 때는 눈에 띄게 하는 사람이다. 이런 사람은 신뢰를 소중히 여기는 사람이다. 타인의 진심을 파악하기 위해 주의 깊게 관찰하고, 신뢰를 지키기 위해 노력한다.

자유로운 인간이 존경하는 사람은 불행한 일에 맞서, 신뢰할 만한 약속을 하는 사람이다. 이런 사람은 강인한 정신력과 현실에 대한 통찰력, 상황에 대한 대처 능력을 가진 사람이다. 운명에 맞서 의연한 자세를 취할 만큼 자신이 충분히 강함을 알기 때문에, 좌절하거나 포기하지 않고 자신의 목표를 이루기 위해 노력한다.

199

미래를 예측하는 일

미래를 미리 마음대로 하기 위해 필연적으로 일어나는 일과 우연
히 일어나는 일을 구별하는 법, 연관 관계에 따라 사고하는 법, 먼
앞일을 현재의 일처럼 보고 예견하는 법을 알아야 한다. 무엇이
목적이고 무엇이 그 수단인지 확실히 정하고 대충 계산하며 예측
할 수 있어야 한다. 그러려면 인간 자신이 먼저 자기 자신의 표상
에 대해서 예측 가능하고 규칙적이며 필연적인 존재가 되었어야
한다.

니체는 '인간은 미래에 어떤 일이 일어날지 알 수 없기 때문에 불안과 두
려움을 느낀다. 이를 극복하려면, 행동과 선택에 일정한 패턴을 가지고 있
고, 그 패턴에 따라 미래를 예측할 수 있어야 한다'라고 말한다.

　인간은 자기성찰을 통해 자신의 생각과 행동을 이해하고, 이를 통제
할 수 있는 능력을 키워야 한다. 자신의 생각과 행동이 미래에 어떤 영향
을 미칠지 예측 가능할 때, 이를 바탕으로 책임 있는 결정을 내릴 수 있기
때문이다.

　인간은 자신의 의지뿐만 아니라, 환경, 유전, 사회적 요인 등 다양한 영
향을 받는다. 그러므로 자신의 능력과 한계를 인식하고 극복함으로써 미
래 변화에 적응할 수 있다. 니체는 인간은 풍습의 윤리와 사회적인 구속이
라는 의복의 도움으로 예측 가능하게 만들어졌다고 말한다.

Zur Genealogie der Moral

형벌의 기원

"인간이라는 동물에 어떻게 기억을 심어줄 수 있단 말인가?"; "무언가 기억에 남으려면 깊은 인상이 새겨져야 한다. 끊임없이 고통을 주는 것만이 기억에 남는다." 이것은 지상에서 가장 오랫동안 지속된 심리학의 주요 명제이다.

니체는 인간이 자신과 타인에게 한 약속을 지킬 수 있는 존재가 된 것은 고통에 대한 기억 때문이라고 말한다. 원래 인간은 감정과 욕망의 노예이기 때문에 자신이 한 약속을 기억하지 못하는 존재였다.

약속을 잊어버리고 죄를 저지르는 인간의 망각을 극복하기 위해, 온갖 잔인하고 끔찍한 형벌이 행해졌다. 잔인한 광경이나 선례를 봄으로써 사람들은 '이성'을 찾고 '나는 절대로 하지 않겠다'고 기억하게 되었다.

니체는 모든 '좋은 것들'의 밑바탕에는 많은 피와 공포의 전율이 있었다고 말한다. 이성, 진지함, 감정의 통제, 사려, 분별 등은 인간만이 가진 좋은 특성들이다. 이것은 인간을 약속을 지킬 수 있는 동물로 만들기 위해 행해진 잔혹한 형벌의 값비싼 결과다. 인간은 원래부터 약속을 지켰던 것이 아니라 약속을 잘 키는 동물로 길러졌다. 약속을 잘 지키는 사람은 강한 사람이다. 자신의 욕망을 극복하고 통제 할 수 있는 사람이기 때문이다.

죄와 형벌

'죄Schuld'라는 도덕 개념은 '부채Schulden'라는 물질적인 개념에서
유래되었다. 일종의 보복이라 할 수 있는 형벌이 의지의 자유와
부자유에 관한 어떠한 전제와도 전혀 무관하게 발전해왔음을 짐
작이라도 해보았겠는가?

니체는 죄나 양심의 가책은 채권·채무에서 생겨났다고 주장한다. 고대 사
회에서 채무자는 빚을 갚겠다는 약속을 보증하기 위해 저당물을 내세워
채권자에게 보상할 것을 서약했다. 빚을 갚지 못하면 채권자는 자신이 받
을 빚에 상응하는 고통을 채무자에게 줄 수 있었다.

죄와 형벌의 개념은 원래는 물질적인 관계에서 출발했다. 과거에는 죄
를 범한 사람이 다른 사람에게 물질적인 손해를 입혔다면, 그 손해를 배
상시키는 것이 형벌의 주된 목적이었다. 형벌은 범죄자의 의지가 자유
롭든 부자유하든 상관없이, 그가 저지른 범죄에 대한 보복의 수단으로
발전되었다.

고대사회에서 형벌은 피해자의 복수를 보장하기 위한 수단이었다. 근대
사회에서는 피해자를 대신해서 범죄자를 국가가 처벌한다. 현대사회에서
는 형벌의 목적이 범죄자를 응징하기 위한 수단뿐만 아니라, 범죄를 예방
하고, 재범을 방지하는 것으로 변화되었다.

202

분노를 해소하는 수단

> 인류 역사의 오랜 기간을 살펴보건대 악행을 저지른 장본인이 자
> 신의 행위에 책임을 져야 한다는 이유 때문에, 즉 죄를 지은 자만
> 이 벌 받아야 한다는 전제 아래서 벌 받은 것은 아니었다. 오히려
> 오늘날 부모가 자녀를 벌 줄 때처럼, 손해를 입은 것에 대한 분노
> 때문에 벌 받게 된 것이었다.

인류 역사 초기에는 죄의 개념이 악행을 저지른 사람은 자신의 행위에 책
임을 져야 한다는 생각보다는, 피해자의 분노를 해소하기 위한 수단으로
사용되었다. 부모가 자녀를 때리는 행위는 자녀의 잘못한 행위에 대한 벌
이다. 한편으로는 부모가 자신의 권위를 확인하기 위한 수단으로서 이루어
질 수도 있다. 마찬가지로 채권자가 채무자에게 가하는 벌은 손해에 대한
보상이 아니라, 채권자가 느끼는 분노와 증오를 해소하기 위한 수단이다.

니체는 채권자가 채무자에게 고통을 가함으로써 쾌감을 느낀다고 생각
했다. 무기력한 자를 지배한다는 쾌감, 악을 저지르는 즐거움은 채권자가
자신의 권력을 행사하고 폭행을 가함으로써 누리는 만족감이다.

채권자는 채무자에게 벌을 가함으로써 자신이 주인과 같은 권리를 가지
고 있다고 생각한다. 이는 채권자의 지위가 낮고 비천할수록, 더 강한 만족
감을 느낀다. 채권자가 채무자에게 잔인한 행위를 지시하고 요구할 수 있
는 권리를 통해 우월감을 확인하는 것이다.

203

능동적인 인간

일반적으로 올곧은 사람이라 할지라도 약간의 공격을 가하고 악의를 보이며 아첨하기만 하면 그의 눈이 충혈 되어 눈에서 공정성이 상실될 것은 확실하다. 능동적인 인간, 공격적이고 침략적인 인간은 반동적인 인간보다 여전히 백 보쯤은 정의에 더 가까이 있다. 왜냐하면 능동적인 인간은 반동적인 인간과 달리 자기 앞의 대상을 선입견에 사로잡혀 그릇되게 평가할 필요가 전혀 없기 때문이다.

니체는 능동적인 인간은 보다 강하고 보다 용감하며 보다 고귀한 인간이라고 말한다. 능동적인 인간은 자신의 욕망과 목표를 추구하기 위해 행동하는 인간이다. 능동적인 인간은 타인의 방해나 저항에도 굴하지 않고 자신의 욕망과 목표를 달성하기 위해 적극적이고 주체적으로 행동한다.

반동적인 인간은 자신을 위협하거나 공격하는 대상에 대응하기 위해 행동하는 인간이다. 반동적인 인간은 자신의 욕망과 목표를 추구하기 위해 행동하기보다는, 자신의 피해와 공포에 따라 행동한다. 자신을 위협하거나 공격하는 대상을 악으로 규정하고, 그 대상을 정복하거나 파괴하려고 한다.

능동적인 인간은 타인을 있는 그대로 받아들이고, 타인을 자신의 목표 달성을 위한 수단으로 활용함으로써, 타인과 효과적으로 소통하고 협력할 수 있다. 반동적인 인간은 자신의 피해와 공포에 따라 대상을 평가함으로써, 주관적이고 편향된 시각으로 대상을 평가한다.

204

금욕주의

204. 금욕적 이상이 철학자에게 무엇을 의미하는가? 철학자는 가장 높고 가장 담대한 정신성을 추구할 수 있는 최적 조건을 바라보며 미소 짓는다. 그렇다고 해서 그는 '생존'을 부정하지 않는다. '세계가 망하더라도 철학은 살고, 철학자도 살고, 나도 살아남으리라!'라는 방자 무도한 소망을 품을 정도로 생존을 긍정할지도 모른다.

니체는 금욕주의를 단순히 고통을 참고 견디는 삶이 아니라, 육체적·정신적 욕망으로부터 자유로운 삶이라고 생각했다. 철학자들은 욕망을 억압하고 고난을 감내하는 것이 자신에게 유익하다고 믿기에 금욕주의를 추구했다. 이상적인 금욕주의는 가만히 쉬기보다는 삶 위를 날아다니는 동물적인 명랑한 금욕주의다.

철학자들이 생각하는 금욕적 이상
- 강제, 방해, 소음, 일이나 의무, 걱정으로부터 자유로워지는 것
- 명석한 두뇌, 춤추는 사고, 도약, 비상飛翔을 생각하는 것
- 고지의 공기처럼 맑고, 자유롭고 좋은 공기 같은 것
- 적개심과 원한을 떨쳐버리고, 손상된 명예심을 떠올리지 않는 것
- 물레방아처럼 부지런하지만 멀게 느껴지는 겸손함을 유지하는 것
- 낯선 저편 세계, 미래와 사후 세계에 정신을 집중하는 것

금욕적 이상이란 동물적인 욕망에 얽매이지 않고, 정신적인 가치를 추구하는 것이다. 금욕적인 이상을 통해 욕망을 극복하고 고지의 공기처럼 맑고 자유롭게 살 수 있다.

205

금욕적 이상

금욕적 이상의 세 가지 커다란 슬로건은 청빈, 겸손, 순결이다.

청빈, 겸손, 순결은 위대하고 생산적이며 독창적인 정신을 지닌 사람들에게서 공통적으로 발견된다. 이 세 가지는 종교적인 의무나 도덕적 규범이 아니라, 창조력을 발휘하기 위한 필수적인 것이라고 생각했다.

청빈은 물질적 욕망을 추구하지 않는 태도다. 물질적 욕망은 인간의 창의성을 제한하기 때문에 욕망을 내려놓고 자유로워져야 한다. 겸손은 자신의 한계를 인정하고 받아들이는 것이다. 자신의 능력과 업적을 과장하면 객관적인 판단과 올바른 행동이 어려워진다. 순결은 육체적 쾌락에 집착하지 않는 것이다. 육체적 쾌락에 집착하면 정신이 산만해지고, 집중력과 몰입력이 떨어진다.

니체는 청빈, 겸손, 순결이라는 세 가지 금욕적 이상이 사람들에게 최선의 생존과 가장 멋진 생산성을 위한 가장 본래적이고 가장 자연스런 조건이라고 말한다.

206

고통의 원인

> "내가 괴로운 것은 누군가에게 분명히 책임이 있는 것이다." 이런
> 방식의 추론이 병든 모든 자의 특징이다. 더구나 그럴수록 그들이
> 괴로운 진짜 원인, 생리적인 원인은 더욱 은폐된 채로 있게 된다.

니체는 고통을 겪는 사람은 고통의 원인을 외부에서 찾는 데 무서울 정도
로 열성적이며 독창적이라고 말한다. 사람들이 고통을 외부로 돌리는 이유
는 고통이 주는 부정적인 경험을 받아들고 싶지 않기 때문이며, 자신의 행
동 때문에 고통당한다는 사실을 인정하지 않고 책임을 회피하기 위해서다.

니체는 고통받는 사람을 병든 양에 비유했다. "나는 괴롭다. 누군가는 이
에 대해 분명히 책임이 있다"라고 말한다. 양은 겁이 많고, 약하며, 자신감
이 없기 때문에 자신에게 일어나는 일들을 책임지지 않고 다른 사람에게
책임을 돌리려 한다.

금욕적 사제는 양들에게 "네 말이 맞다, 너 자신만이 너 자신에 책임 있
는 것이다!" 하고 말함으로써, 그들이 고통에 대한 책임을 회피하도록 돕
는다. 니체는 이러한 금욕적 사제의 말은 뻔뻔스럽고 잘못된 거짓말이라고
비판한다. 고통의 진짜 원인은 자신의 내부에 있기 때문에 자신의 내면에
서 고통의 원인을 찾아야 한다.

207 부정적인 감정

> 인간이 삶에 대해 말하는 부정은 마치 마법에 의한 것처럼 은근한 충만함을 드러내 보인다. 파괴나 자기 파괴의 대가인 인간이 자신에게 상처를 입힐지라도 훗날 그로 하여금 살도록 강요하는 것은 바로 그 상처 자체이다.

니체는 인간은 고통, 고난을 극복할 때 강한 존재가 되는 마법 같은 효과를 느낀다고 말한다. 인간이 삶에 대해 말하는 부정이란, 삶의 어려움이나 부정적인 측면을 이야기할 때를 가리키는 표현이다. 이러한 부정적인 말들은 마치 마법에 의한 것처럼 보이는데, 이는 그것들이 숨겨진 긍정적인 변화나 성장을 방해하기 때문이다.

사람들은 "내가 어떤 다른 사람이었으면 좋았을 것을!" 하며 자신을 비난하고 자신을 경멸한다. 이들은 긍정적인 자아를 추구하는 대신 자아를 비하한다. 이러한 마음에는 복수심과 유감이라는 벌레가 우글거리고 있다. 니체는 이러한 부정적인 감정과 복수심이 긍정적인 변화와 자기 성장을 방해한다고 말한다.

고통은 부정하거나 피하려고 하기보다는, 오히려 긍정함으로써 자신의 창조적 의지로 끌어올릴 수 있다. 고통을 극복하기 위해서는, 고통을 두려워해서는 안 된다. 운명처럼 삶의 일부로 받아들이고 자신의 삶에 대한 무한한 긍정과 사랑이 있어야 한다.

208

좋아하지 않는 사람

나는 삶을 구경거리로 만들려고 하얗게 회칠한 무덤을 좋아하지 않는다. 나는 지혜에 자신의 몸을 감싸고 '객관적으로' 바라보는 피로에 지친 자나 피폐한 자를 좋아하지 않는다. 나는 짚 묶음으로 만든 빗자루로 된 머리에 이상이라는 요술 모자를 쓰고 영웅으로 치장한 선동가를 좋아하지 않는다. 금욕주의자가 사제로 보이고 싶지만, 실은 비극적인 어릿광대에 불과한 야심만만한 예술가를 나는 좋아하지 않는다.

니체가 혐오하는 네 가지 유형의 인간

- 첫 번째, 흰색 회칠한 무덤 같은 자. 이들은 삶을 적극적으로 살아가는 것이 아니라, 단순히 구경거리로만 여긴다. 삶의 고통과 역경을 피하려고 하며, 삶을 전시품처럼 쳐다본다.
- 두 번째, 지혜로 몸을 둘러싼 자. 이들은 삶에 대한 열정과 의지를 잃고, 지혜에만 매달리는 사람이다. 삶의 의미와 가치를 잊고, 단순히 지혜를 쌓는 데만 몰두한다.
- 세 번째, 빗자루머리 요술모자 같은 자. 이들은 현실을 부정하고 이상에만 집착하는 사람이다. 현실에 맞서 싸우기보다는, 현실을 외면하고 허황된 이상을 추구한다.
- 네 번째, 어릿광대 사제 같은 자. 이들은 자신의 욕망을 억누르고, 금욕주의를 추구한다. 자신의 욕망을 억누르기 위해 예술을 이용하지만, 결국에는 욕망에 의해 파멸된다.

니체는 이들은 삶을 제대로 살아가고 있지 않는 사람이라고 생각했다. 삶을 적극적으로 살아가고, 자신의 욕망을 실현하기 위해 노력하는 사람이야말로 진정한 인간이라고 생각했다.

금욕적 이상과 자기 극복

금욕적 이상을 제외하고 보면 인간이라는 동물은 지금까지 아무런 의미도 지니지 않았다. 지상에서의 인간의 생존은 아무런 목표도 품지 못했다. "인간은 대체 무엇 때문에 존재하는가?" 이러한 질문에 아무런 대답도 할 수 없었다. 인간과 대지를 위한 의지가 결여되어 있었다. 모든 거대한 인간의 운명의 배후에는 더욱 커다랗게 '헛되도다!'라는 후렴이 울려 퍼졌다. 무언가가 결여되었고 인간 주위에 어마어마한 틈새가 벌어졌다는 것, 바로 이것이야말로 금욕적 이상을 의미한다.

니체는 금욕적 이상이 인간의 삶을 부조리하고 무의미하게 만들었다고 비판했다. 금욕적 이상은 인간의 욕망과 육체를 부정하고, 내세에서의 구원을 추구한다. 이것이 인간이 존재의 의미와 가치를 찾는 유일한 방법이라고 사람들은 믿는다.

인간은 본능적으로 욕망을 추구하고 즐기는 존재다. 금욕적 이상은 인간의 본성을 부정하고, 인간을 억압하고 고통을 주었다. 인간에게 자기혐오와 죄책감을 심었고, 삶을 부정적인 시각으로 바라보게 만들었다.

금욕적 이상은 인간의 삶에 의미와 가치를 부여하기 위한 시도지만 실패한 것이다. 금욕적 이상이 제시하는 내세에서의 구원은 현실에서의 고통을 해결하지 못한다. 이로 인해 인간은 현실에서의 삶의 가치와 의지를 상실하고, 고통과 허무에 시달리게 되었다.

고통의 의미

금욕적 이상 속에서 고통이 해석되었다. 그리하며 어마어마한 공허가 매워진 듯이 보였다. 자살을 초래하는 모든 허무주의 앞에서 문이 닫혔다. 그 해석으로 새로운 고통, 보다 깊고 보다 내면적이며, 보다 유독하고 삶을 보다 갉아먹는 고통이 생겨났다. 이러한 해석으로 모든 고통을 죄라는 관점에서 보게 되었다. 그러나 그럼에도 불구하고 인간은 그것으로 구원받았고, 인간은 하나의 의미를 지니게 되었다.

본능적인 욕구가 충족되어도 삶의 의미를 찾지 못하면 인간은 우울하고 허무감에 빠진다. 고통이 아무 의미가 없다면 괴로움에 불과하기 때문에 고통에 의미를 부여하기 위해 금욕주의 이상을 만들어냈다.

금욕주의 이상은 고통을 죄의 대가로 해석함으로써, 고통에 의미를 부여했다. 사람들은 무의미함에서 벗어났기 때문에 자신들의 삶이 구원받았다고 생각했다. 고통에 속죄 수단이란 의미를 부여함으로써 인간은 자신을 죄인으로 여기며 죄책감이란 새로운 고통을 갖게 된 것이다.

금욕주의 이상은 모든 고통을 죄의 대가로 해석함으로써 사람들을 더욱 괴롭게 만들었다. 니체는 금욕적 이상이 인간에게 고통의 의미를 부여함으로써 인간을 구원했지만, 새로운 고통을 초래함으로써 인간을 더욱 병들게 만들었다고 비판한다.

211

무無에의 의지

인간은 의욕 하지 않는 것보다는 차라리 무를 의욕 하려고 한다.

니체는 금욕주의자들은 삶의 모든 것을 부정한다고 비판했다. 그들은 모든 인간적인 것에 대해 증오한다. 감각이나 이성 자체를 혐오하고 행복과 미에 대해서도 두려워한다. 그들은 변화, 생성, 죽음, 소망, 욕망에서 벗어나려는 갈망 등 모든 것을 부정한다. 그들은 모든 것을 부정함으로써 무의미함을 극복하려고 한다.

인간은 더 이상 바람에 흩날리는 가랑잎 같은 존재가 아니며, 불합리와 무의미의 노리갯감도 아니다. 지금까지 인간은 금욕과 고통의 의미를 찾지 못해 무의미한 삶을 살았다. 이제는 삶의 의미를 찾음으로써 의지가 강화되었고 무언가를 의욕 할 수 있게 되었다.

니체는 이러한 금욕주의를 "무無에의 의지"라고 생각했다. 금욕주의자들은 자신의 욕망과 의지를 억누르고, 무無에 도달하기 위해 노력했다. 하지만 이러한 노력 자체도 하나의 의지다. 그러므로 "인간은 의욕 하지 않는 것보다는 차라리 무를 의욕 한다"고 니체는 주장한다.

212

태양의 의미

차라투스트라는 서른 살이 되었을 때, 고향 호수를 떠나 산으로
들어갔다. 10년 동안 산에서 지내는 동안 그는 자신의 정신세계
와 고독을 즐기느라 지루함은 전혀 느끼지 못했다. 붉게 물든 동
녘 하늘을 보며 일어난 어느 날 아침, 그는 태양을 향해 말했다.
"위대한 태양이여, 당신에게 빛을 비춰 줄 대상이 없었더라도
행복했겠는가?

태양은 10년 동안 차라투스트라의 동굴을 비추었고, 차라투스트라와 독수
리, 뱀은 아침마다 태양을 기다렸다. 태양은 그들에게 충만함을 주었고, 그
들은 태양을 축복했다.

태양이 빛을 비추어도 그것을 받아들일 존재가 없다면 무의미하고 행복
하지 않다. 찬란한 아침에 떠오르는 태양은 사람들에게 희망과 꿈을 준다.
태양은 우주를 공유하는 사람들의 희망의 상징이며 우리에게 무한한 열정
이 있음을 느끼게 한다.

차라투스트라에게 태양은 삶의 의미와 목적을 제시하며, 삶을 성찰하고
재조명하여 새로운 삶을 시작할 힘을 주는 존재다.

213 | 차라투스트라의 선물

"내가 사랑 때문이라 말했는가? 나는 그저 인간에게 선물을 주려고 한다." 차라투스트라가 말하자, 성자가 대답했다. "인간에게는 아무것도 주지 마라. 차라리 인간들이 지고 있는 무거운 짐이나 벗게 하라. 그들의 짐을 나누는 것이 나으리라. 그 일만이 그들을 기쁘게 할 것이다. 물론 그 일이 또한 그대의 기쁨이 되기도 한다면! 그대가 사람들에게 선물을 한다면 적선 이상의 것이 되어서는 안 된다. 이 경우에도 그들이 그 적선을 구걸하게 한 다음 주는 것이 낫다."

무조건적인 도움은 인간을 나태하게 만들고, 자립심을 잃게 만든다. 스스로 노력해서 얻는 것만이 진정한 가치가 있다. 성자는 인간에게 자선을 실천할 때 무조건 베풀지 말고 상대방의 간절함을 통해서 베풀도록 하라고 말한다.

숲속에서 늙은 성자와 차라투스트라가 만났다. 성자는 숲속에서 노래하고 울고 웃으며 신을 찬양하며 지내고 있었다. 신을 찬양하며 지낸다는 성자의 말에 차라투스트라는 성자가 숲속에 있느라 신이 죽었다는 소식을 못 들었다고 생각했다. 둘은 웃으면서 헤어졌다.

차라투스트라의 선물은 신의 죽음을 알리고 인간들이 위버멘쉬가 되도록 하는 것이다. 위버멘쉬는 신에 의지하지 않고 기존의 가치관과 도덕에서 벗어나 새로운 가치를 창조하는 것이다. 인간이 자신의 의지로 어려움을 극복하고 삶을 스스로 책임지는 존재, 즉 위버멘쉬를 선물하고자 한다.

214

자신을 극복하기

그대들에게 초인에 대해 가르쳐주겠다. 인간이란 극복되어야 하는 어떤 것이다. 그대들은 자신을 극복하기 위해 무엇을 했는가? 무릇 살아 있는 모든 것은 이제까지 자기 이상의 어떤 것을 만들어왔다. 그런데도 그대들은 이 커다란 조수의 썰물이 되겠단 말인가? 자신을 극복하지 않고 오히려 짐승으로 되돌아가겠다는 말인가?

차라투스트라가 숲에서 나와 가장 가까운 도시로 들어섰을 때, 시장에는 줄타기 광대의 공연을 보기 위해 군중이 모여 있었다. 차라투스트라는 군중을 향해 소리쳤다.

인간은 벌레로부터 인간에 이르는 길을 걸어온 존재다. 우리는 아직 애벌레 상태이며 진정한 인간이 되기 위한 과정에 있다. 인간이 원숭이보다 더 원숭이 같다. 왜냐하면 인간이 이성을 잃고 감정에 휩쓸려 원숭이처럼 웃음거리가 되거나 수치심을 못 느끼기 때문이다. 가장 현명한 자도 식물과 유령의 혼합물처럼 완전한 존재는 아니다.

초인(위버멘쉬)은 자신을 넘어서고 자신을 극복하는 인간이다. 그대들에게 유령이나 식물이 되라고 명령할 수는 없다. 자신을 극복하지 못하면 무기력하고 좌절에 빠져 동물로 되돌아가고 썰물처럼 밀려나간다. 자신을 넘어서야 새로운 삶을 창조할 수 있다. 그대들도 위버멘쉬가 되어야 한다.

215 | 현재의 삶에 최선을 다하라

초인은 대지의 뜻이다. 그대들은 자신의 의지로 이렇게 말해야 한다. 초인이란 대지의 뜻이어야 한다고. 형제들이여, 나는 그대들이 대지에 충실하기를 간절히 바란다. 그대들은 하늘나라의 희망에 대해 설교하는 자들을 믿어서는 안 된다. 그런 자들이야말로 자신이 알든 모르든 독을 섞어 화를 입히는 자들이다.

인간은 현재의 삶에 만족하지 못하고 더 많은 것을 원하며, 사후 세계에 대해서 불안해한다. 기독교는 하나님이 인간과 세계를 창조했으며, 신을 믿고 따르면 죄를 지은 인간이 구원받고 천상의 세계에 갈 수 있다고 말한다. 이를 믿고 인간들은 천상 세계에 대한 희망을 갖고 의지하게 되었다.

신이 모든 것을 결정한다면 인간은 자유 의지가 없고 노력할 의미도 없고 희망도 없다. 인간들은 신과 종교의 원래의 의미를 잊고 신을 자신의 욕망을 위한 수단으로 생각하게 되었다. 신이 죽었다는 것은 신뿐만 아니라 신과 관련된 모든 가치들이 무너졌다는 것을 의미한다.

니체는 인간이 자신의 의지로 스스로 극복하는 것을 원하기 때문에 '신은 죽었다'라고 말한다. 종교가 인간들이 삶에 대한 의지와 희망을 잃고 현실을 부정하게 만들었다고 비판했다. 인간은 신과 종교에 의지해서 천상의 세계를 동경하지 말고, 대지 위에서 현재의 삶에 최선을 다해야 한다고 강조한다.

216

바다가 되어라!

인간이란 진실로 더러운 강물과 같다. 우리는 우선 바다가 되려고
해야 한다. 더러운 강물을 삼켜버릴 수 있기 위해서. 이제 나는 그
대들에게 초인이 무엇인지 가르쳐주겠다. 초인이란 바로 이런 바
다다. 그대들의 커다란 경멸이 흘러들어 가라앉을 수 있는.

차라투스트라는 시장에 모인 군중들 앞에서 위버멘쉬에 대해 말했다. 이때
군중 속에서 한사람이 소리 질렀다. 우리는 줄타기 광대에 대해서 질릴 만
큼 들었다. 이제 그자를 보여달라!

모든 사람이 차라투스트라를 비웃었다. 광대는 자신을 두고 이 말을 한
것이라고 생각하고 곡예를 시작했다. 차라투스트라는 선물을 전하려다 웃
음거리가 되었다. 시장 사람들은 위버멘쉬에 대해서는 관심조차 없었다.

니체는 인간의 행복과 이성, 덕을 더러운 강물에 비유했다. 인간이 원하
는 행복은 빈곤함과 더러움, 안일함으로 가득 차 있다. 인간의 이성은 지식
을 탐하는 사자와 같고, 인간의 덕은 선과 악 사이에서 흔들리고 있다. 인
간의 욕망, 이기심, 증오 등 부정적인 감정은 '더러운 강물'처럼 인간을 더
럽히고 타락시킨다. 인간이 위버멘쉬가 되기 위해서는 먼저 바다가 되어야
한다.

217 | 인간이 위대한 이유

인간이란, 동물과 초인 사이에 매어진 하나의 줄이다. 심연 위에 쳐진 줄이다. 그 줄을 타고 가는 것도 위험하고, 줄 가운데에 멈춰 있는 것도 위험하며, 뒤돌아보는 것도 위험하며, 두려워서 엉거주춤한 채 머물러 있는 것도 위험하다. 인간이 위대한 이유는 인간이 목적이 아니라 과정이기 때문이다. 인간이 사랑받을 만한 점이 있다면 그것은 인간이 하나의 '과정'이고 '몰락'이기 때문이다.

인간은 그 자체로 완벽한 존재가 아니다. 인간은 짐승의 본능에서 벗어나 초인의 경지에 도달하기 위해 끊임없이 노력한다. 밧줄을 타고 심연을 건너기 위해 많은 위험과 어려움을 극복하는 인간은 위대하다. 몰락**Untergang** 이란 도덕과 관습적인 가치관을 뒤집고 새로운 가치를 창조하는 과정이다. 니체는 인간이 사랑스러운 것은 건너가는 존재이며 몰락하는 존재이기 때문이라고 말한다.

차라투스트라가 사랑하는 인간의 유형

* 몰락하는 자 / 대지에 몸 바치는 자 / 인식하려고 노력하는 자 / 일하고 공부하는 자 / 자신의 덕을 사랑하는 자 / 자신의 덕을 성향이나 숙명으로 여기는 자 / 많은 덕보다 하나의 덕을 추구하는 자 / 자신이 영혼을 아낌없이 내어주고 감사를 바라지 않는 자 / 행운을 바라지 않는 자 / 약속한 것 보다 더 많이 행하는 자 / 미래를 인정하고 과거를 구하는 자 / 사랑하는 신을 채찍질하는 자 /상처를 입어도 영혼의 깊이를 잊어버리지 않는 자 / 모든 사물을 자신 속에 간직할 만큼 깊은 영혼을 가진 자 / 자유로운 정신과 가슴을 가진 자 / 무거운 빗방울처럼 번개(지혜)를 예언하는 자

218

그 누구도 믿지 않을 때

저들이 웃고 있다. 저들은 나를 이해하지 못한다. 나는 저들의 귀를 위한 입이 아니구나. 그렇다면 저들이 눈으로라도 볼 수 있도록 먼저 내 말을 이해하지 못하는 저들의 귀라도 짓이겨야 하는 것일까? 북처럼. 참회를 권유하는 설교자처럼 떠들어야 한단 말인가? 아니면 저들은 더듬거리며 말하는 사람의 말만 믿는단 말인가?

차라투스트라가 자신의 이야기를 전하고자 노력하고 있지만, 다른 사람들은 그의 말을 이해하지 못하고 웃기만 했다. 차라투스트라는 시장 사람들이 왜 자신의 말을 이해하지 못할까 생각했다.

사람들은 양치는 목자를 따라 움직이는 한 무리 양들 같았다. 양떼들은 양치기가 인도하는 대로 따라가기 때문에 스스로 길을 찾아가는 법을 잊어버렸다. 인간들은 기존의 가치 기준에 복종하며 살았기 때문에 무엇이 옳고 무엇이 그른지 구별하지 못한다. 인간들이 자유 의지를 잃었고 스스로 판단하는 능력도 잃었기 때문이다.

차라투스트라는 그들에게 말했다. 신이 죽었으니 이제는 그동안의 가치 기준에서 벗어나야 한다고. 그러나 아무도 차라투스트라의 말을 귀담아 듣지 않았다. 차라투스트라는 말을 마치고 나서 묵묵히 군중을 바라보았다. "저들은 서서 웃기만 하는구나."

219

내 안의 혼돈

춤추는 별을 탄생시킬 수 있으려면 인간은 자신 속에 혼돈을 지니고 있어야 한다.

차라투스트라가 말하는 '별'은 자신의 의지이고 목표다. '내 안에 혼돈을 지녀야 한다'는 것은 자기 자신을 경멸하고 혼돈을 겪으며 극복하며 성장해야 하고, 자신의 춤추는 별을 위해 혼돈을 극복하고 목표를 세워 드높은 희망의 싹을 심어야 한다는 말이다.

니체는 "지금이야 말로 인간이 자기의 목표를 세워야 할 때다. 가장 높은 희망의 씨앗을 스스로 심어야 할 때다"라고 말한다. 인간이라는 토양은 씨앗을 심을 수 있을 만큼 풍요롭지만, 곧 메마르고 척박해질 수 있다. 그러면 큰 나무는 더 이상 자랄 수 없게 될 것이다.

인간은 완벽하지 않기 때문에 내면에 혼란스러운 감정과 생각을 가지고 있다. 자기 안에 있는 모순과 불확실성을 부정하지 말고 받아들여야 한다. 혼돈은 새로운 것을 창조하기 위한 원동력이기 때문이다.

220

비천한 인간

차라투스트라의 최초 연설이 끝났다. 군중들이 그의 말을 가로 막았기 때문이다. "우리에게 그 비천하기 짝이 없는 인간을 데려오라, 우리를 그 비천하기 짝이 없는 인간이 되게 하라. 그러면 그대가 초인이 되는 것을 허락하겠다!" 차라투스트라는 슬퍼하면서 마음속으로 말했다. '나의 영혼은 흔들림이 없고 아침의 산처럼 밝고 영롱하다. 그렇지만 저들은 나를 냉정하고 무서운 해학을 품은 조소자라고 생각한다.'

비천한 인간이란, 가끔 적은 양의 독을 사용하며 기분 좋은 꿈을 꾼다. 일을 하지만 가난해지지도 않고 부자가 되지도 못한다. 목자는 없고 한 무리 양 떼만 있으며 모두가 평등을 원하며 또 평등하다고 생각한다. 다투지만 곧 화해하고 낮과 밤의 쾌락을 즐기면서도 건강을 챙기며 산다.

니체는 비천한 인간이란, 사회가 정해놓은 가치를 그대로 받아들이고 따르는 사람들이라고 말한다. 그들은 위험이나 고통을 두려워하며 무사안일하게 일상을 보낸다. 삶에 대한 열정이나 희망 없이 현실에 살아간다. 비천한 인간은 스스로를 경멸하지 않으며, 경멸당하는 것을 수치라 생각하기 때문에 결국 경멸당한다. 경멸은 자신을 내려다볼 수 있을 만큼 높이 오른 사람만이 할 수 있기 때문이다.

니체는 비천한 인간이 아닌 초인이 되라고 말한다. 초인이 되는 것이란 기존의 가치에 의문을 던지고 끊임없이 의미를 찾기 위해 노력하는 것이다.

221 | 이원론에 대하여

줄타기 곡예사가 드디어 줄을 타기 시작했다. 그 줄은 두 탑 사이, 시장 거리와 군중의 머리 위로 지나가고 있었다. 그러다 곡예사가 떨어졌다. 비참한 몰골이었다. 그가 입을 열었다. "나는 진작 알고 있었소. 악마가 내 발을 헛디디게 하리라는 것을 말이오. 이제 그는 나를 지옥으로 데리고 갈 것이오, 그대가 이것을 막아 줄 있소?" 차라투스트라가 대답했다 "맹세코 말하지만 그대가 말하는 그런 것은 존재하지 않네. 악마도 지옥도 없네. 그대의 영혼은 그대의 육체보다 더 빨리 죽음에 이를 것이오. 그러니 그대는 두려워할 게 아무것도 없소"

추락한 줄타기 광대는 악마가 자기를 지옥으로 데려 갈까 봐 두려워했다. 차라투스트라는 죽으면 영혼도 없고 지옥도 없으니 걱정하지 말라고 말했다. 광대는 기존의 가치를 믿고 따르며 대중의 인정을 받기 위해 살아가는 사람들의 모습이다. 사람들은 죽은 뒤 영혼이 지옥에 갈까 봐 두려워한다.

니체는 현실과 내세로 나누는 이원론을 부정했다. 이원론은 우주가 두 개로 나눠져 있다는 사상이다. 플라톤의 이원론은 이데아idea 세계와 현상 세계로 나뉜다. 이데아 세계는 영원불변한 세계이고, 현상 세계는 이데아의 그림자이며 불완전한 세계다. 기독교의 이원론은 인간을 영혼과 육체로 구분한다. 영혼은 불멸하고 선한 존재이며, 육체는 죽어서 소멸하며 악한 존재이다. 구원이란 영혼이 육체로부터 해방되는 것을 의미한다.

니체는 기존의 사상을 지배해온 이원론이 인간들을 병들고 허약한 존재로 만든다고 비판했다. 이원론은 인간이 현재 살고 있는 지상의 삶에 가치를 두지 않고, 오로지 천상의 삶을 갈구하게 한다고 생각했기 때문이다.

222

창조하는 사람

나는 목자도 아니고, 무덤 파는 일꾼도 아니다. 나는 이제 군중을 상대로 결코 두 번 다시 말하지 않으리라. 죽은 자에게 말하는 것도 이것이 마지막이다. 나는 창조하는 자, 수확하는 자, 찬미하는 자와 함께하겠다. 그들에게 무지개를, 초인에 이르는 계단들을 모두 보여주리라.

차라투스트라는 죽은 광대를 들쳐 메고 시장을 떠나 숲속 텅 빈 나무에 광대를 내려놓고 잠이 들었다. 잠에서 깼을 때 한줄기 빛이 떠올랐다. 창조하는 자는 길동무를 찾는다. 창조하는 자는 가축 떼, 양치기, 시체들은 원하지 않는다. 자신의 낫을 갈 줄 아는 자, 선과 악을 경멸하며 파괴하는 자, 가치를 새로운 서판에 써 넣으며 함께 창조하고 수확하며 축제를 벌일 자를 원한다.

양치기들은 착하고 의로운 자를 자처하며, 올바른 믿음을 가졌다고 생각한다. 그들은 자신들이 존중하는 가치들을 적어놓은 서판을 부수는 자, 파괴자, 범죄자를 미워한다. 양치기는 기존의 지식과 문화를 보존하고 전파하는 사람들이다. 가축 떼는 평범한 일상을 따르는 사람들이다.

창조자가 찾는 길동무는 자신의 길을 가는 사람이다. 이들은 선과 악을 경멸한다. 개인의 윤리적 선택과 행동을 외부의 규범이나 타인의 평가 기준으로 판단하기 때문이다. 창조자는 자신만의 윤리적 원칙과 가치를 따르는 사람이다.

223 | 긍지 없는 지식

독수리 한 마리가 커다란 원을 그리며 공중을 날고 있지 않은가!
그것도 뱀 한 마리가 엉겨 붙어 있는 독수리가! 뱀은 독수리의 먹
이라기보다는 친구처럼 보였다. 차라투스트라는 기뻐했다. 저들
은 내 친구들이다. 태양 아래서 가장 자랑스러운 산짐승이며, 태
양 아래 가장 지혜로운 짐승들이다. 그들은 지금 무언가를 알아내
기 위해 하늘에 떠 있다.

독수리와 뱀은 차라투스트라가 산에서 고독한 삶을 살고 있다는 소식을
듣고 차라투스트라가 살아 있는지 확인하고 싶었다. 차라투스트라는 독수
리와 뱀을 보자 환영하며 짐승들 사이에 있는 것보다 사람들 사이에 있는
것이 더 위험하다고 말한다. 인간의 욕심과 이기심, 편견과 불신 등이 신념
과 가치관을 지키게 어렵게 만들기 때문이다.

"차라투스트라의 앞길은 험난하다. 그러니 나의 짐승들아, 나를 인도해
다오!" 차라투스트라는 사람들에게 자신의 가르침을 전하고 싶지만, 사람
들이 받아줄지 확신이 없었다.

차라투스트라는 더 영리해지고, 긍지가 언제나 영리함과 함께하기를 원
했다. 독수리는 긍지의 상징이고, 뱀은 영리함의 상징이다. 긍지 있는 영리
함은 가치가 있지만, 긍지 없는 영리함은 쓸모없는 가치가 될 수도 있다.
긍지 없는 지식은 위험하다.

224

낙타, 사자, 아이

그대들에게 정신의 세 가지 변화에 대해 말하겠다. 즉, 어떻게 해서 정신이 낙타가 되고, 낙타는 사자가 되며, 사자가 어린아이가 되는가에 대한 이야기다. 경외심을 품은 채 무거운 짐을 견뎌내는 정신은 수많은 무거운 것을 우연히 만나게 마련이다. 그리고 강인한 정신은 무거운 것을 요구한다. 이 무거움을 견뎌내는 정신은 무엇이 무거워서 이렇게 힘이 드는가? 하고 묻는다. 그리고 낙타처럼 무릎을 꿇은 다음, 더 무거운 짐을 실어주기를 바란다.

차라투스트라는 정신의 변화에 대해 낙타와 사자 그리고 어린이에 비유해 설명했다. 복종하는 낙타, 자유를 쟁취하는 사자, 즐겁게 세상을 창조하는 어린아이로 비유해 설명했다. 인간의 정신 3단계는 낙타에서 사자로, 사자에서 어린아이로 발전된다.

낙타는 인내심이 많다. 늘 무거움 짐을 잔뜩 지고 있다. 낙타 정신의 강인함은 가장 무거운 짐을 요구한다. 무릎을 꿇고 짐을 가득 실으면서, 짐이 무겁지 않다고 말한다. 낙타는 세상의 모든 것을 참고 견딘다.

낙타는 정신의 첫 번째 단계이다. 낙타 정신은 사람들이 사회에 적응하며 살아가는 모습이다. 사회로부터 다양한 가치와 규범을 배우고, 그것을 절대적 진리로 받아들여 무조건 복종하고 따르는 사람이다. 니체는 인간의 정신이 낙타 정신에 머물러 있으면 자신의 삶을 주체적으로 살 수 없다고 말한다.

225

사자가 되어

나의 형제들이여, 무엇 때문에 정신의 사자가 필요한가? 무엇 때문에 무거운 짐을 지는, 체념과 공경으로 가득 찬 낙타로는 불충분하단 말인가?

여러 가지 새로운 가치를 창조하는 일은 사자로서도 불가능하다. 그러나 창조를 위한 자유를 쟁취하는 것은 사자의 힘으로만 가능한 일이다.

고독의 극단인 사막에서 두 번째 변화가 일어난다. 모든 용들 가운데 가장 유력한 용에 대항하여 사자는 투쟁을 벌인다. 천년 묵은 가치가 거대한 용의 비늘에서 빛나고 있었다. 거대한 용은 사자의 길을 가로 막으며 "너희는 행할 지어다!" 하고 명령한다. 그러나 사자는 "나는 하고자 한다"고 용감하게 용에게 대항한다.

사자는 용과 싸우고 승리를 거두었다. 그러나 사자는 이제 무엇을 해야 할지 모른다. 자유를 쟁취하고 의무 앞에서도 신성하게 '아니다'라고 말할 수 있기 위해서는 강인한 의지를 가진 사자가 되어야 한다.

사자는 인간 정신의 두 번째 단계이다. 사자는 용과 싸워 승리를 거두고, 기존의 가치와 질서를 파괴했지만, 새로운 가치를 창조하지 못하고 방황한다. 사자의 정신을 넘어서 어린아이의 정신으로 나아가야만 새로운 가치를 창조하고 삶의 의미를 찾을 수 있다.

226 | 새로운 가치를 창조한다는 것

왜 강탈하는 사자가 다시 어린 아이로 변해야 하는 것인가? 사자
도 행할 수 없었지만 어린아이가 행할 수 있는 것을! 아이는 천진
무구함이며 망각이다. 새로운 시작, 유희, 스스로 돌아가는 수레
바퀴, 최초의 운동, 그리고 '그렇다'라는 성스러운 긍정이다. 창
조라는 유희를 위해서는 '그렇다'라는 성스러운 긍정이 꼭 필요하
다. 바로 그때, 정신은 이제 자의에 의해 움직이며, 세계에서 길을
잃은 자는 자아의 세계를 정복한다.

사자의 강함은 기존의 가치 규범을 부정하고 자유를 쟁취했다. 그러나 새
로운 가치를 창조하지는 못했다. 사자는 용과 투쟁을 했지만, 아이는 용을
보고 무서워하지도 않고 웃고 즐거워한다. 아이는 용과의 싸움도 재미있는
전쟁놀이로 생각한다.

아이는 의무와 규범에 복종하지도 않고 거부하지도 않는다. 어린아이는
과거에 얽매이지 않고 쉽게 잊어버린다. 창조를 위해서는 아이의 신선한
생각과 긍정심이 필요하다. 아이는 놀이를 통해 새로운 것을 배우고 천진
난만하게 호기심과 재미에 따라 스스로 굴러가는 수레바퀴다.

차라투스트라는 인간의 세 단계의 변화에 대해 말했다. 어떻게 인간의
정신이 낙타가 되었고, 낙타는 사자가 되었으며, 사자는 아이가 되었는가
를. 낙타는 의무와 규범을 따르고, 사자는 의무와 규범을 부정했다. 어린아
이는 의무와 규범을 초월하여 자신의 세계를 창조한다.

227

잠을 잔다는 것

잔다는 것은 결코 쉬운 일이 아니다. 잠자기 위해서는 종일 눈을 뜨고 있어야 하기 때문이다.

차라투스트라는 한 현자의 강의를 들었다. 그 현자는 수면과 덕에 대해 설명을 잘하기 때문에 많은 젊은이들이 모여 있었다. 현자는 "잠에 대해서 경의와 함께 수치스러운 마음을 지녀야 한다. 잘 자지 않는 자, 밤에 자지 않는 자를 피하라" 하고 말했다.

'얼룩소'라는 도시에서 차라투스트라가 들은 잠과 덕에 관한 현자의 강의

- 그대는 낮 동안에 열 번이나 이겨내야 한다. 기분 좋은 피로와 영혼을 마취시킨다.

- 그대는 자신과 열 번 화해해야 한다. 불만이 남지 않아야 잠을 잘 수 있다.

- 그대는 낮 동안 열 가지 진리를 알아야 한다. 그러지 않으면 밤에도 진리를 찾게 된다.

- 그대는 낮 동안 열 번 웃고 쾌활하게 지내야 한다. 우울의 '위장'에 의해 괴로울 수 있다.

- 그대는 모든 덕을 쌓아야 한다. 이것을 아는 자는 그리 많지 않다.

- 그대는 모든 덕을 가지고 있다 해도, 덕조차도 제때에 잠들게 해야 한다.

- 그대는 신과 이웃과도 평화롭게 지내라. 그러지 않으면 악마가 주위를 맴돌며 괴롭힌다.

- 그대는 관리를 존경하고 복종하라. 좋지 않은 관리일지라도, 못된 권력은 어쩌지 못한다.

차라투스트라는 현자의 강의를 듣고 마음속으로 웃었다. 현자가 바보 같다고 생각했지만 잠에 대해서는 잘 안다고 생각했다. 현자가 말하는 지혜는 삶의 무의미함을 잊고 잠들기 위한 방법에 불과한 것이었다.

228

신에 대하여

괴로움과 무능이야말로 내세를 창조한 것들이다. 그리고 가장 깊이 괴로워하는 자만 경험하는 저 순간적인 행복의 환상이 내세를 만들었다. 한 번의 도약으로, 결사적인 도약으로 궁극적인 것에 도달하려는 데서 오는 피로감, 그 어떤 것도 더 이상 바라지 못하는 피로감과 같은 이 모든 것이 신과 내세를 창조해낸 것이다.

차라투스트라는 신은 인간의 작품이고, 인간이 만든 헛된 생각의 결과라고 말한다. 신이 인간의 고통과 슬픔을 해결해주는 초월적인 존재라고 생각한다. 그러나 스스로 극복하고 고통에서 벗어나면서 신에 대한 믿음도 사라졌다. 그에 의하면 신에 대한 믿음은 고통과 절망에 빠진 사람을 위로하기 위해 만들어진 것이다.

종교적 지도자들은 신에 대한 믿음은 고통과 절망에 빠진 사람을 위로하기 위한 것이라고 주장한다. 사람들이 자신을 믿기를 바라며, 자신의 가르침을 따르는 것이 구원에 이르는 길이라고 강조한다. 그들이 믿는 신의 종교에 귀의하길 권하며 의심을 품는 것은 죄라고 가르친다.

차라투스트라는 이러한 당대의 종교적 분위기 속에서 우리에게 새로운 자아를 가르친다. 그래서 우리는 자아에 대해 이제 정직하게 이야기하는 법을 알게 되었고, 차츰 육체와 대지를 찬미하고 공경할 수 있게 되었다. 차라투스트라는 사람들에게 머리를 저편 세계에 파묻지 말고, 모든 속박에서 벗어나 현세에서 머리를 자랑스럽고 당당하게 쳐들라고 말한다.

229

몸과 영혼

"나는 육체며 영혼이다"어린아이는 이렇게 말한다. 그런데 어째서 어른들은 그렇게 말하면 안 되는 것일까? 깨달음을 얻은 자, 통찰한 자는 이렇게 말한다. "나는 육체일 뿐이다. 그리고 영혼이란 육체에 속한 어떤 것을 나타내는 말에 불과하다." 육체란 이성이며, 하나의 의미를 가진 다양한 실체다. 전쟁이며 평화이고, 가축 떼인 동시에 목자기도 하다.

차라투스트라는 몸을 경멸하는 자들에게 말한다. 나는 새로운 것을 가르치려는 것이 아니라, 신체의 능력에 의해서 가르치려고 한다. 신체와 이별하면 무슨 일이 일어나는지, 삶이 무엇 때문에 가능했었는지 그들은 알게 될 것이다. 자신의 몸을 부정하는 생각과 감정에서 벗어나, 자신의 몸을 있는 그대로 받아들여야 한다.

기존의 사상가들은 영혼이 육체보다 우월한 존재라고 주장한다. 그들은 인간의 행동은 정신이 지배하며 육체는 영혼이나 정신보다 열등하다고 여겼다. 기독교에서는 영혼과 육체를 이원론적으로 구분한다. 영혼은 완전하고 불멸하며, 신체는 불완전하고 유한하다. 육체는 영혼이 머무는 동안 필요할 뿐 죽으면 흙이 되는 것이라고 주장한다.

니체는 기존의 사상가들이 영혼과 육체를 구분하는 이원론을 부정했다. 영혼과 육체는 하나의 통합된 존재다. 영혼은 육체에 속하는 것을 표현하는 말일뿐이며 육체 속에 있는 그 어떤 것에 불과한 것이다. 사람들이 정신이라고 부르는 작은 이성도 인간의 몸의 도구이며, 장난감이라고 말한다.

230 거대한 이성

> 그대는 나를 '자아'라고 부르며, 이 말을 자랑으로 느낀다. 그러나 더 위대한 것은 그대가 믿으려 하지 않는 것, 즉 그대의 육체와 함께 그 육체가 지닌 이성이다. 그것은 '자아'를 주장하지 않으면서 '자아'를 행한다.

니체는 기존 종교와 철학에서 영혼과 정신을 중요시하고, 육체를 불완전한 껍데기처럼 무시하는 것을 비판했다. 그는 인간의 몸은 위대하며 거대한 이성이라고 생각했다.

감각과 정신의 뒤에는 본래의 자아가 있다. 이 본래의 자아는 감각의 눈으로도 찾을 수 있고, 정신의 귀로도 들을 수 있다. 본래의 자아는 항상 묻고, 듣고, 비교하고 억압하고 점령하고, 파괴한다.

'본래의 자아'가 자아에게 "자 고통을 느껴라!", "자 쾌락을 느껴라!" 하고 명령한다. 그러면 자아는 고통과 쾌락을 느끼면서 어떻게 하면 덜 고통스럽고 더 즐거워질수 있는지 곰곰이 생각한다. 자아가 생각하는 이유는 바로 그 때문이다.

231 | 창조하는 자기

나는 그대들과 같은 길을 걷지 않으리라. 그대 육체의 경멸자여,
그대들은 나에게 있어 초인을 향해 건너가는 다리가 아니다.

차라투스트라에 의하면 인간은 안락과 편안함에 만족하며 변화를 두려워
한다. 자신의 육체를 경멸하고, 외부의 가치에 순응함으로써 창조의 힘을
잃게 되었다.

창조의 원천은 창조하는 힘을 가진 '본래의 자아'이다. 창조적인 힘을
상실한 '본래의 자아'는 창조를 할 수 없기 때문에 몰락을 원한다. 차라투
스트라는 그래서 인간들은 육체를 경멸하는 자가 된 것이고, 육체를 경
멸하는 이유는 '본래의 자아'가 삶을 외면하고 죽기를 원하기 때문이라고
말한다.

육체를 경멸하는 자는 초인이 될 수 없다. 인간이 창조의 능력을 되찾기
위해서는 육체를 사랑해야 한다. 창조적인 힘의 근원인 창조하는 육체, 창
조하는 '자기'를 사랑해야 한다.

232 | 질투라는 감정

> 모든 덕은 다른 덕을 질투한다. 질투란 참으로 무서운 것이다. 질
> 투의 불꽃에 둘러싸인 자는 마침내 방향을 돌려 전갈처럼 자신을
> 독침으로 쏜다. 아, 형제여, 그대는 그 어떤 덕이 스스로를 비방하
> 고 찔러 죽이는 것을 본 적이 없는가? 인간이란 극복되어야 할 그
> 무엇이다. 그러므로 그대는 그대의 덕들을 사랑해야 한다. 왜냐하
> 면 그대는 그 덕들로 말미암아 파멸할 것이기 때문이다.

차라투스트라는 질투는 파멸을 부르는 감정이라고 말한다. 질투는 마치 전
갈의 독침처럼 자신을 찔러 파멸시킨다. 질투심이 강한 사람은 타인의 행
복을 시기하기 때문에 자신의 행복을 위해 노력하는 것이 아니라 타인의
불행을 위해 노력한다.

　차라투스트라는 많은 덕을 갖는다는 것은 멋진 일이지만, 고통스러운 운
명이라고 말한다. 어떤 덕이 다른 덕을 질투함으로써 덕들이 질투로 인해
파멸한다. 이러한 악은 필연적이며, 여러 덕 사이에서 일어나는 질투로 인
한 불신과 비방은 피할 수 없다.

　인간은 선과 악의 양면성을 가지고 있기 때문에, 항상 자신을 경계하고
극복해야 한다. 여러 가지 많은 덕을 가진 사람은 교만해지기 쉽다. 무모한
용기는 위험에 빠질 수 있으며, 지나치게 선량한 도덕은 비판적인 의지를
마비시킬 수도 있다.

233 생각과 행위

법관들이여, 짐승을 제물로 바치는 사제들이여! 그대들은 제물인 짐승이 수긍해야만 그것을 죽이는가? 그렇다면 보라! 저 창백한 범죄자는 이미 자신의 고개를 끄덕였다. 그의 눈에는 경멸의 빛이 스며있다. "나의 자아는 극복되어야 할 어떤 것이다. 나의 입장에서 볼 때 그것은 인간에 대한 커다란 경멸이다"라고 그의 눈은 이렇게 말한다. 그가 자신을 심판한 것은 최고의 순간이었다. 이 숭고한 인간을 원래의 그 저열했던 곳으로 되돌려 보내지 말라

재판관들은 범죄자를 처형할 때 동정심과 사랑의 마음으로 처형해야 한다. 처형은 앙갚음이나 보복의 감정이 아니라, 초인에 대한 사랑으로 승화시켜야 한다. 법관이 살인의 동기가 "강탈"이 목적이었냐고 묻는다. 범죄자의 이성은 강탈이 목적이었다고 말하려 하지만, 망상이 그의 이성을 짓눌러 무거운 죄책감을 선택하게 한다. 강탈이 목적 아니라, 살인이 목적이었다고 대답한다. 이것은 범행 행위 이전의 망상 때문이다.

니체는 생각과 행위, 그리고 행위의 표상 사이에는 인과관계가 없다고 말한다. 생각 속에서 범죄를 저지르고 싶다고 해서, 모두다 범죄를 저지르는 것은 아니기 때문이다. 실제로 범죄를 저질렀을 경우, 범죄 이후에도 자신이 저지른 행위의 표상에 갇혀 죄책감을 느낀다. 마치 한 가닥의 줄이 암탉을 꼼짝 못 하게 하는 것처럼, 행위자를 묶은 줄이 이성을 속박한다. 이것은 행위 이후에 망상 때문이다. 망상은 창백한 범죄자처럼 자신을 파멸로 몰아간다.

234

도전과 변화

> 나는 격류의 기슭에 서 있는 난간이다. 붙들 수 있는 자는 나를 붙
> 들어라! 그러나 나는 그대들의 지팡이는 아니다.

차라투스트라는 자신을 "기슭에 서 있는 난간"이라고 말한다. 난간은 강물
을 막지는 못하지만, 휩쓸려가거나 빠지지 않도록 도와준다. 차라투스트라
가 신의 죽음을 알리고 초인을 되어야 한다고 말하지만, 듣지 않으면 의미
가 없다. 귀담아 들었더라도 스스로 극복하려는 힘과 의지가 없으면 아무
런 소용이 없다.

격류는 전통적인 가치관과 사회적 관습이다. 이것은 때때로 무의미하게
느껴지며 인간의 자유를 억압한다. 그러므로 무조건 휩쓸려가기보다는 도
전과 변화를 이루어야 한다. 니체는 인간에게 가장 어려운 과제는 자기를
극복하는 것이라고 말한다. 힘에의 의지는 자신의 삶을 지탱하는 지팡이와
같다.

인생의 역경을 헤쳐나가기 위해서는 길잡이와 같은 존재가 필요하다. 그
러나 맹신하고 의존해서는 안 된다. 인생의 길을 걷는 것은 자신의 선택이
므로, 자신의 인생은 자신이 판단하고 책임져야 한다.

235 | 한계를 넘어 서는 용기

나에게는 용기가 있기 때문에 내 주변에 마귀가 있기를 바란다. 망령을 겁주고 물리칠 수 있는 용기는 나를 위해서 마귀를 창조해 낼 것이다. 용기는 자신에 찬웃음을 원한다. 지혜는 우리에게 용기 있고, 태연하며, 조소하고, 난폭해지라고 한다. 지혜는 한 사람의 여성처럼 늘 전사만을 사랑한다.

차라투스트라는 오히려 요마들이 있는 곳에서 살고 싶다고 말한다. 마귀는 두려움과 공포의 상징이며 살면서 느끼는 고통과 한계다. 사람들은 고통과 한계를 피하고 싶어 하지만, 차라투스트라는 이에 맞서 극복할 수 있는 용기가 있다.

차라투스트라는 모든 비극적 유희와 비극적 엄숙함을 비웃는다. 고통과 한계를 극복하고 자유를 얻었기 때문이다. 이제는 세상의 가치와 도덕에 얽매이지 않는다. 이 처럼 용기가 있어야 위험을 극복하고 지혜를 얻을 수 있다.

니체는 사람들이 자신의 한계를 넘어설 수 있는 용기를 가져야 한다고 말한다. 세상은 무관심하고, 때로는 가치를 조롱하며, 어떤 때는 난폭하게 다가오기도 한다. 용기 있는 인간은 두려움과 공포를 극복하고 자유로워질 수 있다. 삶의 고통과 한계를 두려워하지 말고, 도전하고 즐기려면 용기를 가져야 한다. 지혜는 언제나 용감하고 도전적인 사람을 사랑한다.

236

피로 쓴 글

> 나는 모든 글 가운데서 피로 쓴 것만 사랑한다. 피로 써라! 그러면
> 그대는 피가 바로 정신이라는 것을 알게 되리라.

"피로 쓴다"는 것은 작품을 위해 모든 에너지를 쏟는 것을 말한다. 열정을
쏟은 작품은 완성도가 높고, 깊이가 있어 작가의 예술적·문학적 혼을 느낄
수 있다.

작가들은 작품을 창작할 때 심정을 산고의 고통에 비유한다. 출산의 고
통처럼 자신의 사상과 표현에 대해 숙고하고 갈등하며 창작에 대한 부담
과 불안감을 느낀다. 자신의 작품이 세상에 나갔을 때 사람들이 어떤 반응
을 보일지에 대한 두려움도 생긴다. 이러한 고통을 극복하고 작품을 완성
했을 때의 성취감은 산고를 겪고 새 생명을 얻은 것과 희열을 안겨준다.

니체는 작가가 피로 쓴 글을 이해하는 것은 쉽지 않다고 말한다. 작가의
글을 가볍게 읽고 지나쳐버리는 것은 게으른 것이며 미움의 대상이다. 모
든 사람들이 읽기만 하고 내용을 깊이 이해하려고 노력하지 않으면 안 된
다. 이러한 습관으로는 자신만의 글을 쓸 수 없고, 생각하는 능력까지 썩게
만든다. 이것은 우리의 정신이 신이었다가 다음에는 인간이 되고, 마침에
천민이 되는 과정과 같다.

237

잠언에 대하여

피와 잠언으로 글을 쓰는 자는 읽히는 걸 바라지 않고 암송되기를 바란다. 산과 산 사이의 가장 가까운 길은 산꼭대기에서 산꼭대기로 바로 이어지는 길이다. 그러나 그런 길을 가려면 그대는 건강한 육체를 가져야 한다. 잠언이라는 것은 산꼭대기다. 그리고 잠언을 듣는 사람은 아주 건강한 체구의 소유자다.

잠언Aphorismus, aphorism, 箴言은 격언, 금언, 진리, 지혜, 교훈 등을 짧게 표현한 문장이다. 니체는 잠언을 즐겨서 썼다. 그의 저서 《아침놀》, 《차라투스트라는 이렇게 말했다》, 《선악의 저편》, 《우상의 황혼Götzen Dämmerung》 (1888) 등에는 수많은 그의 잠언이 담겨 있다.

니체는 평소 건강이 안 좋았지만, 특히 눈 때문에 많이 고통스러워했다. 스스로 시력의 8분의 7정도를 잃은 맹인이라고 느낄 정도였다. 잠언 형식의 글을 많이 쓴 것도 이러한 이유 때문이기도 했다. 니체의 잠언은 비유와 은유가 많고 짧고 간결한 문장 때문에 이해하기 어려운 편이다. 하지만 잠언을 통해 스스로 생각하고 해석하는 과정은 우리에게 사유와 성찰의 시간을 갖게 한다.

니체는 잠언을 통해 자신의 사상을 많은 사람들에게 알리고자 했다. 그는 산처럼 위대한 자신의 철학 사상을 함축적이고 간결하게 표현했다. 높은 산 끝까지 오르는 자만이 봉우리를 볼 수 있는 것처럼 니체 사상도 그렇다.

238 흔들리지 않는 장미처럼

"인생은 무거운 짐이다." 그러나 이렇게 말하는 그대들도 아침에는 자신에 차 있지만 저녁에는 체념하고 만다. 도대체 무엇 때문인가? 인생은 무겁다. 그러나 그렇게 연약한 꼴을 보이지는 마라. 우리는 그 짐을 질 정도로 힘이 센 한 쌍의 당나귀다.

차라투스트라는 사람들이 한계에 부딪히면 쉽게 좌절하고 체념하는 연약한 태도를 비판했다. 삶은 감당하기 어렵지만, 인간은 삶의 어려움을 극복할 수 있는 힘을 가지고 있다고 말한다.

나귀는 모든 것을 수용하고 최선이라고 생각하며 삶을 견디는 존재다. 나귀는 삶이라는 무거운 짐을 지고 살아가는 점에서 낙타와 비슷하다. 다른 점은 낙타는 순종하고 복종하지만, 나귀는 세상의 어려움을 견디며 살아간다.

우리는 살면서 다양한 경험을 한다. 어려움을 극복했던 경험은 자신을 성장시키고 삶을 더욱 사랑할 수 있게 한다. 이슬 한 방울에도 흔들리는 장미꽃처럼, 사람들도 시련과 난관에 부딪히면 체념하고 싶어진다. 그럼에도 불구하고 삶을 사랑하는 것은, 어려움을 극복했던 경험이 있기에 자신을 믿고 인정하기 때문이다.

239

순수한 즐거움

사랑 속에는 약간의 광기가 깃들어 있지만, 광기 속에는 언제나 약간의 이성이 들어 있다. 인생을 사랑하는 나도 나비나 비누 거품 같은 자들이 행복에 관해서 가장 잘 알고 있다고 생각한다.

차라투스트라는 사랑에도 언제나 약간의 광기가 들어 있다고 말한다. 사람들은 사랑하는 사람에게 기대하는 마음이 크기 때문이다. 하지만 현실은 기대와 다를 수도 있다는 사실도 기꺼이 받아들인다. 이러한 망상에도 언제나 약간의 이성이 들어 있기 때문이다.

차라투스트라는 나비와 비눗방울 같은 자들이 행복에 대해서 가장 많이 아는 것처럼 보인다고 말한다. 그들은 삶의 본질을 이해하며, 아름답게 살아가고 있는 모습을 볼 수 있기 때문이다.

차라투스트라는 나비와 비눗방울처럼 작은 영혼들이 날아다니는 것을 보며 눈물을 흘리고 노래를 부른다. 사람들도 나비와 비눗방울이 가볍게 날아다니는 움직임을 보면 평화로움을 느낀다. 이런 경쾌함은 순수하고 즐겁게 현실을 살고 있는 모습을 반영하기 때문이다.

240 춤추듯 살아라!

내가 신을 믿는다면 아마 춤출 줄 아는 신만 믿으리라. 나는 걷는 법을 배우고 익혔다. 그 뒤 나는 발걸음 나아가는 대로 달렸다. 나는 날아다니는 법도 배우고 익혔다. 그 뒤 나는 사람에게 밀려 움직이는 것을 좋아하지 않는다. 지금 나는 가볍다. 지금 나는 날고 있다. 지금 나는 자신을 내려다본다. 한 신이 나를 통해서 춤추고 있다.

춤은 자유로움이다. 차라투스트라는 신이 엄숙하고 경건한 존재가 아니라, 자유로운 존재라고 생각했다. 춤추는 삶을 살기 위해서 걸음마를 배우고, 달릴 수 있게 되고, 날수 있는 경지에 이르렀다. 날려면 가벼워야 하고, 가벼우려면 벗어 던져야 홀가분하게 춤출 수 있다.

춤을 잘 추는 방법
- 기초적인 움직임과 스텝을 익힌다.(인생도 기본이 중요하다.)
- 자신의 체형을 알고 중심 잡힌 자세를 잡는다.(스스로의 자신의 모습을 안다.)
- 음악을 듣고 어떻게 표현하고 싶은지 구상한다.(자신의 원하는 욕구를 안다.)
- 다양한 춤을 시도하고, 자신만의 댄스 스타일을 개발한다.(도전하고 창조한다.)
- 자신이 춘 춤을 모니터링 하면서 피드백 한다.(극복하며 변화와 발전을 추구한다.)
- 타인의 시선을 의식하지 말고 즐겁게 춤을 춘다.(타인의 평가에 의존하지 않는다.)

니체는 춤추는 별, 춤추는 신 등으로 표현하며 인생을 춤추듯 살라고 말한다. 춤추는 신처럼 산다는 것은 삶의 무게를 벗고, 자신 만의 박자와 리듬에 맞춰 자유롭고 열정적으로 사는 것이다.

뿌리 깊은 나무

내가 아무리 두 손으로 이 나무를 흔들려고 해도 할 수 없을 것이다. 그러나 우리 눈에 보이지 않는 바람은 이 나무를 괴롭히고 마음대로 흔든다. 우리를 가장 심하게 흔들고 괴롭히는 것은 바로 눈에 보이지 않는 손이다.

차라투스트라가 얼룩소라는 도시를 근처 산속을 걷다가, 나무에 앉아 있는 젊은이를 만났다. 삶에 지친 젊은이가 말을 했다. "내가 높은 곳에 오르려고 한 이후로 나도 나를 못 믿고 사람들도 나를 믿지 않는다. 나는 오르는 자와 높이 나는 자들을 미워했다. 그래서 내게 말을 걸어주는 사람도 없고 고독하고 피곤하다. 이제는 내가 원하는 것이 무엇인 모르면서 비틀거리며 오르고 있는 자신이 부끄럽다."

차라투스트라는 젊은이에게 말했다. "산 위에 높이 서 있는 나무는 세상을 아래로 굽어보며 드높게 자랐다. 그렇기 때문에 나무는 말을 하고 싶지만 알아듣는 자가 없다. 그래서 나무는 구름 속에서 번개(진리, 지혜, 자유)를 기다리고 있는 것이다."

독야청청獨也靑靑은 홀로 푸르고 높은 절개를 지키며 변함이 없다는 의미다. 이처럼 바람에 흔들리지 않고 뿌리를 깊게 내리는 것이 중요하다. 그러나 어떤 가치관과 목적을 가진 뿌리를 내릴 것인지가 더 중요하다. 출세와 성공에 집착하면 허영심과 허무감이 무성하게 자랄 수 있다.

242

일중독

> 그대들은 힘든 노동을 사랑하고 새로운 것이나 이상한 것을 좋아
> 하지만 스스로를 견디지 못하고 있다. 그대들이 성실하게 일하는
> 것은 도피고, 자신을 잊으려는 의지에 불과하다.

사람들은 일상에서 벗어나 새로운 세계를 꿈꾼다. 가상의 세계를 배경으로
한 롤 플레이 게임은 사람들에게 흥미를 준다. 현실에서는 경험할 수 없는
다양한 일들을 경험할 수 있게 하기 때문이다. 게임을 통해 용과 싸워서 이
기고, 무기를 사고, 전쟁에서 승리하며 성취감을 느낀다.

일중독에 빠진 사람은 일 자체에 만족하고 일을 안 하면 불안감을 느낀
다. 일중독은 완벽을 추구하거나 경쟁심·과시욕 등이 강한 경우에 빠지기
쉽고 실패나 상실 경험을 일중독을 통해 잊으려고 한다. 망각하기 위해서
일에 집착하는 것은 현재의 문제를 외면하고 방치하는 것이다.

사람들이 현재의 자산의 모습이 불편하게 느껴질 때 회피하려고 한다.
자신과 현재의 상황을 직면하고 그대로의 가치를 인정해야 한다. 현재의
나를 외면하고 다른 곳으로 시선을 돌리려 하는 강박적인 집착을 줄이고
삶의 균형을 찾아야 한다.

243 | 노란 사람들

세상에는 죽음에 대해 설교하는 자가 있다. 사실 이 대지에는 삶에서 떠나라는 설교를 들어야 할 자들로 가득 차 있다, 대지는 쓸모없는 자들로 가득 차 있다. 삶은 '많은 이들의, 너무 많은 사람들'에 의해서 황폐해지고 있다. 그들은 '영원한 삶'이란 것을 좇아 삶에서 사라지는 편이 낫다. 죽음을 설교하는 자들은 '노란 사람들', 혹은 '검은 사람들'이라고 불린다. 그러나 나는 다른 색깔로 보여주겠다.

죽음을 갈망하는 사람들이 있다. 그들은 고통이 두려워 삶을 부정하고 어려움을 직면하기보다 도피를 꿈꾼다. 삶은 고통과 즐거움, 선과 악, 삶과 죽음 등의 이중적인 측면이 있다. 삶이란 고통스럽고 불안하며, 의미를 찾지 못해 허무하게 느껴질 때도 있다.

죽음을 설교하는 자들은 현재의 삶을 고통스러워하는 사람들에게 새로운 세계에서 행복하게 살수 있다고 설교한다. 차라투스트라는 죽음을 설교하는 자들이 사람들을 새로운 세계에 대한 망상에 빠지게 했다고 판단했다.

차라투스트라는 죽음을 설교하는 노란 인간들, 검은 사람들과 다른 빛깔로 보여주겠다고 말한다. 차라투스트라가 말하는 천국은 죽음 이후의 세계가 아니다. 현재 자신의 의지에 따라 자유롭고 행복하게 사는 삶이 천국이라고 강조한다.

목표가 있는 삶

인간은 활과 화살을 지니고 있을 때만 침묵하고 조용히 앉아 있을 수 있다. 그렇지 않을 때는 쓸데없는 말을 지껄이며 서로 적대시한다.

활과 화살은 목표물을 정확하게 맞히기 위한 장비다. 자신이 원하는 과녁에 정확하게 적중시키려면 우선 목표를 설정하고, 과녁을 향한 몰입, 그리고 적중을 위한 끈기와 노력이 필요하다.

목표의식을 가진 사람은 목표가 명확하다. 효과적인 계획을 수립하고 자신을 믿고 목표에 집중하며 나아간다. 뚜렷한 목표가 있기 때문에 타인의 불필요한 간섭이나 논쟁에도 흔들리지 않는다. 어려운 상황에서도 목표 의식과 결단력을 가져야만 목표를 이룰 수 있다.

목표가 없거나 방향이 명확하지 않으면 중심을 잡지 못한다. 스스로도 갈팡질팡하며 갈등 상황에 휘말리기 쉽다. 불안과 갈등으로 인해 잡념이 생기고 공허하기 때문에 횡설수설한다. 니체는 동경의 화살을 쏘라고 말한다. 자신이 원하는 목표를 향해 힘차게 활시위를 당겨야 한다.

245 | 강한 적을 가져라

그대들은 다만 미워해야 할 적을 만들어야 한다. 경멸해야 할 적
은 만들지 말아야 한다. 그대들은 자신의 적을 자랑할 수 있어야
한다. 그렇게 하면 적의 성공이 그대들의 성공이 되기도 한다.

니체는 경멸할 적은 갖지 말아야 한다고 말한다. 경멸할 적과 함께 있으면
자신이 우월하다고 느끼기 때문이다. 적과 비교하여 우월한 자신을 발견
하고 자만하며 나태에 빠지게 된다. 이는 자신의 성장을 방해하는 결과를
초래한다.

자랑할 수 있는 적을 가져야 한다. 적을 두려워하거나 시기하지 말고
적의 성공을 자랑스럽게 여겨야 한다. 적의 성과를 보고 감탄하고 배움
으로써 성장할 수 있다. 내가 적을 이겼을 경우 자신이 더욱 자랑스럽기
때문이다.

니체는 증오할 만한 적, 강한 적을 가지라고 말한다. 적의 성공을 보고
나 자신의 부족함을 알게 됨으로써 동기부여가 되기 때문이다. 메기 효과
catfish effect는 강력한 경쟁자가 있을 때 자극을 받아 경쟁력이 높아진다는
이론이다. 미꾸라지가 있는 연못에 메기를 풀어놓으면 미꾸라지들이 더욱
강해진다. 사람들도 경쟁 관계에 있는 사람들과 함께 일할 때, 개인의 발전
욕구가 촉진된다.

246

적당한 가난

> 위대한 영혼들에게는 아직도 자유로운 생활이 열려 있다. 적게 소
> 유한 자는 남에게 그만큼 더 적게 소유 당한다. 적당한 가난, 그것
> 을 찬미하라!

적당한 가난은 위대한 영혼들에게 자유로운 삶을 제공한다. 소유가 인간을 지배한다. 소유가 많을수록 인간은 소유한 것에 의해 집착하고 얽매인다. 물질적인 욕망은 끝이 없기 때문에 물질을 잡느라 자유를 잃고 물질에 지배당한다.

원숭이 사냥꾼이 입구가 좁고 몸통이 큰 유리병 속에 땅콩을 가득 넣어 던져놓았다. 이를 본 원숭이는 땅콩을 잔뜩 움켜쥐느라 병에서 손을 빼내지 못한다. 결국 사냥꾼에게 잡혀 동물원에 갇혀 사는 신세가 된다. 영리한 원숭이가 한줌의 땅콩에 집착해 자유를 잃는 것처럼 사람들도 마찬가지다.

성경은 "부자가 천국에 가는 것보다 낙타가 바늘구멍에 들어가는 것이 더 쉽다"라고 말한다. 니체는 '부자는 악하고, 가난한 자가 선하다'라고 말하는 것은, 부를 시기하는 노예도덕의 심리라고 말한다. 중요한 것은 돈이 많고 적음이 아니라, 물질에 대한 욕망과 집착을 다스릴 수 있는 것이다.

247

보이지 않는 위인

> 비록 눈에는 보이지 않을지라도 새로운 가치를 창조하는 사람을
> 중심으로 세상은 돈다. 배우들을 중심으로 해서 도는 것은 민중과
> 명성이다. 그것이 '세상의 모습'이다.

세상을 움직이는 힘은 새로운 가치 창조에 있다. 새로운 가치를 창조하는 사람은 눈에 보이지 않게 세상을 변화시켜 나간다. 그러나 대중의 관심과 명성은 눈에 보이는 사람, 배우에게 집중된다.

차라투스트라는 군중이 생각하는 위인과 진정한 위인은 다르다고 말한다. 군중이 생각하는 위인은 자신의 욕망을 위해 연출하므로 진정한 가치를 창조하지 못한다. 군중은 연출자들을 지혜롭다고 생각하며 그들을 위인이라고 부른다. 배우는 연출된 모습을 통해 대중의 관심과 인기를 얻지만 진정한 가치와는 거리가 있다.

생텍쥐페리Saint-Exupéry, 1900~1944의 《어린왕자》(1943)에 소행성 B-612를 발견한 튀르키예 출신의 천문학자 이야기가 나온다. 그는 전통 복장을 입고 새로 발견한 별에 대해 발표했지만, 사람들의 웃음거리만 되었다. 몇 년 뒤 그가 양복을 차려입고 다시 발표했을 때, 사람들은 박수와 환호를 보냈다. 사람들은 눈앞에 보이는 것에 환호하고 열광한다. 그러나 세상은 진정한 가치를 창조하는 사람들이 변화시키고 또 미래를 만들어간다.

248 | 고독 속으로 달아나라

피하라, 나의 벗이여! 그대의 고독 속으로, 거센 바람이 부는 곳으로! 파리채가 되는 것은 그대가 할 일이 아니다.

차라투스트라는 소인배, 군중, 어릿광대, 사람을 마구잡이로 몰아세우는 자들, 요란하게 소음을 내며 떠도는 신들만 믿는 사람들을 시장의 파리 떼와 같다고 말한다. 파리 떼는 사람을 피곤하고 성가시게 만든다.

고독이 끝나는 곳에서 시장이 열린다. 시장이 열리는 곳에는 유명 배우들의 소란과 독 파리들의 윙윙대는 소리가 시작된다. 그러나 이들을 죽이기엔 그대의 자존심이 너무 세다. 독기 어린 부당한 짓거리를 참고 견디는 것이 그대의 운명이 되어서는 안 된다.

고독이 있는 곳에 시장은 없다. 고독 속에서는 세상의 소음에서 벗어나 자신의 생각과 감정에 집중할 수 있기 때문이다. 한漢 나라 때 한영韓嬰이 지은《한시외전韓詩外傳》에 나오는 '군자피삼단君子避三端'은 군자는 문사文士의 붓끝, 무사武士의 칼끝, 변사辯士의 혀끝을 피해야 한다는 말이다. 함부로 사람들에게 휘말리지 말고 매사에 신중하게 자신을 지켜나가야 한다.

249

은둔자의 벗

은둔자에게 또 한 사람의 벗은 언제나 제3자다. 이 벗은 둘 사이의
대화가 너무 깊은 곳으로 가라앉는 것을 막는 코르크와 같다. 아,
은둔자에게는 깊은 심연이 너무나 많다. 그러기에 은둔자는 한 사
람의 벗을 간절히 그리워하며 더 높은 곳을 동경한다.

은둔자는 명상을 위해 고독한 장소에서 사는 고독한 사람이다. 자기와 또
다른 자기와의 대화란, 자신의 생각과 감정, 경험과 가치관 등 자신의 내면
의 소리에 귀 기울이는 것이다.

우리의 내면에는 선함과 악함, 강함과 약함 등 다양한 감정과 욕구가 있
다. 겉으로 드러내지 않는 부정적 감정이나 숨겨진 욕망도 있다. 은둔자에
게 심연이란, 내면의 어둠 속에 깊이 감춰진 본성이나 허무함에서 빠져나
오지 못하는 것을 뜻한다.

은둔자를 가장 잘 아는 친구는 바로 자기 자신이다. 은둔자는 말한다.
"나는 자신과의 대화에 너무 열중한다. 만일 거기에 한 사람의 벗도 없다면
이것을 어찌 견딜 수 있겠는가?" 은둔자 안에 있는 제3의 친구는 은둔자가
위험해지는 것을 막고 극복할 수 있도록 한다. 스스로를 사랑하고 아끼려
면 자신의 내면의 목소리 잘 듣고 지지해야 한다.

250

좋은 친구

그대가 벗을 위해서라면 자신을 최대한으로 아름답게 치장하는 것이 좋다. 벗에게 있어 그대는 초인을 목표로 날아가는 하나의 화살, 동경이 되어야 하기 때문이다.

사람들이 벗에게 바라는 것은 자신에게서 바라는 것이기도 하다. 벗의 성실함을 믿는다면, 나도 성실해지기를 바라는 것이다. 벗의 용기를 믿는다면, 나도 용감하기를 바라는 것이다. 벗의 지혜를 동경한다면, 내가 지혜롭고 싶기 때문이다. 벗의 강인함을 동경한다면, 나 자신도 강인해지고 싶기 때문이다.

벗을 동경하는 것은 내게서 부족한 점을 벗에게서 발견했기 때문이다. 사람들은 벗의 모습에서 자기가 되고 싶은 모습을 발견하고, 그 모습과 닮기 위해 노력한다. 벗에 대한 동경의 화살은 자신의 욕구를 발견하고 실현할 수 있게 한다.

차라투스트라는 벗은 서로에게 위버멘쉬의 이상을 보여주고, 서로가 위버멘쉬가 될 수 있도록 영감을 주어야 한다고 말한다. 벗에 대한 동경은 벗의 모습을 통해 자신의 한계를 극복하고 초월하려는 것이다. 근묵자흑近墨者黑은 먹물을 가까이하면 검어지듯, 사람들도 가까이 지내는 사람의 행동에 물들게 된다는 말이다. 좋은 친구란 서로의 동경 대상이 되는 관계다.

251

초인을 기다리며

나는 그대들에게 벗에게 가르쳐주리라. 벗이야말로 그대들에게
있어 지상의 축제이고 초인을 예감케 하는 자라는 것을.

차라투스트라가 말하는 벗에 대하여 1

- **"나의 적이라도 되어 달라!"**

  적이라고 여기는 것은 상대방을 존경하고, 상대방과의 관계를 발전시키고 싶은 마음이다.

- **"벗을 원한다면, 그 벗을 위해 전쟁까지도 벌일 수 있어야 한다."**

  벗이 어려움에 처해 있다면, 자신의 이익을 포기하고, 서로를 위해 희생할 수 있어야 한다.

- **"벗 안에 도사린 적까지도 공경할 수 있어야 한다."**

  서로의 차이점을 인정하고, 서로의 의견을 존중해야 한다.

- **"벗 안에서 최선의 적을 찾아야 한다."**

  벗과 나의 다른 점을 인정하고, 벗의 장점을 배우는 것은 자신의 성장에 도움을 준다.

- **"친하다고 다 보여주지는 마라."**

  모든 것을 공유하거나 모든 것을 다 보여주면, 부담스럽기 때문에 관계가 멀어질 수 있다.

- **"자기를 조금도 감추지 않는 것은 오히려 상대를 불쾌하게 한다."**

  자신의 생각과 감정을 무조건 표현하는 것은, 상대방에게 상처와 분노감을 줄 수 있다.

- **"벗에 있어 그대는 초인을 목표로 날아가는 하나의 화살, 동경이어야 한다."**

  벗은 서로를 도와주고, 함께 성장하며 위버멘쉬(초인)를 향해 나아가는 동반자다.

252

사랑을 빨아들이는 해면

그대는 벗에게 맑은 공기이고, 고독이고, 빵이며, 약일 수 있겠는가? 자신의 쇠사슬은 풀지는 못해도 벗을 해방시킨 사람은 적지 않다.

차라투스트라가 말하는 벗에 대하여 2

- **"그대는 자고 있는 벗의 모습을 본 일이 있는가?"**

  벗은 우리가 알고 있는 모습과는 다른 모습도 가지고 있다.

- **"벗이라면 추측과 침묵에 익숙해야 한다."**

  말과 행동에 숨겨진 의미를 이해하며, 서로의 사생활이나 비밀을 누설해서는 안 된다.

- **"그 모든 것을 보려고 해서는 안 된다."**

  벗의 모든 것을 알려고 하다 보면, 벗의 비밀과 약점을 알게 되고 신뢰가 무너질 수 있다.

- **"벗이 그대의 연민을 원하는가, 그렇지 않은가를 알아야 한다."**

  연민은 상대방을 약자로 취급하고, 상처를 주고 상대방의 성장을 방해할 수 있다.

차라투스트라는 사람들에게 벗과 벗의 흘러넘치는 마음을 가르치고자 한다. 또한 "흘러넘치는 마음으로 사랑받고 싶다면, 사랑을 빨아들이는 해면海綿이 되는 법을 알아야 한다"라고 말한다.

253 | 다른 길을 걷는다는 것

> 그대는 사랑과 창조의 힘을 지닌 채 고독 속으로 들어가라. 형
> 제여, 이윽고 시간이 흐르면 정의는 다리를 절면서 그대를
> 따라가리라.

사람들은 개인적 생각이나 가치관 보다는 집단의 규범과 관습을 따르는
것이 당연하다고 생각한다. 다른 길을 걷는다는 것은 사람들의 비난을 감
수해야 한다.

사회운동가들은 사회적 불평등, 인권 침해, 환경 문제 등을 개선하고 변
화시키기 위해 노력한다. 그들은 정의에 대한 강한 신념과 가치관을 가지
고 타인을 위해 봉사하고 헌신한다. 단지 주장으로 그치지 않고 실천하고
행동함으로써 사회를 변화시킨다.

니체는 진정한 창조자가 되기 위해서는 자기 자신을 경멸해야 한다고
말한다. 자신을 사랑하는 자만이 경멸할 수 있고, 경멸하기 때문에 창조할
수 있는 것이다. 자신이 믿고 따랐던 가치관이나 관습을 부정하고, 새로운
것을 창조하려면 자신을 불태우고 거듭나야 한다. 의로운 투쟁은 외롭고
힘든 투쟁이 되기도 한다. 정의는 쉽게 따라오지 않는다.

254

작은 진리

"차라투스트라여, 그대 무엇을 그토록 소중히 여겨 외투 속에 감추고 있는가?" 차라투스트라는 대답했다. "그것은 내게 주어진 보물이다. 내가 안고 있는 것은 작은 진리다. 그것은 갓난아기처럼 아주 작다. 그리고 내가 그 입을 누르고 있지 않으면 그것은 큰 소리를 지를 것이다.

차라투스트라는 작은 진리를 가지고 다닌다고 말한다. 작은 진리는 기존의 도덕이나 규범이며 보편적이므로 누구나 받아들인다. 작은 진리는 사람들을 편견과 독단에 빠지게 하며, 사람들을 끊임없이 평가하고 비판한다.

빈 수레가 요란하다는 속담이 있다. 아는 것이 별로 없거나 깊이가 없으면서 실속 없이 떠드는 것을 말한다. 그래서 작은 진리가 너무 큰소리로 떠들지 않도록 입을 막아야 한다.

니체는 절대 진리란 없으며 진리에 대한 의지만 있다고 생각했다. 진리는 절대적이거나 항상 옳은 것이 아니다. 사람들의 관점과 시대에 따라 다르게 해석될 수 있다. 그러므로 미숙한 어린아이처럼 진리를 함부로 평가하거나 비판하지 않도록 신중하게 해석해야 한다.

255

사랑과 구속

남자는 사랑에 빠진 여자를 두려워해야 한다. 여자는 사랑할 때 모든 것을 희생하며 바친다. 그밖에 어떤 것에도 가치를 두지 않기 때문이다.

자신의 마음이 공허함을 상대방의 사랑으로 인해 채우려는 욕망이 강할 때 집착이 된다. 상대방의 마음이 변할까 봐 불안하고 두렵기 때문에 확인하고 의심하고 구속하려고 한다. 지나친 관심은 사랑이 아니라 간섭이고 구속이다. 사랑하는 관계라도 서로의 감정과 각자의 영역을 존중해야 관계가 유지된다.

팜므 파탈femme fatale은 남성을 파멸적인 상황으로 이끄는 매력적인 여성을 말한다. 옴므 파탈homme fatale은 여성을 파멸적인 상황으로 이끄는 매력적인 남성을 말한다. 남성이든 여성이든 상대 이성을 파멸할 목적으로 소유, 정복, 복수 등 다양한 방법으로 파국으로 몰고 가기도 한다. 또는 의도하지 않았더라도 욕망으로 인해 파멸적인 결과가 발생하기도 한다.

상대방에 대한 질투, 집착, 증오는 건강하지 않는 관계다. 사람들은 사랑의 노예, 사랑의 포로라는 말을 한다. 이는 자신을 사랑하지 않는 태도이며, 상대방을 존중하는 것도 아니다. 사랑은 동등하게 서로가 서로를 존중하고 배려하는 것이다.

256 | 권태를 이기는 법

쇠가 자석에게 말했다. "내가 너를 가장 미워하는 이유는 네가 나를 끌어당기면서도 놓치지 않을 정도로 강하게 끌어들이지 않기 때문이야."

사람의 감정은 호르몬의 변화에 따라 함께 변화한다. 사랑하면 체내에서 도파민dopamine과 페닐에틸아민phenylethylamine등이 분비되어 흥분, 유쾌함, 행복감 등에 빠진다. 사람마다 차이가 있지만 평균 2~4년 후에는 호르몬 분비가 줄고, 내성이 생기면서 권태를 느낀다.

미국의 사회심리학자 아이린 스팔라스Irene Tsapelas는 인간은 적응의 동물이므로, 관계에도 적응하기 때문에 권태는 자연스러운 현상이라고 말한다. 권태감을 어떻게 극복하는지 연인 그룹과 부부 그룹을 실험했다. 그 결과 연인들은 새로운 경험을 시도하고 친구들과 시간을 보내는 등 관계 강화에 집중했다. 부부들은 운동, 자신의 일, 혼자만의 시간 보내기 등에 집중했다.

권태를 이기는 방법은 관계에 집중하기보다는 자신의 성장에 집중하는 것이다. 니체는 자기 자신을 사랑하라고 말한다. 자기 자신을 사랑한다는 것은 자신을 존중하고 인정하며, 자신의 가능성을 믿는 것이다.

257

비난을 감수할 용기

언제나 자신이 정당하다고 주장하는 것보다는 자신이 부정한 자로 보이는 것을 마음에 두지 않는 자가 더 고귀하다. 자신이 옳을 경우에는 더욱 그렇다. 다만 그렇게 하려면 그대들은 풍요로워야 한다.

정의로움을 인정받으려면, 사람들의 권리와 이익을 보호하기 위한 목적과 사회적인 명분이 있어야 한다. 자신의 불의를 인정하기 위해서는, 자신의 잘못을 인정하고 사람들의 비난을 감수할 수 있는 용기와 강인함이 필요하다.

사람들은 정의를 주장하는 것보다 불의를 인정하는 것을 두려워한다. 사람들은 자신의 잘못을 인정하기보다는 합리화하거나 다른 사람에게 책임을 돌리려고 한다. 사회적 지위나 명예를 중요시하는 사람일수록 사람들의 비난과 배척으로 인해 자신의 지위와 명예를 잃는 것을 두려워하기 때문이다.

니체는 자신의 불의를 인정하는 것이 정의를 주장하는 것보다 고상하다고 말한다. 자신의 불의를 인정하는 것이 더 많은 용기와 성찰이 필요하기 때문이다.

258

결혼에 대하여

어떤 남자는 진리를 찾기 위해 영웅처럼 여행을 떠났는데, 이윽고
화려하게 치장한 작은 허위를 손에 넣고 돌아왔다. 그는 그것을
결혼 생활에 들어갔다고 부른다. 또 어떤 사나이는 천사의 덕을
지닌 한 시녀를 찾았다. 그러나 갑자기 그는 한 여자의 시녀가 되
었다. 이제 그는 천사가 되지 않으면 안 된다.

니체는 창조한 자들보다 더 나은 한 사람을 창조하려는 두 사람의 의지를
결혼이라고 부른다.

결혼은 창조적인 행위다. 결혼을 통해 두 사람은 서로의 부족함을 보완
하고, 함께 성장하며 행복한 삶을 창조하기 때문이다. 서로 다른 환경에서
자란 두 사람이 함께 살다 보면 갈등과 어려움이 발생한다. 그러므로 서로
에게 깊은 사랑과 신뢰가 전제되어야 한다.

니체는 결혼을 궁핍함, 더러움, 안일함이라고 말한다. 서로의 결함과 약
점을 숨기고, 서로에게 안주하며 편안함과 안일함에 빠지기 때문이다. 사
람들은 안주하기 위해 결혼한다고 말한다. 이는 서로를 나태하고 무기력하
게 만든다. 결혼은 단순히 두 사람이 함께 사는 것이 아니다. 함께 성장하
고 발전하며 진정한 사랑을 완성해 나가야 한다.

259

사랑의 쓴맛

그대들의 최상의 사랑까지도 환희에 찬 하나의 비유, '불타는 고통'에 불과한 것이다. 사랑이란 그대들을 비춰서 보다 높은 길로 인도하려는 횃불이다. 언젠가는 그대들은 자신을 초월해서, 또한 상대를 초월해서 사랑해야만 한다. 그러나 우선 연습이 필요하다. 그러기 위해서 그대들은 사랑의 쓴 잔을 마시는 것이 좋으리라.

사랑은 쉽게 얻어지는 것이 아니다. 사랑은 자신을 넘어서 다른 사람을 이해하고 존중하는 것이다. 타인을 사랑하기 위해서는 노력을 통한 성장이 필요하다. 사랑은 단순한 감정 이상의 삶의 방향과 의미를 제시하는 중요한 가치가 있다.

독일의 작가이자 정신분석학자인 루 살로메는 남자들을 두 갈래로 구분해서 동시에 사귀었다. 한 부류는 육체적인 매력을 느껴서 실질적으로 성관계를 하는 남자들이었다. 다른 한 부류는 자신의 지적 욕구를 채워주는 지식인들이었다. 살로메는 지적인 교류만 하는 남자와는 성관계를 철저히 거부했다. 그녀는 니체, 릴케 등 많은 사람의 고백을 받았지만 거절했다. 그녀가 거절한 남자들이 유명해지면 항상 그들에 대한 책을 발표했고 이를 통해 유명세를 치렀다.

니체는 37세에 21세의 아름다운 루 살로메를 만났다. 첫눈에 반한 니체는 자신의 철학을 이해하고 함께 논할 수 있는 유일한 사람이라며 청혼했지만 거절당했다. 루 살로메는 이런말을 남겼다.

"남자들이 원하는 것에 신경 쓰지 마세요. 우리의 유일한 주인인 신께서 요구하는 것을 하세요. 거기에 자유가 있습니다."

260

부모가 된다는 것

그대는 젊다. 그리고 결혼하여 아이를 가지기를 바란다. 그러나 나는 그대에게 묻는다. 그대는 아이를 바랄 수 있는 인간인가? 그대 승리자이며, 자신을 극복한 자인가? 관능을 다스릴 수 있는 자인가? 그대가 온갖 덕을 지배할 수 있는가?

니체는 자신을 극복하고, 관능을 지배하고, 덕을 지닌 자만이 아이에 대한 책임을 감당할 수 있다고 말한다. 아이를 원한다면, 자신이 어떤 사람인지, 자신의 삶에 아이가 어떤 의미인지 생각해야 한다. 이런 생각을 되새기며 부모로서의 능력과 자질을 키우는 것이 필요하다.

아이를 낳고 키우는 것은 쉽지 않은 일이다. 책임감을 가지고 사랑과 관심, 경제적 능력, 시간과 에너지를 쏟아야 한다. 아이를 돌보기 위해 직장을 그만두거나, 기존의 생활 방식을 바꿔야 할 수도 있다. 아이를 낳는 것은 부모로서 책임을 지는 것이다.

사람들이 아이를 낳기 전에 많은 생각을 한다. 자신이 좋은 부모가 될 수 있을지, 현재도 자신의 삶도 각박한데 아이를 낳아서 감당할 수 있을지 고민한다. 하지만 너무 경제적인 면에만 치우쳐서 고민하지 않는 것이 좋지 않을까? 좋은 부모란 돈 부자, 시간 부자가 아니라 어려운 상황을 극복하며 최선을 다하는 모습을 보여주는 것일 수도 있기 때문이다.

261

축제와 같은 죽음

삶을 완성시킨 자는 희망에 차 서약하는 자들에게 둘러싸인 채 찬란한 승리 속에서 자신의 죽음을 맞이한다. 사람은 이처럼 죽는 법을 배울 것이다. 그리고 죽어가는 자가 살아 있는 사람들의 맹세를 모독한다면, 그 어떤 축제도 열어서는 안 된다.

죽음은 사람들에게 두려움과 불안의 대상이다. 사람들은 죽음은 삶의 끝이며, 아무것도 남지 않는다고 생각하기에 죽음을 축제로 받아들이지 못한다. 니체는 죽음은 삶의 완성이며 산 자에게 가시가 되고 굳은 맹세가 될 수 있는 죽음은 축제와 같은 죽음이라고 말한다.

위험한 사고 현장에서 순직한 경찰관, 소방관, 국가를 위해 목숨을 바친 군인, 다른 사람을 구하고 희생된 의로운 시민들. 이들은 타인과 사회를 위해 헌신적으로 살다간 사람들이다. 이들의 죽음은 삶을 완성시킨 죽음이며, 축제처럼 빛나는 아름다운 죽음이다.

니체는 죽는 법을 배워야 한다고 말한다. 삶을 완성한 자의 죽음은 축제와 같다. 이들의 삶과 죽음은 다른 사람들에게 희망과 용기를 주고 영원한 귀감이 되며, 죽음조차도 승리에 찬 죽음이 된다.

262

황금빛 공

차라투스트라는 하나의 목적을 가지고 있었다. 그는 공을 던졌다. 자, 친구여 내 목적의 상담자가 되어라. 나는 그대들을 향해 황금빛 공을 던지리라. 친구들이여, 내가 보고 싶은 것은 그대들이 황금빛 공을 던지는 일이다. 그래서 나는 당분간 대지에 머무르겠다. 내가 그렇게 할 수 있도록 허락하라!

차라투스트라는 자신의 가르침을 황금빛 공이라고 말한다. 자신의 가르침을 많은 사람들에게 알리고 싶었지만 사람들은 받아들이지 않았다. 그는 세상에 잠시 더 머물고자 한다. 자신의 가르침이 세상에 큰 영향을 미칠 것이라 믿기 때문이다.

차라투스트라는 사람들이 자신의 가르침을 이해하는 것으로 만족하지 않는다. 사람들이 세상을 창조하고 변화시켜나가는 것을 원한다. 사람들은 모두 각자의 황금빛 공을 가지고 있다. 그것은 자신의 삶에 있어서 소중하고 중요하게 여기는 가치다.

차라투스트라는 각자의 황금빛 공을 던지라고 말한다. 내가 무엇을 하든, 그것이 무엇이든 자기 자신에게 물어보라고 말한다. "다시 태어나도 나는 이 길을 선택할 것인가?" 똑같은 삶이 반복된다 해도 지금의 가치가 소중한 것인지 스스로에게 물어보라고 말이다.

263

베풂과 이기심

베푸는 자의 눈빛은 금처럼 반짝거린다. 금빛은 달과 태양 사이에 평화로 조성한다. 최고의 덕은 이처럼 흔하지 않고, 특정한 곳에 사용되지는 않지만 빛을 가지고 있으며, 그 빛은 부드럽다. 최고 의 덕은 베푸는 덕이다. 이기심은 빛나는 모든 것을 도둑의 눈으 로 본다.

차라투스트라가 얼룩소라는 도시를 떠날 때, 제자들에게 이별의 선물로 지 팡이를 받고 기뻐했다. 지팡이에는 황금 손잡이에 뱀이 태양을 감고 있는 그림이 있었다. 차라투스트라는 황금은 최고의 덕을 베푸는 자와 같다고 말한다. 황금은 다양한 모양과 디자인으로 가공할 수 있고, 다른 금속과도 쉽게 합금이 가능하다. 황금은 가치 있고, 변치 않으며, 형태가 변경되어도 황금의 본질은 변형되지 않는다.

이기심은 빛나는 모든 것을 도둑의 눈으로 바라본다. 타인의 성공이나 행복을 보면 시기하고 빼앗고 싶어 하며, 풍성한 음식을 보면 굶주린 사람 처럼 욕심을 낸다. 타인이 가진 것을 부러워하고 자신이 가진 것은 부족하 다고 느끼기 때문에 병들어간다.

베푸는 자는 자신을 재물로 바치고 선물이 되고자 한다. 반면에 이기심 있는 자는 "모든 것은 나를 위해 존재 한다"라고 말하기 때문에 사람들이 혐오한다.

264

맹목은 위험하다

인식할 수 있는 사람은 자신의 적을 사랑할 뿐 아니라, 자신의 벗
을 미워할 수 있어야 한다. 계속 제자로 머물러 있는 것은 스승에
게 보답하는 길이 아니다. 그대들은 어찌 내 월계관을 빼앗으려
하지 않는가?

차라투스트라는 제자들에게 말한다. 나의 가르침을 맹목적으로 따르면, 오
히려 가르침 때문에 해를 입을 수 있다라고. 나를 존경하다가 어느 날 그
존경이 무너지면 내 입상立像에 깔려 죽는 것과 같다. 나를 버리고 너희들
자신을 찾아야 한다. 모두가 나를 부정할 때 다시 돌아오겠다라고.

'청취지어람 이청어람靑取之於藍 而靑於藍'은 중국 주나라 때의 유학자 순자荀
子의 사상을 집록한《순자》의 〈권학편勸學篇〉에 나오는 말이다. '푸른색은 쪽
빛에서 취했지만 쪽빛보다 더 푸르다.' 제자가 스승보다 뛰어남을 비유한
말이다.

니체는 모든 사상이나 이론에는 한계가 있다고 말한다. 그러므로 스승의
가르침이라 할지라도 절대적인 진리로 받아들이는 것을 경계하라고 했다.

265

진리에의 의지

> 진리에 대한 그대들의 의지는 모든 것을 인간의 사고로 추구할 수
> 있도록, 그리고 시각과 감각으로 감지할 수 있는 것으로 변형시키
> 려는 의지다. 그대들은 감지한 것을 끝까지 추구해야 한다.

니체는 세상에 보편적이고 절대적 진리는 없으며, 진리에의 의지만 있다고
말한다. 절대적 진리는 하나만의 진리를 정해놓고 모든 사람들이 똑같은
관점 받아들이게 한다. 진리는 사람들의 관점과 가치관에 따라 다르게 인
식되고 변화할 수 있으며 의지에 따라 새롭게 창조되는 것이다.

인간은 세상을 보고 느끼며 생각하는 대로 변화시킬 수 있는 힘이 있다.
그것이 바로 진리에의 의지다. 세상은 어떻게 받아들일 것인가는 자신의
의지에 따라 결정된다. 내가 강하면 세상은 살만하고 멋진 곳으로 인식되
지만, 나의 의지와 힘이 약하면 세상은 두렵고 불안하게 인식될 것이다.

우리 모두는 세상을 바라보는 자기만의 창frame이 있다. 같은 사물이라
도 사람들마다 보는 시선과 느낌이 다르다. 사람들은 자기의 틀에서 벗어
나지 못하는 경우가 많다. 고정관념, 편견, 독단적인 행동과 이론 등은 단
단한 틀에 갇힌 결과물이다.

266

신은 죽었다

> 만일 신이 있다면 내가 신이 아닌 것에 어떻게 만족할 수 있겠는
> 가? 그러므로 신은 존재하지 않는다. 이 결론은 분명히 내가 끄집
> 어낸 것이다. 그러나 이제는 이 결론이 나를 이끌어가고 있다.

차라투스트라는 자신이 신이 아니라고 말한다. 신이 존재하면 그들은 완벽하기 때문에 결함이나 부족함을 참지 않는다. 그렇기 때문에 내가 신이 아니라는 것도 참지 못할 것이다. 결론은 신이 아닌 내가 존재하고 있으므로 신은 존재하지 않는다.

니체는 "신은 죽었다Gott ist tot"라고 말했다. 이는 종교적 신만을 의미하는 것이 아니라 전통적인 관습, 도덕, 윤리 등 모든 가치를 의미한다. 사람들은 기존의 종교나 조상들로부터 내려오는 관습에 복종하고 의지하며 살아왔다. 니체는 이런 것들이 오랜 시간을 통해 사람들에게 신격화되었다고 생각했다.

자신이 내린 결론이 삶을 주도하며, 자신의 생각과 행동이 삶의 방향을 결정한다. 결론이 긍정적이면 삶이 의미 있고 행복하지만, 부정적이면 삶은 무의미하고 고통스러워진다. 피그말리온 효과Pygmalion effect는 우리가 긍정적으로 기대하며 행동하는 것이 어떻게 변화되는지 보여준다. 조각가 피그말리온은 조각상으로 만든 여인에게 사랑을 주고 진짜 사랑하는 여인을 기대함으로써 소망을 이뤘다. 환자가 설탕을 특효약이라 믿으면 병이 낫는 것과 같다.

267

고통이 없으면 삶도 없다

> 창조, 그것은 우리를 괴로움에서 해방시킬 위대한 구원이고, 삶의
> 무게를 가볍게 하는 것이다. 그러나 창조하는 자가 탄생하기 위해
> 서는 괴로움과 많은 변화가 필요하다.

차라투스트라는 자신의 길을 걸어오는 동안 백 개의 영혼을 거쳐, 백 개의
요람과 산고를 겪었다고 말한다. 사람들에게 신의 죽음을 알리고 창조의
중요성을 가르치기 위해 많은 작별과 가슴 아픈 순간들을 겪었다. 창조를
위해서는 산부産婦처럼 고통을 겪어야 새로운 탄생을 얻을 수 있다.

고통의 순간에 삶은 행복하지 않다. 수시로 다가오는 크고 작은 난관들
은 삶을 포기하고 싶을 정도로 힘들다. 고통이 없으면 삶도 없고, 인간은
강한 고통으로 인해 더 강해진다. 인간의 가장 아름다운 모습은 힘든 일을
포기하지 않고 땀을 흘려가며 몰두하고 있을 때다.

전 피겨스케이팅 선수 김연아의 코치 오서는, "사람들은 김연아의 재능
이 하늘의 축복이라고 생각한다. 하지만 김연아가 연습하는 과정을 보면
피땀 흘려 노력한 결과라는 것을 알 수 있다"라고 말한다. 김연아는 지나칠
정도로 완벽을 추구하며 연습했고, 그 노력과 고통의 눈물이 우리에게 많
은 희망과 행복을 주었다.

268

도전이 필요한 이유

의지는 자유를 가져다준다. 이것이야말로 의지와 자유에 대한 진
정한 가르침이다. 차라투스트라는 그대들에게 그것을 가르친다.
더 이상 의욕을 느끼지 않고, 평가하지 않고, 창조하지 않는 그러
한 엄청난 권태가 끝까지 나에게 가까이 오지 못하도록!

권태는 아무것도 의욕 하지 않고, 평가하지 않고, 창조하지 않는다. 그러나
의욕은 권태와 무기력에서 해방되는 기쁨을 준다. 삶의 의미와 목적이 없
으면 의욕이 없다. 욕망이 없는 인간은 그냥 존재할 뿐이다.

　학교 가는 것도 싫고, 출근하는 것도 싫고, 친구 만나는 것도 귀찮다. 모
든 것에 관심도 없고 흥미도 없고 재미도 없다. 권태가 오는 이유는 매일
똑같은 생각과 똑같은 생활의 반복이기 때문이다. 니체는 기존의 관념을
깨는 '망치를 든 철학자'다. 권태롭고 습관적인 일상에서 벗어나려면, 반복
되는 생각과 행동의 틀을 깨고 새로운 도전을 해야 한다.

의욕 상실에서 벗어나는 사소한 방법

* 　생활 습관을 바꿔본다. 반복되는 일상을 깨고 새로운 패턴으로 살아본다.

* 　색다른 활동을 시도해본다. 새로운 관심사는 삶에 활력을 찾아준다.

* 　마음수련 공부를 해본다. 명상이나 요가 등을 통해 마음을 다독여본다.

* 　생활 공간을 바꾸거나 여행을 떠난다. 새로운 환경은 긴장감을 준다.

* 　전문가의 도움을 받는다. 자아발견 프로그램을 통해 나의 욕구를 탐색한다.

269

잠재력 찾아내기

> 돌 속에는 하나의 상이 잠들어 있다. 그것은 내가 상상으로 그리는 수많은 상 가운데 하나다. 이제 나의 쇠망치는 감옥을 부수려고 미친 듯이 무섭게 날뛴다. 돌에서 파편이 튄다. 나는 이 상을 완성하리라. 초인의 아름다움이 그림자처럼 나를 찾아온 것이다.

차라투스트라의 타오르는 창조적 의지는 언제나 인간에게 향해 있다. 인간에게는 창조의 힘이 있지만 흉측하고 단단한 한 돌에 갇혀 있다. 차라투스트라가 망치로 돌을 깨부수자 돌 조각들이 사방으로 흩어졌다.

흉측한 돌에 갇힌 형상은 인간의 잠재력과 가능성이다. 돌을 파괴하는 과정은 고통스럽지만 감옥에서 벗어난 인간은 창조의 힘을 발휘할 수 있다. 이 형상을 완성하려고 할 때 위버멘쉬의 아름다운 그림자가 찾아왔다.

잠재력潛在力이란 아직 나타나지 않은 감춰진 능력이다. 미국의 심리학자 윌리엄 제임스William James,1842~1910는 "대부분의 사람들은 자신이 가진 능력을 10퍼센트도 쓰지 못한다. 이는 자신이 어떤 재능을 가졌는지 알지 못하기 때문이다"라고 했다. 우리는 자기 한계와 고정관념의 벽을 깨고 잠재력을 발견하려는 끊임없는 시도가 필요하다.

270

용서에 대하여

만일 괴로워하는 친구가 있다면 그대는 그를 위해 안식처가 되도
록 하라. 딱딱한 침대, 간이침대가 되도록 하라. 그래야만 그대가
그에게 가장 필요한 사람이 될 것이다. 그리고 벗이 사악한 짓을
한다면 이렇게 말하라. "나는 내게 한 짓을 용서한다. 그러나 네가
자신에게 저지른 악행에 대해서는 내가 무슨 자격으로 용서할 수
있겠는가!"

벗이 고통을 받을 때 위로에 그치지 말고, 벗이 자신의 고통을 직시하고 극
복할 수 있도록 도와줘야 한다. 벗이 악행을 저지르면 그 행동 자체를 용서
할 수 있다. 그러나 악행을 저지른 자신이 스스로 고통과 상처를 받는 것은
도와줄 수가 없다.

벗이 악행을 저지르면 분노와 배신감이 들고 실망하게 된다. 벗을 진정
으로 아낀다면, 비난하거나 멀리하지 말고 용서해야 한다. 용서란, 벗의 행
동이 옳다고 인정하는 것이 아니라, 그 행동에 대한 감정을 내려놓는 것이
다. 벗의 행동이 자신에게도 해롭다는 사실을 스스로 깨닫고 반성할 수 있
도록 하는 것이다.

믿었던 친구가 배신을 하면 용서하기가 쉽지 않다. 용서는 나 자신을 위
한 것이다. 친구에게 조언할 때 강요하고 지시하는 태도는 좋지 않다. 칭찬
과 격려 등 긍정적인 피드백이 옳은 선택을 가능하게 한다. 실수를 저지른
사람이 다시 일어설 수 있는 것은 용서하는 사람의 지지가 있기 때문이다.

271

악행

악행은 마치 종기와 같다. 가렵다가 통증이 오고, 드디어는 터진
다. "보라, 나는 질병이다." 악행은 이렇게 솔직하게 말한다.

양심의 가책을 느끼는 것은 내면에서 선과 악의 갈등이 있는 것이다. 나쁜
생각이나 분노의 감정이 쌓이면 자신이나 다른 사람들에게 해를 끼칠 수
있다. 양심의 가책을 느끼는 자나, 범죄에 대해 자잘한 생각을 하는 자도
커다란 악행을 저지를 수 있다. 사소한 악의나 질투·시기심도 악으로 성장
할 수 있기 때문이다.

오스트리아의 정신분석학자 아이크호른August Aichhorn, 1878~1949은 범죄
를 저지르는 심리적 요소를 '비행의 잠복'이라고 한다. 선과 악의 구분 없이
본능을 따르거나, 또는 자기중심적 성격, 충동적 성격 중 하나만 갖춰도 비
행을 저지를 수 있다고 주장했다.

고민경(대검찰청 과학수사부 심리분석관)은, 강력범죄를 저지는 사람들의 심
리적 특성은, 내재된 분노감이나 강렬한 피해 의식, 자극을 추구하는 성향,
자신보다 높은 지위나 권력에 있는 대상에 대한 반항적 태도 등이 나타난
다고 했다.

272

동정을 베풀 때

나는 괴로워하는 자를 구해준 손을 씻음으로써 영혼까지 씻는다.
괴로워하는 자의 모습을 보게 되면 그의 부끄러움 때문에 나 역시
부끄러워지기 때문이다. 또 그를 구원함으로써 나는 그의 긍지를
가혹하게 손상시켰기 때문이다.

차라투스트라는 동정을 베풀면서 행복을 느끼는 사람들을 비판했다. 동정
을 베푼 행위가 동정받는 사람을 수치스럽게 하고 긍지에 상처를 입혔기
때문이다. 동정해야 하는 상황이라도 멀리 떨어져서 동정해야 한다. 베풀
고 싶다면 벗으로서 벗에게 베푸는 마음으로 해야 한다. 동정을 베풀 때는
그들이 부끄러움을 느끼지 않도록 해야 한다.

빈곤 포르노Poverty Pornography는 가난한 사람의 사진이나 영상을 촬영하
는 것이다. 가난한 모습을 자극적으로 편집하여 더욱 불쌍하고 무기력한
사람들로 보이게 한다. 기부하는 사람은 불쌍한 약자에게 자선을 베푼다는
우월의식을 갖게 한다.

동정은 남의 어려운 처지를 자기 일처럼 딱하고 가엾게 여기는 마음이
다. 값싼 동정은 도움 받는 사람을 비참하게 하고 수치스럽게 만든다. 남을
돕는 것을 좋은 일이지만 도움을 받는 사람에게 상처를 주어서는 안 된다.

273

성공보다 성장을

선악, 빈부, 상하, 그 밖의 여러 가치들의 이름들. 그것들은 계속
무기가 되어야 하며, 삶은 스스로를 끝임없이 극복해야 한다는 것
을 일깨워주는 표지여야 한다. 삶은 스스로 기둥을 세우고 계단을
만듦으로써 높은 곳을 향해 자아를 세워나가고자 한다. 삶은 아득
히 먼 곳에 목표를 두고 더없는 행복이라는 아름다움을 바라보려
고 한다. 삶이 높이를 필요로 하는 것은 그 때문이다.

인간은 삶의 계단에서 자신의 한계와 모순, 경쟁과 불평등, 적대 관계 등을
극복하면서 새로운 성장을 이룬다. 천 개의 다리와 좁은 판자 다리를 건너
서 미래를 향해 나가야 한다. 긍정적인 삶이란 자신을 극복하며 삶의 계단
을 올라가는 것이다.

차라투스트라는 인간은 평등하지 않다고 말한다. 인간은 천재와 바보,
강자와 약자, 승자와 패자 등으로 구분된다. 인간은 타고난 재능과 능력에
차이가 있다. 이러한 차이를 무시한 평등은 결국 인간의 발전을 가로막는
다. 서로 다름과 차이를 인정하고 각자의 위치에서 최선을 다해야 한다.

조선시대 문인 양사언楊士彦은 "태산이 높다하되 하늘 아래 뫼山이로다. 오
르고 또 오르면 못 오를리 없건마는 사람이 제 아니 오르고 뫼山만 높다 하
더라" 하는 시조를 읊었다. 사람은 타고난 능력에 차이는 있다. 자신의 능
력과 환경을 탓하고 노력조차 하지 않으면 삶은 의미가 없다. 현재의 나를
받아들이고 성공보다 성장을, 어제보다 더 성장한 나를 인정하며 삶의 계
단을 오르는 위버멘쉬가 되어야 한다.

274 | 그대 다리의 힘으로 오르라

높이 오르고자 한다면 그대들 자신의 다리를 사용하라! 그대들은 위쪽으로 실려 가는 일이 없도록 하라. 다른 사람의 등이나 머리에 올라타지도 말라! 그대는 말을 타고 왔는가? 그대는 이제 말을 타고 목적지로 바삐 가는가? 좋다, 벗이여! 그런데 그대의 절름거리는 발도 함께 말을 타고 있구나! 그대가 목적지에 닿아 그대의 말에서 뛰어내릴 때, 그대의 바로 그 높이에서, 그대 차원 높은 인간이여, 그대는 비틀거릴 것이다!

높이 오르고자 한다면 자신이 가진 능력과 노력을 바탕으로 스스로 올라가야 한다. 타인의 도움을 받거나 편법을 이용하여 올라가는 것은 진정한 성공이라 할 수 없다. 자신의 다리의 힘으로 올라간 것이 아니기에 말에서 내리려는 순간 비틀거리며 넘어지게 된다.

니체는 인간의 한계를 '절름거리는 발'이라고 표현했다. 자신의 한계를 극복하지 못하고 타인의 힘을 이용하여 말에 오르는 것은 의미가 없고, 자기 한계를 극복하고 달리며 춤추는 삶을 살아야 한다고 말한다.

'왕관을 쓰려는 자 그 무게를 견뎌라'라는 셰익스피어의 말은 능력을 갖추고 왕좌에 올라야 하며, 그렇게 자리에 맞게 역할을 수행할 수 있어야 한다는 의미다. 타인의 도움이나 편법을 이용한다면 쉽고 빠르게 목적지에 도달 할 수는 있지만, 감당할 능력이 없어서 결국은 무너진다.

275 | 배는 바다로 나아가야 한다

그대들은 아직 한 번도 정신을 눈구덩이 속에 던진 적이 없다. 그럴 정도로 불타오르지 않은 것이다. 그대들은 아직도 눈의 싸늘한 황홀함조차 모르고 있다.

인식하는 자는 산을 옮기는 것만으로 의미가 없다. 산으로 집을 짓는 것을 배워야 한다. 지식만 쌓고 새로운 가치를 창조할 의지가 없다면 달구어진 상태의 쇳덩이일 뿐이다. 쇠는 달구어짐으로써 준비된 상태가 된다. 두들겨서 형상을 만들고 찬물 속에서 식힐 때 아름다운 형상으로 완성된다. 달구어진 쇠는 두들기는 과정을 통해 창조되고 완성된다.

차라투스트라의 거친 지혜의 돛은 정신의 거센 폭풍우에 떨면서 바다를 건너며 묻는다. "그대들이여 나와 함께 갈 수 있을 것인가?" 우리 삶은 거친 파도를 타고 암초의 위험을 극복하며 바다를 건너는 항해와 같다. 배는 바다로 나가야 한다. 우리는 거친 파도와 풍랑을 헤치고 나갈 용기와 열정이 필요하다.

"배는 항구에 정박해 있을 때 가장 안전하다. 그러나 배는 그러라고 있는 것이 아니다." -괴테(독일의 대문호)

276
춤을 멈추지 마라

사랑스러운 소녀들이여, 계속 춤을 추어라! 나는 짓궂은 방해자
가 아니다. 그대들의 적이 아니다. 나는 악마 대해서는 신의 대변
하는 자다. 그 악마란 바로 중력의 영이다. 그대 경쾌한 소녀들이
여, 내가 그대들의 성스러운 춤에 적대감을 가질 리가 있겠는가?

차라투스트라는 제자들과 함께 숲속을 지나가다 풀밭 위에서는 춤추는 소
녀들을 보았다. 차라투스트라를 보자 소녀들이 춤을 멈추었다. 차라투스
트라는 다정하게 소녀들에게 말했다. "춤을 멈추지 마라. 나는 악마가 아니
다. 악마는 중력의 영이다. 중력의 영을 조롱하는 노래와 춤을 추라" 하고
말한다. 소녀들이 춤을 추자 차라투스트라도 노래를 불렀다.
　니체는 춤을 추듯이 삶을 살라고 말한다. '중력의 영鸞'은 세상을 무겁게
만드는 것이다. 낡은 관습과 도덕, 체념, 욕심, 편견, 선입관 등 사람들의 삶
을 무겁게 짓누르는 것들이다. 춤을 추려면 어깨를 누르는 중력의 영을 내
려놔야 한다.
　니체는 중력의 영을 악마 중에서 강력한 악마라고 말한다. 사람들은 중
력의 영을 악마라고 느끼지 못한다. 중력의 영이 현재의 일상에 안주하는
것이 안전하다고 느끼게 만들기 때문이다.

277 | 삶을 깨우치게 하는 지혜

"물고기들은 깊이를 가늠할 수 없는 것은 모두 깊이를 알 수 없다"고 말한다.

차라투스트라는 삶이 끝없는 심연으로 가라앉는 것 같다고 말한다. 물고기들이 깊이를 가늠할 수 없는 것은 모두 깊이를 알 수 없다고 느끼는 것처럼, 인간은 삶의 무한함을 알 수 없다. 차라투스트라가 심연에 빠졌을 때 지혜가 끌어올려주었다. 차라투스트라가 지혜를 다정하게 대하는 것은, 지혜가 삶을 적절하게 깨우치기 때문이다.

사람들은 지치지도 않고 지혜에 목말라하고 몇 겹의 베일을 뚫고 보려고 하며, 지혜를 그물로 붙잡으려고 한다. 늙고 노련한 잉어도 지혜의 미끼로 낚을 수 있을 만큼 지혜는 삶에 있어서 중요하다. 지혜는 지식에서 발전되어 사리를 분별하고 적절히 처리할 수 있는 능력이다. 사람들은 지혜로워지기 위해 더 많이 노력한다. 인문학을 배우고, 스승을 따르고, 여행을 떠나기도 하며 자기계발을 한다.

배우고 쌓는 것이 지혜고, 내려놓고 망각하는 것도 지혜다. 인간은 낙타처럼 기억이라는 짐을 지고 무겁게 삶을 살아간다. 아이는 망각하는 존재다. 사람들은 아이와 같은 존재가 됨으로써 새로운 세계를 탐험하듯 즐거운 놀이처럼 살 수 있다.

278

힘에의 의지

> 내게는 상처 입힐 수 없는 것, 영원히 묻어둘 수 없는 것, 바위까지
> 도 부숴버릴 수 있는 것이 있다. 바로 '나의 의지'다. 그것은 묵묵
> 히 굴복하지 않고 세월 속을 걸어간다.

니체는 힘에의 의지를 가르친다. 삶이 있는 곳에 의지가 있고, 삶 자체보다
는 힘에의 의지가 더 높이 평가된다. 힘에의 의지란, 강한자의 힘을 말하는
것이 아니다. 생명이 넘치는 모든 것, 시중드는 자가 주인이 되려는 것, 약
자는 강자를 섬겨야 한다고 자신을 설득하는 것, 작은 자가 가장 작은 자
를 지배하기 위해 더 큰 자 에게 복종하는 것, 가장 큰 자는 죽음을 걸고 헌
신하는 것, 희생하며 봉사하는 곳에서도 지배자가 되려는 것, 이 모든 것을
힘에의 의지라고 말한다.

지위가 높은 사람, 돈이 많은 사람, 노인, 성인, 갓 태어난 아기까지 모두
자신만의 힘의 의지가 있다. 타인과의 관계 속에서 지위를 얻고 타인을 지
배하려는 것도 힘에의 의지다. 자기 자신 안에서도 매순간 다른 힘에의 의
지가 있다.

어제는 쉬고 싶은 나였지만 오늘은 힘찬 운동을 하고 싶다고 느낄 수 있
다. 어제의 힘에의 의지와 오늘의 힘에의 의지가 달라졌기 때문이다. 오늘
의 나는 어제의 나와 다른 새로운 나다. 내가 하고 싶은 것은 모두 힘에의
의지다. 힘에의 의지는 삶을 즐겁고 건강하게 만든다.

279

지배의 사슬

> 약자에게는 자신보다 약한 자의 주인이 되려고 하는 약자로서의
> 의지가 있기 때문에 강자에게 봉사한다. 살아 있는 자는 누구나
> 주인이 되고자 하는 기쁨만은 버릴 수가 없다.

인간의 본성에 힘에의 의지가 있다. 힘의 의지는 자신의 힘을 증진시키고 확장하려는 욕망이다. 강자는 자신의 힘이 크기 때문에 이러한 욕망을 쉽게 충족시킬 수 있다. 그러나 약자는 자신의 힘이 약하기 때문에 강자를 섬기는 것이 낫다고 생각한다. 강자의 힘을 이용하여 자신의 삶을 유지할 수 있기 때문이다.

약자는 강자를 섬기고, 자기보다 더 약한 자의 지배자가 되려고 한다. 약자도 자신의 힘을 증진시키고 확장하려는 욕망이 있기 때문이다. 사람들은 관계를 맺으며 관계 속에서 성장한다. 더 나은 지위를 획득하기 위해 힘에의 의지를 발휘하고, 관계가 없어지면 힘에의 의지의 욕구도 의미도 없어진다.

무능한 사람이 완장을 차면 권력을 행사하며 사람들을 괴롭힌다. 평소에는 약하고 소심한 사람이 조그마한 권력이라도 쥐게 되면 자신의 이익을 챙기고 다른 사람을 착취하고 억압한다. 완장을 차게 됨으로써 자신의 열등감을 보상받고자 횡포를 부린다. 니체는 이러한 약자들은 주체적인 삶을 살 수 없다고 비판했다.

280

아름답고 단단한 덕

> 그대는 원기둥의 덕을 찾기 위해 노력해야 한다. 기둥은 높으면
> 높을수록 더 아름다워지고 우아해지며 그 안은 더 견고해져서 무
> 거운 것을 버티는 힘이 커진다.

니체는 영웅은 아름다운 원기둥과 같이 내면의 힘과 덕성을 고루 갖추어
야 한다고 말한다. 아름다움은 격렬한 의지만으로는 얻기 힘들다. 아름다
움은 넘치는 듯 모자란 듯하고, 때로는 부드럽고 유연한 것이기 때문이다.
자신의 힘을 과시하며 타인을 착취하고 지배하는 독선적인 행동은 아름답
지 않다. 자신의 힘을 다른 사람에게 베풀 때 아름답게 보이는 것이다.

　내외적으로 훌륭한 사람이 되려면 매일 자신을 거울에 비춰봐야 한다.
나의 생각과 가치관이 올바른지, 나의 행동이 타인에게 어떤 영향을 미치
는지에 대해 객관적으로 바라보고 평가하는 것이 중요하다.

　외유내강外柔內剛형 사람은, 겉은 부드럽고 순하나 속은 곧고 강직한 사람
이다. 겸손하면서도 소신이 있고 지혜롭기 때문에 사람들의 존경을 받는
다. 부드러운 카리스마를 가진 사람은 강압적이지 않고, 자신감이 넘치면
서도 따뜻한 태도로 사람들을 따르게 하는 매력이 있다.

281

색칠한 교양

'이곳은 정말 그림물감의 본고장이군.' 그대, 현대인들이여, 그대
들은 얼굴과 손발에 50가지 색깔의 그림물감을 색칠한 채 앉아 있
다. 그대들은 나를 놀라고 어이없게 만든다. 그리고 그대들 주위
에는 50개의 거울이 놓여 있다. 그것이 그대들의 색깔 변화에 우
쭐해하며 그 일을 반복하고 있다.

니체는 사람들의 교양이 색칠한 것처럼 가식적이고 과장되어 있다며 교양
속물이라고 비판한다. 당시 유럽사회는 상류계급의 사람들이 사교계에서
보여주는 세련된 옷차림과 행동을 중요시했다. 이들의 교양은 기존의 가
치와 문화에 따라 획일적으로 부풀리며 치장한 것이다. 이는 새털만큼이나
보잘것없고 창조적인 자기 형성을 방해한다.

교양은 시대적 상황에 변화한다. 교양에는 그 시대의 가치관이 담겼기
때문이다. 사람들은 교양에 대하여 상대방의 말투와 태도, 옷차림과 행동
으로 평가한다. 잘 차려 입었더라도 길거리에 침을 뱉거나, 질서를 지키지
않는 행위는 교양과 품격을 떨어뜨린다.

니체는 교양 속물의 나라를 비판하고, 아이들의 나라를 사랑한다. 그는
아직 발견되지 않은 머나먼 바다에 있는 그 나라를 찾고 또 찾는다. 사회질
서를 무조건적으로 수용하고 맹목적으로 추종하는 것은 교양 속물이다. 사
람들은 가식적이고 독선적인 사람보다. 새로운 가치를 위해 노력하는 사람
을 원한다.

282

나는 양이 아니다

> 나는 자유를 사랑한다. 그리고 생기 있는 대지를 감싸고 있는 공
> 기를 사랑한다. 학자들의 지위와 위엄에서 자느니 차라리 황소 가
> 죽으로 된 자리 위에서 잠들고 싶다.

차라투스트라가 잠자고 있을 때, 한 마리 양이 담쟁이덩굴로 만든, 내 머리
관을 뜯어 먹고 나서 말했다. "너는 이제 학자가 아니다." 차라투스트라는
"나는 더 이상 양치기를 따르는 양이 아니다. 이것은 내 운명이 바라던 것
이고, 축복이다"라고 말한다. 차라투스트라는 학자들이 기존의 가치와 관
념에 얽매여 자신의 생각과 행동을 제한받는 양들과 같으며, 양들이 양치
기를 따르는 것처럼 기존 학문만이 옳다고 믿고 따르며 자신만의 생각을
창조하지 못한다고 했다.

니체는 진리는 절대적이고 불변하는 것이 아니라, 시대와 상황에 따라
변화하는 것이라고 말한다. 공자의 《논어》에 나오는 온고지신溫故知新은 과
거의 전통과 역사, 학문을 충분히 익히고 새로운 것을 배우는 것을 뜻한다.
옛것을 소중히 여기고 연구하는 것도 중요하지만, 거기에만 머무르지 않고
새로운 것을 받아들이는 자세도 필요하다.

교회와 국가

불개가 물었다. "교회라고? 그것이 대체 무엇인가?" 차라투스트라가 대답했다. "교회는 일종의 국가다. 그것도 거짓이 가장 많이 들끓는 국가다. 국가도 그대처럼 위선의 개다. 국가도 그대처럼 연기와 포효로 말하기를 즐긴다. 그리고 국가도 그대처럼 사물의 핵심을 말하고 있다고 믿게 하려 한다. 국가는 대지의 가장 중요한 짐승이기를 원한다."

개는 대중을 의미하며 불개는 혁명을 일으키는 사람을 의미한다. 차라투스트라는 교회와 국가를 위선적인 개에 비유하고, 교회와 국가가 위선적인 면에서 같다고 말한다.

교회는 신을 믿도록 속이면서, 자신들 이익을 위해 사람들을 조종한다. 국가는 국민을 보호한다면서, 정치적 이익을 위해 국민들을 이용한다. 교회는 신에 대한 믿음을 강요하며 교리를 절대적인 진리로 내세운다. 국가는 국민들에게 충성심을 강요하며, 절대적인 권위를 내세운다.

국가는 전쟁을 막기 위해 형성되었고, 전쟁을 막기 위해 전쟁을 벌인다. 젊은 청년은 전쟁 통에도 군대에 자진해서 입대한다. 그것은 자신이 국가를 지켜야 한다는 충성심이다. 수많은 전사들이 국가를 위해 목숨을 바친다. 국가를 위해 목숨을 바치는 것이 애국심이고 영예로운 죽음이라고 믿기 때문이다.

284 | 과거에 갇히지 마라

> 아, 우리가 빠져 죽을 바다는 어디에 있는가? 우리의 탄식하는 말
> 은 늪을 가로질러 울려 퍼진다. 우리는 너무 지쳐서 죽을 수도 없
> 다. 그래서 눈을 뜬 채 계속 사는 것이다. 무덤 속에서!

차라투스트라는 인간이 삶의 의미를 잃어버리고 슬픔에 빠진 모습을 바라
본다. 모든 것이 공허하고 동일하며 살아가는 의미가 없다. 메말라가는 인
간에게 불덩이도 지치고 바다도 뒤로 물러나버렸다. 모든 샘이 마르고, 대
지가 갈라지고 있지만, 깊은 심연은 인간을 삼키려 하지 않고, 인간들은 익
사할 만큼 깊은 바다를 찾을 수도 없다.

　사람들은 삶의 의미를 찾기 위해 다양한 종교와 철학을 찾는다. 하지만
모든 것은 공허하고 동일하기 때문에 인간은 삶에 대한 의욕을 잃게 된다.
사람들은 열정이 메마르고 희망이 고갈되었다. 심연은 인간의 좌절과 절망
을 의미한다. 인간은 스스로의 위기를 극복할 의지를 잃고 절망에 빠져 기
억의 무덤에 갇힌 채 살아가고 있다.

　과거의 무덤에서 빠져나와 지금 현재를 살아야 한다. 사람들은 '내가 왕
년往年엔 잘나갔었는데…, 그때가 좋았지'라고 회상한다. 과거의 기억에 빠
져 있는 것은 의지가 무덤 속에 갇히는 것이다. 과거가 화려할수록 오래오
래 머물고 싶겠지만 과거는 허상이다. 허상은 되돌릴 수 없기 때문에 허무
하고 절망감을 줄 수 있다. '그때 ~했었다'가 아닌 '현재 나는 무엇을 원한
다, 미래 나는 무엇이 될 것이다'라는 의지를 가져야 한다.

285

결핍에 대하여

만일 꼽추에게서 등의 혹을 뗀다면, 그것은 그의 정신을 없애는 것이 된다. 장님에게 앞을 보게 해주면, 그는 지상에 있는 너무나 많은 불쾌한 것으로 인해 자신을 고쳐준 사람을 원망할 것이다. 또 앉은뱅이를 걷게 하는 것은 그에게 가장 큰 화를 내리는 것이다. 그가 걷기 시작하자마자 그의 악덕도 따라 일어날 테니까.

불구자는 눈, 귀, 다리, 혀, 코 등 어느 하나를 잃어버린 사람들이다. 어떤 사람은 커다란 눈만 있거나 귀 하나만, 또 입만 있는 사람이 있다. 차라투스트라는 이런 사람들을 전도된 불구자라고 말한다. 전도된 불구자는 한 가지 능력만 너무 많고, 다른 모든 능력이 결핍된 사람들이다.

조선 후기 실학자 다산 정약용丁若鏞은《목민심서牧民心書》에서 늙어 결핍되어 가는 미학에 대해 다음과 같이 말했다. "나이가 들면서 눈이 침침한 것은 모든 것을 보려 하지 말고 필요한 것만 보라는 뜻이다. 귀가 잘 안 들리는 것은 쓸데없는 것은 듣지 말고 필요한 말만 가려들으라는 뜻이다. 머리가 하얗게 되는 것은 멀리서도 나이든 사람을 알아보게 하기 위한 것이다. 치아가 약해지는 것은 연한 음식만 먹고 소화를 도와 배가 편안해지기 위한 것이다. 걸음걸이가 둔해지는 것은 매사에 거동을 조심하고 너무 멀리 가지 말라는 뜻이다. 기억력이 떨어지는 것은 사는 동안 일을 다 기억하지 말고 좋은 추억만 기억하라는 것이다."

286

과거형 의지

의지는 과거로 되돌아가기를 바랄 수 없다. 의지는 시간과 시간
의 욕심을 꺾을 수 없다. 이것이 의지의 가장 깊은 고독이고 번
민이다. 시간을 되돌릴 수 없다는 것이 의지의 통분이다. '그랬
던 것', 그것은 의지가 아무리 노력해도 굴릴 수 없는 큰 바위의
이름이다.

의지 자체는 감옥에 갇힌 수인囚人와 같다. 의지는 과거의 일에 대해서는 무
기력하기 때문에 고독하고 슬퍼한다. 의지는 과거의 일에 대해 악의적인
방관자일 뿐이다. 감옥에 갇힌 수인은 바보가 되고 갇힌 의지도 바보 같은
방법으로 자신을 구제한다. 구제란, 지나가버린 것을 구제하는 것이다. '모
든 그러 했다'를 '내가 그렇게 되기를 원했다'로 바꾸는 것이다.

니체는 과거에 대한 집착을 버리고 현재를 살아가는 데 집중하라고 말
한다. 과거는 바꿀 수 없기 때문에, 과거에 대한 집착은 현재를 살아가는
데 방해가 될 뿐이다. 의지의 본질을 이해하지 못하면 의지가 과거를 바꿀
수 없다는 사실을 받아들이지 못한다. 과거에 대한 원한은 인간을 가해자
로 만들고, 복수에 대한 의지는 고통을 낳는다.

용서는 나를 과거에 대한 집착에서 벗어나게 한다. 용서는 과거를 바꾸
는 것이 아니라, 과거가 나에게 미치는 영향력을 바꾸는 것이다. 용서는
잘못을 잊는 것이 아니라, 과거의 잘못이 나에게 미치는 영향력을 줄이는
것이다.

287 | 목표를 이루고 싶은 마음

무서운 것은 산 정상이 아니라 비탈이다! 비탈에서는 시선이 아래쪽으로 향하고, 손은 위를 향해 무엇을 움켜쥔다. 그래서 마음은 이중의 의지 때문에 현기증을 일으킨다.

목표를 세우기는 쉽지만 이루기 위한 과정은 힘들고 어렵다. 산꼭대기에 오르는 순간 기쁘고 감격에 넘친다. 그만큼 힘들고 어려운 과정을 거쳤기 때문이다. 사람들은 목표를 이루고 싶은 마음과 포기하고 싶은 마음, 이중의 의지에서 갈등하고 불안해한다.

미끄러운 비탈길 효과Slippery Slope Effect는 사소한 것을 허용했을 때, 연쇄 과정을 거쳐 나쁜 결과가 발생되는 것을 말한다. 자신이 대수롭지 않다고 여겼던 사소한 습관이 몸과 마음의 상태를 바닥까지 곤두박질치게 할 수 있다.

목표를 이루고 싶은 마음은 비탈을 오르게 하지만, 포기하고 싶은 마음은 비탈길에서 넘어지게 한다. 비탈은 목표를 이루기 위한 과정이며, 가파르고 위험하다. 목표를 이루기 위해서는 흔들리지 않는 의지와 동기가 유지되어야 노력을 지속할 수 있다.

288

긍지에 상처를 입을 때

상처 입은 허영심은 모든 비애의 어머니 아닌가? 그것과는 반대
로 긍지가 손상되었을 경우에는 아마 더 좋은 것이 생길 것이다.

니체는 상처받은 허영심은 비극적인 결과를 낳지만, 긍지는 상처받은 곳
에서 자랄 때 더욱 빛을 발할 수 있다고 말한다. 허영심은 비극적인 결과
를 낳는다. 사람들은 인정받기를 원하며 타인에게 좋은 평가를 받고 싶어
한다. 자신의 기대와 다른 대우를 받으면 분노하고 상처받는다. 상처받은
마음은 복수하고 싶은 부정적인 감정에 빠져 비극적인 결과를 불러올 수
있다.

긍지가 상처를 입은 곳에서는 긍지 이상으로 좋은 것이 자라난다. 긍지
가 강한 사람은 상처를 입으면 자신의 약점을 인정한다. 그리고 그것을 극
복하기 위해 노력함으로써 자신이 성장할 수 있는 계기로 받아들인다. 상
처는 누구나 언제든지 몇 번이고 입을 수 있다. 상처를 입는 정도나 횟수보
다 상처를 어떻게 받아들이고 대처하느냐가 중요하다.

허영심을 낮추고 긍지를 상승시키려면 첫째, 자신의 약점을 인정한다.
약점을 부정하고 덮어두는 것이 진짜 약점이 된다. 둘째, 타인의 평가에 얽
매이지 않는다. 타인의 시선과 평가의 노예가 되면 주인 자리를 잃는 것이
다. 셋째, 자기 자신을 믿는다. 스스로를 믿으면 부정적 감정을 막고, 자신
감이 상승한다.

289

허영심이 강한 사람

> 나는 허영심 많은 자가 모두 훌륭한 배우라는 것을 알았다. 그들은 사람들이 구경해주기를 바라는 마음에 연기를 한다. 그들의 온 정신은 이 의지 속에 들어 있다.

차라투스트라는 긍지에 찬 사람들보다는 허영심 강한 사람들을 아끼는 것이 대인 관계에서 더 많은 행복을 얻을 수 있다고 말한다. 허영심이 강한 자들은 슬픔을 고치는 의사와 같다. 그들은 자신들을 배우처럼 연출하고 꾸며내므로 연극에 집중하듯 인간에게 집중하게 만든다.

차라투스트라는 허영심이 강한 자들을 동정한다. 그들은 자신을 모르는 것이 참된 덕이듯 자신의 겸손을 알지 못하기 때문이다. 허영심이 강한 사람은 타인을 통해 자신의 가치를 확인받고, 타인의 눈길을 먹고 산다. 그러기 때문에 타인이 거짓말로라도 칭찬을 하면 거짓말조차 믿는다. 실제로 그의 마음속 깊은 곳에서 '나'는 무엇인가? 하고 탄식한다.

긍지에 찬 사람들은 자신에 대한 확고한 의지를 가진다. 그러므로 타인의 시선을 신경 쓰거나 일부러 맞추려고 하지 않는다. 허영심이 강한 자는 멋지게 변장하고 착하고 의로운 척 허풍을 떨며 배우처럼 살아간다. 내 삶의 무대에서 자신의 의지에 따라 춤추고 즐기는 주인공이 되어야 한다.

290

원만하게 살아간다는 것

나는 인간들 사이에서 지쳐버리지 않으려면 어떠한 술잔으로도
마시는 방법을 배워야 한다. 더욱이 인간 세계에 있으면서 몸을
깨끗이 해두고 싶어 하는 자는 더러운 물로도 몸을 깨끗이 씻는
방법을 배워두어야 한다.

세상은 완벽하지 않기 때문에 모순과 혼란스러운 일이 발생된다. 혼란스러
운 세상에서 자기의 정체성을 잃지 않고 살아가려면 편견을 버려야 한다.
불합리하거나 이치에 맞지 않는 상황을 보고 무조건 외면하거나 순응하는
것은 위험하다. 자신의 신념과 가치를 지키기 위해서는 더럽고 부정한 일
에 맞서는 용기가 필요하다.

인간은 사회적 동물이므로 타인과의 관계에서는 노력이 필요하다. 사람
들은 외모가 매력적인 사람들도 좋아하지만, 성격이 원만한 사람을 더 좋
아한다. 성격이 원만한 사람은 자기를 앞세우지 않고 포용력을 발휘한다.
이로써 자신도 마음이 편하고 다른 사람들도 좋아한다. 차라투스트라는
"내가 그대들과 나를 구분하지 못하도록, 나 자신도 변장한 채 그대들 사이
에 앉아 있고 싶다. 이것이 인간을 대하는 마지막 지혜다"라고 말한다.

우리 속담에도 "모난 돌이 정 맞는다"는 말이 있다. 눈에 띄는 사람이 남
의 미움을 더 받게 된다는 뜻이다. 사회적 현상과 기존의 가치에 대하여 남
들과 다른 의견을 제시하는 사람은 모난 돌 취급을 당할 수도 있다. 강직한
사람, 뛰어난 재주를 가진 사람은 타인의 미움과 시기, 질투의 대상이 될
수 있으므로 유연하게 대처하는 지혜가 필요하다.

291 세상을 바꾸는 힘

폭풍을 일으키는 것은 가장 고요한 언어다. 비둘기 다리로 걸어오
는 사상이 세계를 지배한다.

차라투스트라는 조용한 말이 거센 폭풍우를 몰고 와서 세상을 바꿀 수 있
다고 말한다. 말은 사람들의 마음을 움직이고, 세상을 변화시킬 수 있는 힘
을 가지고 있다. 사상은 비둘기 걸음처럼 조금씩 천천히 세상을 변화시킨
다. 폭력이나 강압을 쓰지 않고 사람들의 마음과 생각을 변화시킴으로써
세상도 변화한다.

해님과 바람은 나그네의 외투를 누가 더 빨리 벗길 수 있는지 내기를 했
다. 자신만만한 바람은 나그네를 향해 강하게 바람을 불었다. 그러자 나그
네는 바람이 세찰수록 자신의 외투를 단단히 여몄다. 바람은 실패를 했고
이번에는 해님이 나그네를 향해 미소 지었다. 따사로운 햇빛에 나그네 스
스로 외투를 벗어버렸다. 부드러움이 강력함을 이긴 것이다.

강압적이고 폭력적인 힘보다 설득과 공감이 생각을 바꾸고 세상을 변화
시킨다. 조용한 혁명은 교육, 문화, 사회 제도 등 다양한 분야에서 조금씩
긍정적인 변화를 가져온다. 반면에 사람들이 인식하지 못하는 사이 부정적
인 결과를 가져올 수도 있다. 가짜 뉴스는 사실이 아닌 정보를 진실처럼 꾸
며 유포한다. 가짜 뉴스는 개인이나 특정 세력이 자신들의 이익 추구를 위
해 유포한다. 이는 사람들의 불신을 조장하고, 사회적 갈등을 심화시킬 수
있다. 가짜 뉴스에 현혹되지 않으려면, 반드시 정보 출처와 사실 확인을 하
는 습관이 중요하다.

292 | 나의 한계를 인정하라

나지막한 소리가 나에게 말했다. "그대 몸이야 어떻게 되든 문제
가 아니다. 그대는 내가 보기에 아직 충분히 겸손하지 않다. 겸손
은 더 단단한 껍질을 가지는 법이다." 차라투스트라가 대답했다.
"내 겸손의 껍질은 이제까지 모든 것을 참아왔다. 나는 높은 산의
기슭에 살고 있다. 그 산의 높이가 얼마나 되는지 나도 모른다. 아
무도 나에게 그것을 말해준 사람이 없었다. 그러나 나는 골짜기가
얼마나 낮은가는 잘 알고 있다."

차라투스트라가 제자들과 함께 산에서 내려와 사람들에게 자신의 사상을
전파하려고 했지만, 사람들은 그를 조롱하고 비난하며 거부했다. 어디선가
현자가 차라투스트라의 겸손함에 대해 꾸짖었다. 차라투스트라는 자신이
교만했음을 깨닫고, 고독 속으로 들어갈 것을 결심했다. 차라투스트라는
큰소리로 울고 벗들과 헤어져 홀로 길을 떠났다.

큰 변화를 이루기 위해서는 작은 변화부터 시작해야 한다. 차라투스트라
는 자신의 말이 산을 옮겨놓은 적도 없었고, 인간에게도 도달하지 못했다
고 느꼈다. 태산이 낮은 지대와 골짜기에서부터 시작해 높아지듯이 세상의
가치를 변화시키는 것도 작은 생각과 습관에서 비롯된다.

겸손謙遜은 교만함 마음을 버리고 자신을 과대평가하거나 타인에게 자신
의 능력과 지식을 과시하지 않는 것이다. 차라투스트라는 자신이 세상을
변화시킬 수 있다고 믿은 것은 겸손함이 부족한 탓이라고 생각했다. 자신
의 생각과 가치관이 받아들여지지 않을 때, 실망하거나 분노하지 말고, 차
라투스트라처럼 겸손한 태도를 가져야 한다.

293

꿈과 목표를 위하여

자신을 지나치게 아끼는 자는 그것 때문에 병들어 버린다. 우리를 가혹하게 하는 것을 찬미하자! 나는 기름진 버터와 달콤한 꿀이 흐르는 나라를 찬미하지 않으리라. '많은' 것을 보기 위해서는 자신에게서 '시선을 돌리는 것'이 필요하다. 높이 오르는 자에게 이 가혹함은 필수적이다. 인식자로서 오만한 견해를 가진 사람은 사물의 표면만 볼 수 있을 뿐이다.

산을 오르는 자는 평지에 안주하지 않는다. 높은 곳을 향하여 오르고 더 높은 산을 정복하려고 한다. 방랑자는 정착하지 않고 언제든지 어디로든 주저 없이 길을 나서는 사람이다. 이들은 자유와 변화를 추구하며, 도전 정신과 성취감이 강한 사람들이다. 방랑과 등산에도 방향성이 있어야 한다. 목표를 잃으면 지치고 외롭고 처량해지며 중심을 잃고 포기하게 된다.

차라투스트라는 "나의 정상은 나 자신과 나의 별들마저 저 아래로 내려다보는 것이다. 그것이 내게 남겨진 마지막 정상이다" 하고 말한다. 그는 평지를 사랑하지 않으며 오랫동안 한자리에 가만히 있지 않고 산을 오르고 또 오른다.

차라투스트라는 방랑자이고 산을 오르는 자다. 그는 자기 자신을 넘어서 더 위로 별들이, 발아래 놓일 때까지 포기하지 말고 올라가라고 말한다. 별은 자기 자신의 꿈과 목표를 말한다. 자신이 원하는 목표를 이루려면 그 이상의 노력을 해야 한다. 불가능한 기록을 갱신한 운동선수나 실패를 겪고 기적 같은 신화를 창조해낸 사람들은 우리에게 희망과 용기를 준다.

294
아무도 알아주지 않을 때

> 더없이 고독한 상태에 있는 자에게 사랑은 위험하다. 살아 있는
> 것이라면 무엇이든 사랑하려는 그런 사랑은 위험하다. 나의 바보
> 스러운 마음은 참으로 비난받아야 한다, 그리고 사랑에 있어서 나
> 의 겸손은 정말이지 비난받아야 한다.

차라투스트라는 바다를 사랑하므로 바다를 위해 노래하려고 했지만 바다
는 원치 않았다. 바다는 거대한 존재이므로 인간이 이해하기 어려운 고통
을 가지고 있다. 타인의 고통을 이해하지 못하면서 위로하려는 것은 공허
하고 무의미하다.

차라투스트라는 모든 것을 대할 때 언제나 너무 쉽게 믿고, 어떠한 위험
도 무릅쓰고 다가갔다. 온갖 괴물들을 쓰다듬었고, 그들의 사나운 앞발에
난 털 조금도 사랑하고 아껴주었다. 그런데도 아무도 자신의 마음을 알아
주지 않자, 산속으로 들어가 고독한 시간을 보낸다. 자신의 어리석었던 마
음과 그리움 때문에 울고, 자신의 어리석음을 비웃고 자책했다.

사람들은 자기 방식으로 타인을 사랑하고 위로하려고 한다. 자기 방식대
로 생각하고 표현한 것이기 때문에 상대방은 원치 않을 수 있다. 사람의 마
음을 얻는 데는 정답이 없다. 세상에서 가장 어려운 일은 사람의 마음을 얻
는 일이라고 한다.

295 | 위버멘쉬가 되는 삶

> 오, 차라투스트라여! 그대, 지혜의 돌이여. 그대는 자신을 높이
> 던져 올렸다. 그러나 위로 던져진 돌은 모두 떨어지고 만다. 그대
> 는 자신에게 떨어져 내릴 돌을 위로 던진 것이다. 오, 차라투스트
> 라. 그대는 정말 돌을 멀리 던졌다. 그러나 그 돌은 그대 머리 위에
> 떨어지리라.

차라투스트라는 중력의 영을 물리쳐야 한다고 말한다. 중력의 영은, 사회
적 관습, 도덕적 가치, 인간의 본능적인 욕망과 습관 등 인간을 억누르고
구속하는 모든 것을 말한다. 인간의 삶에서 중력의 힘은 강력하다. 중력은
지구가 모든 물체를 지구의 중심으로 끌어당기듯, 인간의 의지를 땅으로
잡아당겨 포기하게 한다. 우리는 슬픈 날도 있고 힘든 날도 있으며, 늘 행
복하지는 않지만 포기하지 않고 살아간다.

알베르 카뮈Albert Camus, 1913~1960의 철학 에세이 《시지프 신화Le mythe de
Sisyphe》(1942)에서, 신들은 시지프에게 바위를 굴려 산꼭대기로 올리라는
벌을 내렸다. 바위가 산꼭대기에 도달하면 다시 아래로 굴러 떨어진다. 시
지프는 계속해서 바위를 올리는 일을 반복해야 한다. 산 정상으로 돌을 밀
어 올릴 수 있는 것만으로도 인간의 마음은 충만해질 수 있다. 정상에 도달
하는 것이 중요한 것이 아니라 포기하지 않는 것이 중력의 힘을 이기는 것
이다. 끊임없이 도전하며 자신의 한계를 극복하는 것이 위버멘쉬가 되는
삶이다.

296 | 승리를 부르는 용기

공격적인 용기는 최상의 살해자다. 용기는 죽음까지도 살해한다. 용기는 "이게 인생이었던가? 좋아, 다시 한 번!" 하고 말하게 하기 때문이다. 그러나 이러한 말 속에는 사방에 울려 퍼지는 수많은 함성이 있다. 귀를 가진 자는 들으리!

차라투스트라는 용기를 "최상의 살해자"라고 말한다. 용기는 인간이 두려움을 극복하고, 삶을 적극적으로 살아가게 하는 힘이기 때문이다. 죽음은 인간의 삶에서 가장 큰 두려움이다. 죽음조차 살해하는 용기는 죽음도 두려워하지 않고, 적극적으로 살아갈 수 있는 힘을 준다. 용기는 죽음도 삶의 끝이 아니라, 새로운 삶의 시작이라고 여기기 때문이다.

인간은 미래를 예측할 수 없기 때문에 불안하고 두렵다. 공격적인 용기는 변화를 시도하고 도전함으로써 새로운 삶을 창조할 수 있게 한다. 이순신 장군은 "필사즉생, 필생즉사必死則生, 必生則死, 죽고자하면 살 것이요 살고자하면 죽을 것이다"라고 말했다. 이순신은 1597년 명량해전에서 13척의 배로 왜선 130여 척을 물리쳤다. 약세인 전투 상황에서도 죽음도 불사하는 용기와 의지가 전쟁을 승리로 이끌었다.

적은 외부에만 있는 것이 아니다. 자신의 의지를 약하게 만드는 것은 내면의 적이다. 실패할까 봐 두렵고, 거절당할까 봐 망설이고, 상처받을까 봐 거리를 두면 두려움에 갇힌다. 니체는 두려움에서 벗어나 "좋다! 다시 한 번!"이라 외치며 용기를 내라고 말한다.

297

뱀을 물어라!

젊은 목자가 몸부림치며 숨을 헐떡이고, 얼굴은 온통 찡그리고 있던 모습을 보았다. 그 입에서는 시꺼먼 큰 뱀이 나와 늘어져 있었다. 나의 손은 뱀을 마구 끌어당겼으나 아무 소용이 없었다. 그러자 내 속에서 절규가 터져 나왔다. "물어, 물어라! 뱀의 대가리를 물어 끊어라!" 그러자 목자는 나의 절규대로 뱀을 물었다. 확실하게 물었다! 그리고 그는 뱀 대가리를 멀리 내뱉더니 벌떡 일어났다. 이미 목자도 아니고 인간도 아니었다. 변신한 인간이자, 빛으로 둘러싸인 자였다. 그는 웃었다. 나는 이제껏 그가 웃은 것처럼 웃는 인간을 지상에서 본 적이 없다!

차라투스트라는 입 속에 뱀이 들어가 목구멍이 막힌 양치기를 보았다. 숨이 막힌 양치기는 몸을 비틀고 경련을 일으키며 얼굴을 찡그리고 있다. 차라투스트라는 뱀 대가리를 물어뜯으라고 명령했다. 양치기는 뱀 대가리를 물어뜯고 멀리 뱉어내자 숨통이 트였다. 양치기가 이전의 양치기가 아니라 '변화한 자', '빛으로 감싸인 자'가 되었다. 양치기는 자신의 숨통을 막고 삶을 억누르는 상황을 극복한 것이다.

뱀은 아무리 노력해도 소용이 없고 해결되지 않는 어려움이다. 삶의 문제를 해결하기 위해서는 결단력과 적극적인 행동이 필요하다. 반복되는 생활은 모두에게 주어진 똑같은 삶의 조건이다. 하루하루를 답답하고 무의미하게 살아갈 것인지, 내일은 좀 더 다르게 살 것인지는 자신의 선택이다.

니체의 영원회귀란, 모든 존재와 에너지가 무한히 반복된다는 것이다. '뱀'은 너무 목구멍에 깊숙이 박혀 있어, 반복되고 숨통을 조이는 일상과 같다. 영원회귀는 현재의 삶이 무한히 반복된다는 것이므로, 똑같이 반복되어도 좋다고 말할 수 있는 삶을 사는 것이다.

298

부모의 소유욕

나는 자식들의 애정에 얽매여 누워 있었다. 사랑에 대한 욕망이 함정을 파놓았던 것이다. 내가 내 자식들의 희생물이 되어, 그들로 말미암아 나 자신을 잃고 싶다는 욕망이, 욕망이란 나 자신을 잃는 것을 뜻한다. "나의 자식들이여, 나는 너희를 소유하고 있다!"

소유하고 싶은 욕망은 자신의 아이들을 자신의 것으로 만들고, 자신의 삶의 일부로 만들려고 한다. 자녀는 부모의 보호와 사랑을 필요로 하지만, 지나친 보호와 집착은 자녀의 독립심과 자존감을 떨어뜨린다. 아이들은 부모의 소유물이 아니다. 부모는 아이들을 자신의 것으로 여겨 자신의 통제하에서 마음대로 할 수 있다고 생각한다.

JTBC에서 방영된 드라마 〈스카이 캐슬〉은 상류층 부모들의 욕망과 자녀들의 입시 경쟁을 다룬 이야기다. 부모들은 자녀의 성공을 위해 모든 것을 희생하며 노력하지만, 지나친 욕망 때문에 비극적 결과를 낳는다. 자녀를 위해 모든 것을 바치고, 소유하려는 욕망은 아이의 삶을 빼앗고, 자신의 삶도 잃게 만든다.

니체는 아이들은 자기의 정체성을 찾고 자신에게 알맞은 삶을 살아야 한다고 말한다. 그들은 세상을 밝히는 등대 같은 존재가 되어야 한다. 그들이 저마다의 시련을 맞이하고 깨달음에 이르도록, 부모는 부단하게 아이들을 도와야 한다.

299

행복에 대하여

행복이 나를 뒤쫓아 온다. 내가 여자들을 뒤쫓지 않았기 때문이다. 그런데 행복이란 결국 한 여자다.

니체는 행복이란, 힘이 증가되고 있다는 느낌이라고 말한다. 행복은 불행에 맞서 자신과 싸우면서 고통을 기꺼이 받아들이고 극복하는 것이다. 역경에 부딪칠수록 더 강해질 수 있는 기회가 되기 때문에 어려움을 이겨냈을 때 자신의 강한 성취감과 행복을 경험할 수 있다.

행복은 뒤에서 쫓아온다. 사람들은 행복을 잡으려고 하지만, 잡으려 하면 할수록 더 멀리 있는 것처럼 느껴진다. 부와 명예, 성공 등을 행복이라 믿고 집착 할수록 더욱더 불행해진다. 행복은 과거나 미래에 있지 않다. 행복은 바로 지금, 이 순간 마음속에 있다. 현재에 집중하고, 지금 이 순간을 살아야 한다. 그러면 어느 순간 행복이 내 뒤를 따라오고 있을 것이다.

300

행복의 섬

자기 자식들을 위해 차라투스트라는 우선 자기 스스로를 완성해야 한다. 사람이 진심으로 사랑하는 것은 오직 자기 자식과 자신에게 맡겨진 과업뿐이니까. 그리고 자신에 대해 커다란 사랑이 있다면, 그것은 잉태의 징후다. 나는 그것을 알았다. 내 자식들은 그 최초의 봄에 싸여서 초록색으로 물들어 서로 가까이 줄지어 선 채 바람에 나부끼고 있다.

창조자는 자신을 넘어서 새로운 것을 만드는 사람이다. 차라투스트라에게 아이들은 사랑과 희망으로 가꾸어진 나무이며 정원이다. 창조자는 아이들에게 사랑과 희망을 불어넣고, 아이들은 창조자에게 새로운 삶의 의미와 목적을 준다.

수도선부水到船浮란 "물이 차면 배가 떠오른다"는 뜻이다. 욕심을 부려 억지로 이루려 하지 않아도 내공內功을 쌓으면 뜻한 바를 이루게 된다. 낭중지추囊中之錐는 "주머니 속의 송곳처럼 재능이 뛰어난 사람은 숨어 있어도 저절로 세상에 알려진다"는 의미다. 자신에 대한 사랑의 결실은 첫봄을 기다리는 아이들처럼 푸릇푸릇 자란다. 니체는 행복의 섬이란 이런 나무들과 함께 어울려 사는 곳이라고 말한다.

301

Also sprach Zarathustra

우연을 긍정하는 것

"모든 사물 위에는 우연이라는 하늘, 순진무구함이라는 하늘, 예측 불가능이라는 하늘, 분방함이라는 하늘이 걸려 있다"고 가르치는 것은 하나의 축복일 뿐 결코 모독이 아니다. '예측 불가능이라는 하늘' 이것은 세계에서 가장 오래된 귀족이다. 나는 이것을 모든 사물에게 되돌려준 것이다. 나는 모든 사물을 목적이라는 예속에서 구제해주었다.

니체는 우연을 긍정함으로써 모든 만물은 목적이라는 노예 상태로부터 벗어날 수 있다고 말한다. 모든 것이 필연적으로 정해져 있다면, 의지를 상실하고 수동적으로 살아야 한다. 자신의 의지에 따라 자유롭고 창조적으로 살기 위해서는 우연을 긍정하는 것이 진정한 자유다.

니체는 기존 철학자들의 목적론을 반대한다. 목적론은 존재하는 모든 만물은 목적을 가지고 있다고 주장하며 우연을 부정한다. 목적론은 삶이 목적에 규정되어 있다고 보기 때문에, 목적이라는 강박관념에 사로잡힌다. 전통적인 철학과 종교도 모든 것은 필연적으로 정해져 있는 것이며 우연은 없다고 말한다.

우연을 긍정하면 창의성과 다양성이 보장되지만, 결과를 예상할 수 없으므로 불안하다. 대형 사고는 우연히 발생하는 것이 아니라 경미한 사고들이 반복되면서 발생한다는 주장이 있다. 하인리히의 법칙Heinrich's law은 대형 사고는 같은 원인으로 수십 차례의 경미한 사고와 수백 번의 징후가 나타난다는 이론이다. 큰 재해는 사소한 것들을 방치할 때 필연적으로 발생할 수 있다는 것이다.

307

302

삶을 두려워 말라

축복할 수 없는 자는 저주하는 방법을 배워야 한다!

니체는 신중하고 의심 많은 삶을 거부하고, 천둥과 폭풍우 같은 강렬한 삶을 추구한다. 살금살금 걸어 다니는 자, 어중이떠중이, 의심하고 망설이는 자들을 미워한다. 축복할 줄 모르는 자는 오히려 저주하는 법을 배워야 한다고 말한다.

니체는 삶을 두려워하지 말고 변화를 추구하며 적극적으로 살라고 말한다. 의심과 두려움에 갇혀 있지 말고 강렬하고 활기찬 의지를 가지고 행동해야 한다. 어중이떠중이는 목표도 없고 뚜렷한 주관이 없는 무능력하고 무책임한 사람이다. 주관이 없기 때문에 축복할 상황인지 저주할 상황인지 판단조차 하지 못한다. 자신감이 없고 두렵기 때문에 타인을 의식하며 고양이처럼 살금살금 주변을 맴도는 사람이다.

어떤 선택을 해야 하는 상황에서 쉽게 결정을 내리지 못하는 성격이 있다. 매사에 수동적이고 결단력이 부족한 사람은 업무 처리에도 지장을 초래한다. 그래서 타인들에게 좋지 않은 인상을 준다. 우유부단한 태도를 개선하려면 일정 시간 이내에는 반드시 결정을 내리는 습관을 들여야 한다. 주변의 상황과 자신의 욕구를 절충하고, 실수하더라도 자책하지 말고 책임지고 만회하는 용기를 가져야 한다.

303

나를 비웃을 수 있는 여유

가능한 일이 얼마나 많은가! 그대들은 자신에게 비웃음을 던지는 법을 배워라. 그대들이 불충분하게 만들어졌거나 절반만 만들어진 부족한 인간이라 하더라도 그것은 조금도 이상한 일이 아니다. 그대들 반쯤 부서진 인간들이여! 그대들 안에서 인간의 미래가 몸부림치고 있지 않은가? 인간이 도달할 수 있는 가장 먼 것, 가장 깊은 것, 별처럼 높은 것, 거대한 힘들은 그대들의 항아리 속에서 서로 부딪치며 거품을 일으키고 있지 않은가?

니체는 실패와 절망을 두려워하지 말고 자신의 실패를 비웃을 수 있는 용기를 가지라고 말한다. '반쯤 부서졌다'는 것은 반은 성공했다는 것이며 완전히 파멸한 것은 아니다. 반쯤 파멸한 자는 반쪽의 성공을 경험과 반쯤의 실패를 겪은 사람이다.

실패했을 때 가장 나쁜 태도는 좌절하고 자책하는 것이다. 실패의 원인을 정확히 파악하고, 자신의 책임을 인정하는 것이 중요하다. 실패했을 때 좋은 태도는 실패로부터 배우고 성장할 수 있는 기반을 마련해 다시 도전하는 것이다.

니체가 말한 "마땅히 웃어야 하는 방식으로 자신을 비웃는다는 것"은, 자신의 실수를 부끄러워하거나 억누르지 않고 사실 그대로 인정하는 것이다. 실패를 지나치게 심각하게 받아들이면 오히려 더 큰 좌절에 빠지게 된다. 실패를 성장하고 발전할 수 있는 기회로 받아들이기 위해서는 자신을 비웃을 수 있는 여유를 가져야 한다.

304

유순함에 대하여

그대들의 토양은 동정이 지나치고 응석을 지나치게 받아준다! 그
러나 하나의 나무가 거목이 되려면 그 나무는 단단한 바위 주위에
뿌리를 굳건히 뻗어 내려야 한다!

차라투스트라는 지나치게 유순하고 지나치게 관대한 사람들을 비판한다.
나무가 성장하기 위해서는 단단한 바위를 뚫고 굳게 뿌리내려야 하듯이,
사람들은 자신의 삶에 대해 뿌리와 같은 강한 의지가 있어야 한다.

지나치게 유순한 사람들은 타인의 요구에 쉽게 승낙하고 자신의 생각이
나 의견을 주장하지 못한다. 어떤 사람은 그 착함을 자존감 낮은 무능함으
로 여기고 이용하려 든다. 지나치게 관대한 사람들은 타인의 잘못을 묵인
하거나 용서함으로써 그를 무책임한 사람으로 만들 수 있다. 불법 행위를
관대하게 처리하고 묵인하는 분위기가 형성되면, 사회질서가 무너지고 혼
란에 빠질 수 있다.

지나치게 관대한 것은, 관용의 미덕이 아니라 사회적으로 악덕이 될 수
있다. 과거 우리 사회는 음주 문화나 취한 상태의 행동에 대해 관대한 편이
었다. 술기운 때문이라는 이유로 발생되는 폭력과 성범죄, 음주운전 등에
대한 처벌을 강화해야 한다는 여론이 높아지고 있다.

305

우상

겨울은 냉혹한 손님이지만 나는 그를 존경한다. 그래도 나는 연약한 무리들처럼 배불뚝이 불의 우상에게 빌지는 않는다. 우상을 숭배하느니 차라리 이를 딱딱 가는 게 낫겠다!

차라투스트라는 자신의 가르침을 받아들이지 못하고 냉대하는 세상을 차가운 겨울에 비유했다. 우상은 실재하지 않으며 아무것도 할 수 없는 허상이다. 따라서 그들에게 기도하는 것은 아무런 의미가 없다. 우상은 인간에게 위안과 안도감을 주는 것 같지만, 실제로는 인간의 병들고 나약하게 만든다.

우상은 돈, 명예, 권력, 물질 등 다양한 형태로 나타난다. 종교에서 우상은 신이나 사람, 영혼 등을 위해 경배하고 찬양하는 인간이 만든 물건이다. 구약성경은 우상을 만들거나 우상을 숭배하지 말고 하나님께만 기도하라고 말한다.

우상은 인간이 자신의 한계를 극복하기 위해 허구적인 존재를 내세워 신성시하는 것이다. 죽음이 두려워 사후 세계나 영혼의 존재를 믿고, 미래를 예측할 수 없기 때문에 삶의 불안을 느낀다. 니체는 사람들이 숭배하는 우상을 망치를 들고 파괴한다. 기존의 종교가 사람들의 맹목적인 숭배를 받으면서 실질적으로는 사람들의 사고를 병들게 하고 삶에 대한 의지를 약화시키기 때문이다.

306

침묵의 기술

> 침묵을 지킴으로써 자신을 노출시키지 않는 방법을 배운 것이야
> 말로 내가 가장 사랑하는 악의와 기술이다. 나는 큰 소리로 말하
> 고 주사위 소리를 내어 엄숙한 감시인들을 속인다. 모든 엄한 감
> 시자의 눈을 피해 나의 의지와 목적을 살짝 빼내야 한다.

차라투스트라는 자신의 내면을 드러내기에는 세상이 냉혹한 겨울처럼 느
껴져 자신을 감추는 것이 필요하다고 생각했다. 자신의 생각과 감정을 감
추기 위해 침묵하며 자신을 감시하는 사람들의 관심을 다른 곳으로 따돌
렸다. 자신의 내면이 너무나도 자유롭고 강렬해서 드러내는 순간 사람들이
자신의 영혼을 찢어발길 것 같기 때문이다.

　사람들은 자신의 생각이나 복적이 자기 또는 타인에게 해를 입힐 수 있
거나, 다른 사람들과 신념이 다를 경우 침묵하며 때를 기다린다. 특히, 정
치적 상황에서 자신의 신념이 다를 때, 세력 확장과 자신의 안전을 위해 위
장하고 침묵한다.

　사람들은 사소한 일상에서도 자신을 드러내지 않는 것이 최선의 방법이
라고 생각할 때 침묵한다. 차라투스트라도 자신의 바닥과 궁극의 의지를
엿보지 못하도록 길고 밝은 침묵을 생각해낸 것이다. 사람들에게 정상에
있는 얼음과 겨울만을 보여주지만, 깊은 내면에 있는 산은 온통 태양의 띠
를 두르고 있다.

307

타락한 도시

> 차라투스트라가 대도시의 성문 앞에 서게 되었다. 그때 바보 하나가 입에 거품을 물고 팔을 크게 벌린 채 그의 앞을 막아섰다. 차라투스트라여! 뻔뻔스럽고 염치없는 자, 입과 붓으로만 떠벌리는 자, 야심으로 불타고 있는 자들이 몰려 있는 이 도시에! 여기에는 모든 썩어빠지고, 더럽고, 난잡하고, 음흉하고, 짓무르고, 곪아 터져서 고름이 흘러내리고 있다. 이 도시에 침을 뱉고 돌아가라!

차라투스트라는 자신의 가르침을 전파하기 위해 산을 떠나 여러 도시를 여행한다. 대도시의 성문 앞에서 자신의 지혜를 흉내 내는 '차라투스트라의 원숭이'가 입에 거품을 물고 세상의 타락에 대해 이야기한다. "세상은 은둔자의 사상에는 지옥과 같다. 위대한 사상이 산 채로 삶겨 쪼그라들고, 모든 위대한 감정은 썩고 왜소한 감정만 덜거덕거린다. 서로를 몰아대지만 어디로 가는지 모르고, 서로 열을 올리지만 왜 그러는지도 모른다. 각자 자기들의 양철 판을 두들기고 자기들의 금화를 절겅거린다."

흉내 내는 바보는 차라투스트라에게 세상이 부패하고 타락해서 아무것도 찾지 못하고, 모든 것을 잃을 것이라고 말한다. 바보가 투덜대는 이유는 아무도 그에게 알랑거리지 않은 것에 대한 복수심 때문이다. 차라투스트라는 어리석고 헛된 그를 경멸한다.

차라투스트라는 세상의 어리석음과 부패를 알지만 굴복하지 않고 초인의 길을 걷는다. "더 이상 사랑 할 수 없는 곳은 스쳐 지나가야 한다!" 차라투스트라는 이렇게 말하고 바보가 있는 대도시를 스쳐지나갔다.

308 | 자기 운명을 사랑하라

사람들 속에 섞여 살고 있을 때는 인간이라는 것에 대해 모른다.
모든 인간에게는 너무나 많은 전경이 있다. 그런데 멀리 볼 수 있
는 눈, 먼 곳을 찾는 눈이 무슨 소용이 있겠는가?

사람들은 타인과의 관계 속에서 자신을 보호하고 좋은 인상을 주기 위해
겉치레를 사용한다. 모임 등에서도 분위기를 맞추기 위해 자기 생각과 다
른 말을 하거나, 직장 등에서 솔직히 말하면 손해 볼까 봐 속이는 경우도
있다. '팩폭(팩트 폭행)'은 반박할 수 없는 팩트(사실)로 상대에게 타격을 준
다는 뜻이다. 듣는 사람의 입장에는 반박할 수 없는 사실이므로 폭행을 당
하는 상황처럼 느껴진다. 내용이 사실이라도 개인의 사생활일 경우 함부로
말하면 안 된다.

사람들은 자기를 잊고 치열하게 살다가 인생의 황혼 무렵 허무감을 느
끼기도 한다. 은퇴 후 자신의 명함·직함이 없어졌을 때 자신의 존재도 없어
졌다고 생각한다. 가정에서는 자녀들이 떠난 후 빈 둥지를 지키는 어미 새
처럼 '빈 둥지 증후군'을 겪기도 한다. 자녀에 대한 기대와 집착이 클수록
공허함이 커서 심한 우울증으로 이어질 수 있다.

니체는 외모, 지위, 재산 등의 겉치레에 연연하기보다 자신이 원하는 자
신의 모습을 찾아야 한다고 말한다. 사람들은 저마다 미지에 대한 갈망이
있지만, 현실에 얽매여 사느라 꿈과 이상을 잊어버린다. 타인을 의식하느
라 자기를 잊고 사는 것은 노예의 삶과 같다. 내 인생의 주인은 자기 자신
이어야 하고, 자기 운명을 사랑하며 사는 것이 위버멘쉬의 삶이다.

309 | 선택한 고독이 주는 평안함

혼자 버려지는 것과 고독은 아주 다른 것이다. 그대는 지금 그것을 배워서 알고 있으리라. 그리고 또 군중 속에서 그대는 항상 낯선 타향 사람이라는 것을. 사람들이 그대를 사랑하고 있을 때조차도 그대는 낯선 타향 사람이다. 왜냐하면 그들은 무엇보다도 위로받기를 원하기 때문이다.

차라투스트라는 고독이 편안한 고향처럼 느낀다. 세상을 돌아다니면서 사람들을 많이 만났지만 자신을 온전히 이해해주는 사람은 없었다. 타향에서 사람들과 함께 지내면서도 외톨이처럼 황량함을 느꼈으며 편안한 고독이 고향처럼 그리웠다. 고독은 서로 탓하지 않으며, 서로 묻지 않으며, 활짝 열린 문을 통해 스스럼없이 들락거린다.

사람들은 서로 다른 생각을 가진 존재이기 때문에 갈등이 생긴다. 사람들과의 관계에서 서로 다름을 인정하고 그대로 받아들일 수 있어야 한다. 다름이 틀린 것이 아니듯 혼자만의 고독한 시간을 갖는 것이 버림받은 것이 아니기 때문이다.

류시화 시인은 〈그대가 곁에 있어도 나는 그대가 그립다〉라는 시에서 "내 안에는 나만이 있는 것이 아니다"라고 말한다. 사람들은 타인과의 관계 속에서 사랑과 인정받고 싶은 욕구가 있다. 서로를 사랑하면서도 때로는 황량하고 낯설게 느껴지며, 곁에 있어도 외롭고 그리워진다.

유연한 사고

나는 그들 중에 완고한 현자들을 보면 완고하다고 말하지 않고 현명하다고 했다. 나는 이런 식으로 진실한 말을 이해하는 방법을 배웠다. 나는 그들 가운데 무덤을 파는 사람을 연구자나 검토자라고 부른다. 나는 이런 식으로 말을 바꾸는 것을 배웠다.

차라투스트라는 여행하면서 다양한 사람들을 만났다. 그들의 생각과 행동을 관찰하면서 말의 의미를 바꿔 쓰는 법을 배웠다. 말을 삼키고 바꿔치기하는 것은 고정관념을 깨고 새로운 의미를 부여하는 과정이고, 완고함을 지혜롭다고 인정하는 것은 고정관념에 닫혀 있는 지혜의 문을 여는 과정이다. 무덤을 파헤치는 것은, 파괴가 아니라 새로운 것을 발견하기 위한 과정으로 받아들였다.

변화를 거부하는 완고한 현자들을 지혜롭다고 말한 것은, 기존의 가치관에 갇히지 않는 유연한 사고가 필요했기 때문이다. 무덤을 파는 자들을 탐구자이며 음미자라고 말하는 것은 과거의 가치를 연구함으로써 새로운 가치를 창조할 수 있기 때문이다.

패러다임paradigm은 한 시대의 보편적 사고의 틀이나 인식의 체계를 말한다. 사람들은 자신의 신념과 경험을 통해 형성된 패러다임으로 세상을 바라본다. 패러다임의 전환은 같은 상황이라도 다르게 보는 것을 말한다.

311

왜소하다는 것

독파리 떼에게 쏘이고, 악의의 빗방울에 의해 움푹 패인 돌 같은 모습으로 나는 그들 사이에 앉아 있었다. 그리고 자신에게 타일렀다. "모든 사소한 것들은 그 사소함에 대해 아무 죄가 없다."

차라투스트라는 착함을 자칭하는 자들을 가장 독성이 강한 파리라고 말한다. 독 파리는 아무생각 없이 사람들의 피를 탐내고 아무 생각 없이 쏘아댄다. 착함을 자칭하는 자들은 자신의 선함을 내세워 다른 사람들을 속이고 악한 행동을 한다. 그들은 상대방에게 상처를 주고 자신의 행동에 대해 아무런 죄책감도 느끼지 않는다. 차라투스트라는 독 파리들이 자신을 왜 괴롭히는지 이해할 수 없었다.

차라투스트라는 독 파리가 아무런 잘못이 없는 사람을 공격하고 비난하는 것은, 자신의 존재가 왜소하기 때문이라는 것을 알았다. 차라투스트라는 왜소한 사람들에게 화를 내거나 그들을 비난하지 않는다. 자신의 존재가 왜소하기 때문에 자신을 보호하려고 상대를 경계하고 해치려는 것이기 때문이다. 차라투스트라는 이러한 경험을 통해 타인의 공격과 비난에 흔들리지 않고 자신의 풍요로움을 감추는 것을 배웠다.

독 파리로 상징되는 사람들은 단지 자신의 생존에 급급하여 다른 사람의 피를 빨아먹는다. 이런 존재들을 미워하고 맞서 싸우는 것은 오히려 그들에게 힘을 실어주고 자신의 긍지에 흠이 생길 뿐이다. 그래서 관대하게 수용하고 넘어가는 것이 좋은 대처가 될 수도 있다. 계란으로 바위를 치는 것은 도전의 의미가 있지만, 바위로 계란을 내려치는 것은 우스꽝스러운 일이기 때문이다.

312

육체에 대한 욕망

쾌락·지배욕·이기심, 이 세 가지는 언제까지나 가장 심하게 저주
받고, 가장 나쁘게 비방되며, 가장 혹독하게 평가받았다. 이 세 가
지를 저울질해서 나는 그것이 인간적으로 좋은 것임을 보여 주려
고 한다.

차라투스트라는 병든 육욕과 건강한 육욕을 구분했다. 건강한 육욕은 고귀
한 자들에게 보이고, 병은 육욕은 천박한 자들에게서 보인다는 것이다. 차
라투스트라는 육욕 자체를 부정하지 않았고, "육욕은 육체를 경멸하는 병
든 자들에게는 그들을 괴롭히는 바늘이고 가시와 같고, 천민들에게는 절제
하지 못하는 불길과 같으며, 순수한자에게는 지상의 낙원과 같다"고 했다.
그러나 차라투스트리는 육욕은 그 어떤 것보다 강하게 작용한다며, 육체를
경멸하고 정신을 더 중요하게 생각하는 이원론을 가르치는 '엉터리 교사'
들을 비웃기도 했다

니체는 쾌락, 지배욕, 이기심이 모두 부정적인 것이라고 생각하지 않았
다. 그는 쾌락은 결혼이나 결혼 생활 이상의 것을 약속하는 사람에게는 상
징적인 행복을 준다고 했고, 높은 권력을 추구하면서도 아래쪽으로 내려갈
때의 지배욕은 욕심이라고 할 수 없으며, 순결하고 고독하며 스스로 만족
할 줄 아는 덕을 갖춘 사람에게는 이기심조차도 지극히 복된 성품이 될 수
있다고 말한다.

313

자기희열

지극히 복된 이기심은 신성한 숲을 스스로 자랑하는 것처럼 그 우
열이라는 말로써 스스로를 지킨다. 그리고 그것은 행복이라는 이
름 아래 모든 경멸해야 할 것들로부터 멀리한다.

니체는 자기희열은 자신의 능력이나 성취를 긍정적으로 평가하고, 자신을
우월한 존재라고 생각한다. 자신을 열등하게 만드는 모든 것을 배척하고,
자신을 부정적으로 평가하거나 열등한 존재로 생각하는 것을 경멸한다. 자
기희열은 자신의 능력이나 성취를 통해 얻을 수 있는 긍정적인 감정이며,
스스로를 '덕'이라고 말한다.

니체가 말하는 '경멸해야 할 것들'

* 소심하고 비겁한 모든 것, 열등하다는 평가하는 것, 이는 비겁함이다.
* 걱정하고 탄식하며 호소하는 것, 작은 이익이라도 주워 담는 것, 이들은 비루한
  인간이다.
* 재빨리 영합하는 자, 개처럼 벌렁 누워 하늘을 보는 자, 이들은 비천한 자들이다.
* 슬픔에 찬 지혜, 밤 그림자 같은 지혜, 이들은 모든 것을 허무하다고 탄식한다.
* 저항하지 않는 자, 독침과 악의에 찬 눈초리까지도 꿀꺽 삼키는 자, 저열한 세상의 여론
  에 굴복하는 자, 이들은 노예 속성을 가진 자이다.

314 | 나만의 길을 가라

그대들의 길은 어디에 있는가? 나는 나에게 길을 물었던 사람들을 향해 대답했다. 왜냐하면 모두가 가야 할 그런 길은 존재하지 않는다!

차라투스트라는 줄사다리를 타고 창문을 기어오르며 세상을 관찰한다. 인식의 높은 돛대에 올라 앉아 행복을 느꼈다. 그는 아주 멀리까지 보기 위해 하나만이 아니라 여러 개의 사다리를 타고 올랐다. 그는 남에게 길을 묻는 것은 취향에 맞지 않았다. 자신에게 길을 묻고 길 자체를 시험해보는 것, 그리고 이런 물음에 답변하는 것이 취향이었다. 사람들은 이런 물음에 답변하는 것을 배워야 한다.

모든 사람이 가야할 길이 정해져 있는 것은 아니나. 사람들은 저마다 목적과 방향이 다르기 때문이다. 길은 묻는 자들에게 있다. 자신에게 맞는 길을 찾으려고 시도하고 물어보는 것, 그 모든 것이 길을 찾는 행로다.

그런 점에서 프랭크 시나트라의 노래 〈마이 웨이My Way〉의 가사는 음미할 만하다.

"인생의 끝자락에서 / 충만한 인생을 살았고, 갈 수 있는 모든 길을 가보았다. / 나는 내가 가야 할 길을 그려나갔고 그 길을 신중히 걸어왔다. / 그 무엇보다 중요한 점은 난 나만의 길을 걸었다는 것이다."

315 자기 자신을 사랑하기

인간에게는 오직 그 자신만이 무거운 짐일 뿐이다! 인간들은 남의 짐까지 모두 자기 어깨에 짊어진 채 살아간다. 그때 인간은 낙타처럼 무릎을 꿇고 미련할 정도로 마음껏 짐을 싣게 한다. 특히 경건한 생각을 지니고 무거운 짐을 잘 견뎌내는 강인한 인간은 너무도 남의 말과 무거운 가치를 어깨에 짊어진다. 그러므로 그에게 있어서 인생은 사막일 뿐이다.

인간에게는 자신의 결점과 약점, 타인의 시선, 많은 욕심 등 스스로 만든 짐 때문에 어깨가 무겁다. 기존의 가치, 종교, 규범 등에 억눌리고 나이, 체면, 학벌, 외모 등 자신을 무겁게 하는 모든 것들이 중력의 영이다. 중력의 영이 많고 강할수록 발걸음은 대지에 묻혀 걷기조차 힘들다.

니체는 세상을 너무 무겁게 생각하지 말라고 말한다. 새처럼 가볍게 날아가는 삶을 살고 싶으면 자기 자신을 사랑하는 것이 먼저다. 자신을 사랑하는 법을 배우는 것은 쉽지 않다. 자신을 사랑하는 기술이 모든 기술 중에서 가장 세밀하고 교묘하며 가장 큰 인내심이 요구된다.

니체는 "모든 보물창고 가운데서 자신의 보물창고가 파헤쳐지는 것이 가장 두렵다"라고 말했다. 자신의 결점과 약점을 발견하고 인정하는 것이 쉽지 않기 때문이다. 자신을 사랑하기 위해서는 자신을 있는 그대로 받아들이고, 자신의 가치를 인정해야 한다. "나는 이런 사람이구나" 하고 인정하면 마음 족쇄가 풀리고 삶의 발걸음이 한층 가벼워진다.

선과 악

요람에 누워 있을 때부터 우리는 이미 여러 가지 무거운 말과 무거운 가치를 소유하고 있다. '선'과 '악', 이것이 그 소유물의 이름이다. 이것을 소유하고 있기 때문에 우리는 이 세상을 살아가도록 허락되었다.

니체는 선과 악은 절대적인 것이 아니라 인간의 가치 판단에 따라 상대적으로 달라지는 것이라고 말한다. 니체는, 강자는 약자를 지배하기 위해서 강자 자신은 선한 사람이고, 약자는 악한 사람이라고 한다고 했다. 주인이 노예를 복종시키기 위해 자신이 선이고, 노예를 악이라고 규정한 것이다. 그는 기존의 선과 악에 대한 가치를 부정하고, 강자와 약자의 대립이 아닌 각자 삶의 가치를 스스로 판단하고 결정해야 한다고 말한다.

'착한 사람 증후군'은 남의 말을 잘 들으면 착한 사람이라는 생각이 강박관념이 되어버리는 증상이다. 타인에게 착한 사람으로 보여야 한다는 강박증 때문에 자신의 생각과는 다른 행동을 한다. 자기 생각대로 말하고 행동한 것이 착한 결과를 가져왔다면, 그 사람은 '착한 사람 증후군'이 아니라 그냥 착한 사람이다.

어릴 때부터 어른들은 아이들에게 착한 아이가 되라고 말한다. 착한 아이는 어른들 말을 잘 듣고 무조건 순종하는 사람이다. 어른이 되어서도 자신의 감정을 솔직히 표현하지 못하고, 남들의 시선만 신경 쓰다가 정작 자기 삶을 살지 못하고 상처받고 힘들어한다. 자신의 속마음이 어떠한지 들여다보고 내가 착한 사람인지, '착한 사람 증후군'에 시달리고 있는지 생각해봐야 한다.

317

변화의 바람

따뜻한 바람은 황소다. 그러나 밭을 가는 황소가 아닌 광포한 소
이며 격노한 활을 휘둘러 얼음을 깨는 파괴자다! 그래서 깨진 얼
음이 다리를 부수는 것이다. 오, 형제들이여. 지금 만물이 흐르고
있지 않은가? 모든 난간은 물속으로 무너져버리지 않았는가? 어
느 누가 아직도 선과 악에 매달려 있으려고 할 것인가?

니체는 봄바람을 황소와 같다고 말한다. 황소는 힘이 세고 분노의 뿔을 가
졌다. 봄바람이라는 황소가 얼음을 깨부수고 강물에 굳게 고정되어 있던
다리와 기둥들을 무너뜨렸다. 사물들의 모든 선과 악, 모든 고정된 가치와
개념들이 산산조각 나서 가라앉고 떠내려갔다.

겨울이라는 조련사가 모든 강물을 얼어붙게 하자, 사람들은 모든 만물은
정지해 있다고 믿고 변화를 부정했다. 모든 다리의 난간과 판자가 물속으
로 가라앉음으로써 기존의 가치가 무너졌다. 과거에는 옳다고 여겨졌던 것
들이 이제는 옳지 않을 수도 있다. 새로운 시대에는 새로운 가치와 평가 기
준을 마련해야 한다. '아직도 누가 과거의 선과 악에 매달리려 하는가'라고
차라투스트라가 묻는다.

기성세대旣成世代는 현재 사회를 이끌어가는 나이가 든 세대다. 기성세대
도 젊었을 때는 변화를 외쳤지만 차츰 기존의 방식을 고수하고 변화를 거
부하게 된다. 기득권을 지키고 싶고, 잘 알지 못하는 새로운 것은 불편하고
두렵기 때문이다. 변화가 두려워 담을 쌓고 안주하면 미래가 없다. 인생은
변화의 연속이며 변화는 다음에 다가올 변화를 추구하는 밑거름이 된다.

318

끊임없이 모험하라

> 무모한 모험, 끊임없는 회의, 가혹한 부정, 혐오, 살아 있는 것들을
> 잘라버리는 용기들을 한데 모으기는 참으로 어렵다. 그러나 진리
> 는 그런 씨앗에서 싹트는 것이다. 지금까지 모든 인식은 죄의식과
> 함께 자라났다. 때려 부숴라. 그대, 인식을 사랑하는 자들이여, 낡
> 은 목록을 부숴버려라!

기존의 지식과 가치관은 오랫동안 이어져 내려온 것이지만, 영원한 진리는
아니다. 새로운 진리를 발견하기 위해서는 끊임없이 의심하고 부정하며 모
험해야 한다. 모험과 의심은 기존의 지식과 경험을 뛰어넘어 새로운 것을
창조하고 발견하게 한다.

1492년에 콜럼비스Christopher Columbus는 아메리카 대륙을 발견했다.
1633년 갈릴레이Galileo Galilei는 지동설을 주장하다가 종교재판에서 유죄
판결을 받았다. 1687년 뉴턴Isaac Newton은 사과나무 아래에서 졸다가 사과
가 땅으로 똑바로 떨어지는 것에 대해 의문을 품고 만유인력의 법칙을 발
견했다. 1969년 아폴로 11호가 달에 착륙한 것은 인간의 모험심으로 새로
운 세계를 발견한 것이다.

14세기부터 시작된 르네상스Renaissance운동은 예술과 문화의 혁신을 가
져왔다. 영국의 명예혁명(1688년), 미국의 독립혁명(1776년), 프랑스 대혁명
은 평등과 인권 등 자유민주주의를 발전시켰다. 페니실린과 전기, 화폐 발
명 등에 이어 4차 산업혁명은 세상의 변화를 가져왔다. 혁신革新, innovation
은 사회, 경제, 예술, 정책 등 다양한 분야를 변화시키는 것이다. 니체는 창
조하는 자는 인간의 목표를 창조하고 대지에 의미와 미래를 부여하는 자
라고 했다.

삶의 휴식

'근본적으로 만물은 정지해 있다.' 이것이 바로 겨울의 가르침이
고 불모의 계절로서는 그럴듯한 구실이자 동면하는 자와 난롯가
에 웅크리고 있는 자에게는 좋은 위로다.

혹독한 겨울은 강물이라는 짐승을 길들여 얼어붙게 만드는 조련사와 같다.
겨울은 모든 것을 정지시킨다. 겨울이 세상을 얼어붙게 하면 사람들은 원
래 만물은 정지한 것이며, 세상은 변화하지 않는 것이라고 생각한다. 겨울
은 봄을 준비하는 변화의 과정이다.

　니체는 겨울을 삶의 휴식을 통해 새로운 시작을 위한 준비의 시간이라
고 말한다. 동물들은 겨울잠을 자고 사람들은 추위를 피해 난로 주위에서
몸을 녹인다. 겨울을 거치지 않으면 봄을 맞이할 수 없으므로 인간도 삶을
멈추고 휴식이 필요하다.

　'워라밸Work-Life Balance'은 일과 삶의 균형을 뜻하는 말이다. 안식년 제도
는 번아웃Burn-out(소진)증후군을 예방하고 재충전할 수 있는 시간이다. 학
자들의 경우 안식년 제도를 통해 다음 연구에 전념하기 위한 휴식과 자기
계발의 시간을 보낸다. 잘 쉬어야 소진되지 않고 업무 효율도 높아진다.

320

고귀한 영혼

고귀한 영혼을 지닌 자들은 어떠한 것도 무상으로 얻기를 원하지 않는다. 특히 인생을! 천민근성을 지닌 사람은 공짜로 살기를 원한다.

고귀한 영혼은 자신의 가치를 알고, 자신의 삶을 스스로 책임지는 사람이다. 이들은 타인의 도움을 바라지 않고 타인에게 베풀고 돕는 것을 즐긴다. 천민의 부류는 삶을 공짜로 살려고 한다. 이들은 타인에 의존하고 타인의 도움을 받는 것을 당연하게 생각하는 사람이다.

자신의 권리를 지키려면 자기가 할 수 있는 일은 남에게 의존하지 말아야 한다. 자신에게 명령을 내리지 못하는 자는 타인의 명령에 복종해야 한다. 스스로 판단하고 자신을 통제하지 못하기 때문에 타인의 간섭과 지배를 받게 된다.

고귀한 영혼은 타인에게 의존하거나 구속당하지 않고 자율적으로 삶을 결정한다. 사람들은 사회적 관계에서 타인에게 명령하고 복종하는 것에 익숙해져 있다. 오히려 자기 자신에게 명령하고 스스로 복종하는 것을 더 어려워한다. 자기 삶의 주인이 되기 위해서는 스스로 마음과 행동을 다스릴 줄 알아야 한다.

321

후손들에게 주어야 할 것

그대들은 그대들 '자식의 나라'를 사랑해야 한다. 이 사랑으로 인해 그대들은 새로운 귀족이, 아득히 깊은 바다 속에 잠겨 있어서 아무도 발견하지 못한 귀족이 되리라. 나는 그대들의 돛대에 그 나라를 찾고 또 찾으라고 명령한다. 그대들은 그대들 어버이의 자식으로 태어난 것을 그대들의 자식에게 보상해야 한다. 그대들은 과거의 모든 것을 그런 식으로 구제해야 한다!

니체는 진정한 귀족은 뒤쪽이 아니라 앞쪽을 바라봐야 한다고 말한다. 후손들의 땅을 사랑하고, 먼 바다의 발견되지 않은 땅을 발견하고 사랑해야 한다. 과거의 편견과 지나간 영광에 집착하는 사람은 노예와 같다. 귀족이란 기존의 질서에 얽매이지 않고, 미래를 향해 나아가는 사람이다.

변화에 적응하고 미래에 대한 고민과 새로운 것을 창조하는 능력이 중요해지고 있다. 4차 산업혁명으로 인한 자동화, 인공지능, 빅 데이터 등 새로운 기술은 생활의 변화를 가져왔다. 산업 기술의 발전은 인간에게 편리함을 주었지만, 환경문제 등 부작용도 가져왔다. 영화에서 보았던 충격적 미래가 더 위험한 상황으로 현실에서 벌어진다.

코로나19, 대형 산불, 태풍, 홍수 등 지구온난화로 인한 자연재해는 대부분 인류가 자초한 것이다. 현재 지구는 회복하기 어려울 정도로 심각하다. 우리가 후손들을 위해 귀족다운 특성을 가지려면, 환경의 심각성을 인식하고, 미래의 지구를 위해 노력해야 한다. 지구는 우리가 후손들에게 빌려 쓰고 있는 것이기 때문이다. 미래에 대한 희망이 없다면 현재도 의미를 잃는다.

322

진리에 대하여

"강도질하지 말라! 살인하지 말라!" 사람들은 이런 말을 일찍이 신성시했다고 한다. 사람들은 이 말 앞에 무릎을 꿇고 머리를 숙이고 신발을 벗었다. 그러나 나는 그대들에게 묻노라. 지금까지 이러한 신성한 말보다 더 훌륭한 강도와 살인자가 이 세상에 존재한 적이 있었던가를! 모든 삶 자체에 강도질과 살인 행위가 있지 않았는가! 그리고 이러한 말이 신성하다고 인정되었던 탓에 진리그 자체가 살해되지 않았던가!

니체는 빼앗거나 죽이지 말라는 말은, 인간의 본성을 무시하는 망상이며 진리를 살해하는 행위라고 말한다. 도덕적 관념이 선과 악을 절대적인 것으로 규정하고 획일화하는 일은 진리를 왜곡하는 것이다. 인간의 내면에는 선과 악이 끊임없이 갈등하고 있으므로, 본성을 그대로 인정하는 것이 진리다.

선과 악은 인간이 만든 상대적인 개념이다. '빼앗지 말라, 죽이지 말라'라는 말은 신성한 계율이 아니라, 인간이 자기의 권리를 보호하기 위해 만든 것이다. 이는 자기의 생명과 소유권을 보호하기 위해 타인의 권리를 침해한다. 동물들이 먹이를 얻기 위해 다른 동물을 죽이고, 인간도 생존을 위해 다른 생명을 해친다.

같은 사람에 대하여 어떤 사람은 그를 착하다고 말하고, 어떤 사람은 나쁜 사람이라고 말한다. 자기와 친분이 있거나 호의를 받았다면 좋은 사람이라고 평가하고, 그 사람 때문에 피해를 입었다면 나쁜 사람이라고 평가한다. 누가 선한 사람이고, 누구의 말이 진실인가. 무엇이 선이고 무엇이 악인지는 가치관에 다르며 상황에 따라 변화한다.

323

운명에 대하여

사람들은 일찍부터 예언자와 점성가를 믿었다. "모든 것은 운명이다. 너는 그렇게 되어야만 하기 때문에 그렇게 된다." 이윽고 사람들은 모든 예언자와 점성가들을 믿지 않게 되었다. "모든 것은 자유다. 그대가 어떤 일을 할 수 있는 것은 그대가 그렇게 하기를 원하고 있기 때문이다."

점성술占星術, astrology은 천문학의 현상 또는 천체 현상을 관찰하여 미래를 예측한다. 최초 점성술은 기원전 2000년경에 메소포타미아에서 발전되었다. 점성술사들은 규정된 천체의 표시들에 근거하여 기근과 전쟁, 평화 등을 예언했으며, 권력자들에게 조언하기도 했다. 점성술은 태양과 달 행성들의 위치에 따라 개인의 성격과 미래 인생에 대해 예언한다.

사주四柱는 사람의 길흉화복을 점치기 위해 사용한다. 사람을 하나의 집으로 비유하고 생년·생월·생일·생시를 그 집의 네 기둥으로 보고 기둥 주柱자를 붙여 '사주'라고 말한다. 각각 십간십이지十干十二支에서 따온 글자를 두 글자씩 합하여 모두 여덟 자로 나타내므로 '사주팔자四柱八字'라고도 한다.

니체는 점성술은 과학적인 근거가 없는 허구이며, 인간의 불안한 심리와 무지를 이용해서 통제하려는 것이라고 비판했다. 인간의 운명이 별자리에 의해 결정된다고 말하는 것은 인간의 자유 의지를 부정하는 것이기 때문이다. 인간은 자신의 운명을 스스로 결정할 수 있다. 사주를 풀이하는 전문가들도 사주가 같다고 똑같은 삶을 사는 것이 아니라고 말한다. 시대, 배경, 환경, 집안 내력, 부모에 따라 그리고 자신의 의지에 삶은 달라진다.

324 | 그대들의 다리

> 그대들을 영예롭게 하는 것은 그대들이 어디에서 왔느냐가 아니
> 라 그대들이 어디로 가느냐는 것이어야 한다. 그대 자신을 뛰어
> 넘어 저쪽으로 향하는 그대들의 의지와 다리가 그대들의 새로운
> 명예가 되게 하라!

전통이나 관습에 대한 집착은 새로운 것에 대한 도전을 가로막는다. 과거의 실패에 대한 좌절뿐만 아니라 과도한 자부심도 자신의 발전을 방해할 수 있다. 성공이든 실패든 과거에 집착하다 보면 앞으로 나아가지 못하고 도태될 수도 있다. 과거의 집착에서 벗어나 미래를 향해 발걸음을 내딛어야 한다.

화려했던 과거의 빛나는 업적에 머무르는 것은 명예가 아니다. '내가 어디서 왔는지'가 중요한 것이 아니라 '나는 이제 어디로 나아갈 것인가'가 중요하다. 호가호위狐假虎威는 여우가 호랑이의 위세를 빌려 호기를 부린다는 뜻이다. 스스로는 힘이 없으면서 타인의 권세를 업고 허세를 부리거나 권력을 휘두르는 것이다. 자신이 과거에 어떤 군주를 섬겼다는 것은 명예가 아니다. 군주의 권력에 의지하지 말고 자신의 힘으로 자유롭고 독립적인 존재로 살아야 한다.

과거 신분제 사회는 부모의 신분이 곧 자신의 신분이었다. 신분제는 폐지되었지만, 현대사회에서는 부모의 자본과 지위가 신분처럼 영향력을 미친다. '부모 찬스'는 부모의 명망, 인맥, 부, 권력 등 사회적 배경으로 인해 기회와 이득을 얻는 것이다. 니체는 자신을 스스로 넘어서는 '그대 자신들의 발, 그것이 명예로운 것'이라고 말한다.

325

세상을 보는 눈

"마음이 깨끗한 사람에게는 모든 것이 깨끗한 법이다." 사람들은
이렇게 말한다. 그러나 나는 그대들에게 이렇게 말하리라. "돼지
눈에는 모든 것이 돼지처럼 보인다."

니체는 의기소침한 광신자들이 세상 자체를 하나의 거대한 오물로 보는
것은 그들의 내면이 더럽기 때문이라고 말한다. 세계를 배후에서 보지 않
으면 안심하지 못하는 자들, 세계 너머의 세계를 믿는 자들은 세상을 부정
적으로 보거나 현실과 다르게 바라본다. 세상을 정확히 보기 위해서는 편
견을 버리고 현실을 직시해야 한다.

　사람의 선악 판단은 그 사람의 내면 상태에 따라 달라진다. 순결한 사람
은 세상을 순수한 눈으로 바라보고, 의기소침한 광신자는 세상을 더럽고
부정한 것으로 바라본다. 자신의 더러움과 부정함을 세상에 투영하지 말
고, 세상을 있는 그대로 바라보고 받아들이는 자세가 필요하다.

　세상은 내가 아는 만큼 보인다. 색안경을 끼고 보는지, 명확한 통찰력으
로 보는지에 따라 세상은 다르게 보인다. 자연현상, 전쟁, 범죄, 인간의 이
기심, 부정부패 등 세상에는 나쁜 냄새를 풍기는 것이 많다. 세상이 더러
운 괴물 같다고 외면하고 다른 세상을 꿈꾸면 세상은 그럴수록 더 부패해
진다. 세상의 어두운 면을 직시해야 문제를 해결할 수 있는 방법을 찾을 수
있다.

326 | 되새김의 중요성

> 그들은 잘못 배웠고 가장 훌륭한 것을 전혀 배우지 않았으며, 모
> 든 것을 너무 일찍, 서둘러 배운데다 먹는 방식조차 나빴기 때문
> 에 그들의 위는 망가져버렸다. 그들의 정신은 망가져서 기능을 상
> 실한 위다. 그것이 죽음을 재촉한다.

니체는 사람들의 정신이 탈이 난 위장과 같다고 말한다. 정신은 지식이나
정보를 쌓아두는 곳이 아니라 삶을 살아가는 데 필요한 힘과 지혜로 채워
져야 한다. 일찍, 빨리, 엉터리로 배움으로써, 혼란스러운 정신은 삶의 의
미와 목적을 잃고, 죽음을 갈망하게 된다.

　니체는 사람들이 젖소에게 배울 것이 있는데, 그것은 바로 되새김질이라
고 말한다. 소가 음식을 먹고 되새김질하는 것처럼, 지식을 쌓는 것으로 끝
내지 말고 끊임없이 되새기며 탐구해야 한다. 세상의 모든 지식을 흡수하
고도 되새김하지 않으면 위장과 정신에 탈이 될 뿐이다. 삶의 문제를 해결
하기 위해서는, 많은 지식이 아니라 올바른 가치관을 갖는 것이 중요하다.

　니체는 교육제도가 학생들에게 진정한 지식을 가르치지 못하고 있다고
비판한다. 지금의 현실도 그렇다. 문학도 외우고, 음악도 외우고, 미술도
외운다. 학생들은 단순히 암기하고 시험을 준비하느라, 의미도 모르고 어
떻게 적용해야 하는지도 모른다. 진리는 암기과목이 아니다. 생각하는 힘,
자신의 욕구, 타인을 이해하고 공감하는 능력, 변화를 알고 미래 내다보는
의지 등을 키워야 한다.

327

의욕이 주는 자유

> 나의 자유로운 숨결은 두꺼운 벽을 지나 감옥이나 감옥에 갇혀 있
> 는 자들의 정신 속에 까지도 스며들어간다. 의지는 해방시킨다.
> 왜냐하면 의지를 갖는다는 것은 곧 창조를 의미하기 때문이다.

니체는 사자처럼 강한 의지를 가진 사람은 삶의 즐거움을 느낄 수 있다고
말한다. 사자는 타인의 명령을 부정하고 자유를 위해 적극적으로 투쟁하는
강한 존재이다. 지쳐버린 자는 자신을 인식하지 못하기 때문에 다른 사람
의 의욕에 휘둘리고 세상의 온갖 물결에 희롱당한다.

약한 인간들은 도중에 자신을 잃어버린다. "도대체 무엇 때문에 우리는
길을 헤매기 시작했던가?"라며 피로에 지쳐 주저앉는다. "인간이 하는 것
은 다 소용없다. 너희들은 의지에 짓눌려서는 안 된다"라는 설교는 솔깃하
고 달콤하게 들린다. 삶이 힘들고 보람을 찾을 수 없다고 욕구조차 없이 사
는 것은 노예나 마찬가지라고 니체는 말한다.

일에 치이고 스트레스가 누적되면 신체 리듬이 깨지므로 모든 일이 귀
찮고 의욕이 상실된다. 힘들 때는 휴식을 취하는 시간이 필요하다. 내가 좋
아하는 것, 하고 싶었던 것, 가장 행복했던 순간들을 떠올려보는 것도 좋
다. 그 순간, 지친 몸과 마음이 강인한 사자가 될 수 있도록 차라투스트라
가 시원한 광풍으로 다가와 재채기를 하게 만들 것이다.

328

현실에 안주하며 살 것인가?

여기 아주 작은 배가 있다. 이 배를 타면 거대한 허무로 건너갈 수 있을지도 모른다. 그러나 누가 이 '아마'라는 것 속으로 뛰어들기를 원하겠는가? 그대들 가운데 아무도 이 죽음의 작은 배를 타려고 하지 않을 것이다.

인간은 삶에 대한 권태를 느끼면서도 죽음의 나룻배에는 올라타지 않는다. 삶에 지쳐 있지만, 삶을 포기하지 못한다. 용감한 사람조차도 자신의 목표가 한 뼘 정도만 멀어져도 도전을 포기하고 먼지 속에 꼼짝없이 눕는다.

사람들은 삶의 불확실성 때문에 두렵지만, 이러지도 못하고 저러지도 못하며 권태로워한다. 확실하지 않은 곳으로 향하는 것은 모험이자 도전이다. 도전은 막막한 무無에 도달할 수도 있고, 다른 곳에 도달할 수도 있지만 감수할 만한 가치가 있다. 미지에 대한 도전은 용기와 결단력이 필요하다. 두렵다고 시도하지 않으면 새로운 것을 알 수 없고 새로운 세계를 경험할 수도 없다.

현실에 안주하며 살 것인지, 호기심과 도전 정신으로 나룻배에 올라탈 것인지는 각자의 선택이다. 미래는 불확실하지만 희망을 가지고 용기 있게 나아가는 것이다. 새로운 도전은 자신의 능력과 한계를 시험하고 자신의 새로운 능력을 발견하는 기회가 될 것이다. 삶에 대한 권태를 극복하고 새로운 삶의 의미를 찾기 위해서는 용기 있는 도전이 필요하다.

329

결혼의 의미

> 왜곡되고 거짓으로 가득 한 결혼보다는 파탄이 더 낫다. 어떤 여자가 내게 말했다 "나는 결혼 생활을 파탄에 빠뜨렸다. 그러나 그에 앞서 결혼 생활이 나를 파탄에 빠뜨렸다."

결혼은 삶을 창조하는 중요한 과정이므로 신중히 판단해야 한다. 순간의 열정으로 성급하게 결정하면 파괴가 따라온다. 잘못 결합한 부부는 서로에 대한 사랑이나 애착이 없는 상태에서 결혼한 부부다. 사랑으로 결합된 부부도 성격, 가치관, 생활습관의 차이로 다투며 실망한다. 그렇게 되면 결혼 생활이 불행한 것이 상대방 탓이라고 서로를 비난하고 원망한다. 잘못된 결혼 생활을 그대로 지속하는 것은 둘 다 불행한 일이다.

니체는 좋은 결혼은 사랑과 우정의 완성이라고 말한다. 우정을 잘 지키는 사람은 훌륭한 친구도 많고, 훌륭한 아내도 얻을 수 있다. 결혼생활이란 길고 긴 대화의 연속이다. 결혼을 결정하기 전에 "이 사람과 늙어서도 대화를 잘 나눌 수 있을지" 깊이 생각해봐야 한다. 좋은 결혼은 늙어서도 친구처럼 대화할 수 있는 관계를 만든다.

좋은 결혼은 서로가 부족한 부분을 채워주는 것이 아니라, 서로의 풍족함을 나누는 것이다. 자신의 욕구에 맞춰주길 기대하고 의존하는 것은, 상대에게 과도한 부담을 주고, 충족되지 않으면 실망하게 된다. 좋은 친구사이란 친구의 성향을 억지로 바꾸려 하거나 친구에게 지나치게 부담을 주지 않는 관계다. 결혼생활도 마찬가지로 부부가 서로를 바꾸려고 하는 것은 어려운 일이다. 상대방에게 억지로 맞춰가며 사는 것은 진정한 결혼의 의미가 아니므로 언젠가 갈등이 발생할 수밖에 없다.

330 | 어떤 삶을 살 것인가?

인간이라는 땅을 발견한 자 '인간의 미래'라는 땅까지도 발견했
다. 이제 그대들은 씩씩하고 끈기 있는 뱃사람이 되어야 한다.

니체는 자신의 본질을 발견하는 것이야말로 인간의 미래를 발견하는 것이
라고 말한다. 과거에는 태어나는 순간 자신의 신분이 정해진 대로 복종하
며 살아야 했다. 니체는 이러한 삶을 낙타와 같은 삶, 노예와 같은 삶이라
고 말한다. 인간은 무엇을 추구하며 어떤 삶을 살 것인지 스스로 결정할 수
있는 자유 의지가 있다.

'헬리콥터 부모helicopter parent'는 자식들의 주변을 헬리콥터처럼 떠다니
며 간섭하는 부모를 말한다. 자녀들은 매사에 부모의 승낙을 구하고, 부
모는 일일이 통제하고 결정한다. 부모의 선택을 잘 따라 좋은 대학과 직
장, 좋은 집에서 무난하게 사는 것도 나쁘지 않다. 삶을 누가 선택했든, 살
면서 느끼는 감정, 의미, 존재감, 책임감 등은 오로지 자신이 감당해야 할
몫이다.

법정 스님은 "나는 누구인가? 자신의 속 얼굴이 드러나 보일 때까지 묻
고, 묻고, 또 물어야 한다. 건성으로 묻지 말고 목소리 속의 목소리로 귀 속
의 귀에 대고 간절하게 물어야 한다. 해답은 그 물음 속에 있다"고 말했다.
자신의 본질을 알면 삶의 모든 분야에서 자기의 결정에 확신을 가지고 선
택할 수 있다. 스스로를 잘 알기 때문에 자신감 있고 명확한 의사표현을 할
수 있으며, 미래에 대한 목표도 분명하다.

331

운명을 받아들일 의지

"어째서 그처럼 단단한가? 그렇다면 우리는 가까운 친척이 아니
란 말인가?" 숯이 다이아몬드에게 물었다. 어째서 그처럼 부드러
운가? 오, 형제들이여. 나는 그대들에게 묻는다. 그대들과 나는 형
제가 아니란 말인가?

창조하는 자들은 다이아몬드처럼 고귀하고 단단하다. 예술가, 음악가, 작
가, 시인 등 모든 창조를 하는 사람들은 강한 정신력과 인내심을 가졌다.
이들의 작품은 밀랍에 새긴 손자국처럼, 오랫동안 사람들에게 기억됨으로
써 자신의 존재를 영원히 남길 수 있다. 창조하는 것은 힘들지만, 창조자의
정신과 작품을 후대에 전하는 의미 있고 중요한 일이다.

약한 사람들은 숯과 같다. 그들은 연약하고 유순하기 때문에 다양한 상
황을 겪으면서 마음속에 굴욕감과 거부감이 쌓여 있다. 자신의 한계를 넘
지 못하고 원하지 않는 시시한 운명을 받아들이게 된다. 가차 없는 운명을
받아들일 의지가 없다면 창조자가 될 수 없다.

"강한 자가 살아남는 게 아니라 살아남는 자가 강한 것이다"라는 말이
있다. 강하고 힘이 세야 살아남는 것이 아니라, 변화하는 환경을 잘 헤쳐나
가는 것이 중요하다. 인간은 가차 없는 운명 앞에서 고통과 절망에 빠질 수
있다. 그러나 극복하는 의지가 있다면 누구든지 고귀하고 단단한 창조자가
될 수 있다.

332

삶으로 돌아오는 것

나는 가장 위대한 것에서나, 가장 왜소한 것에서나, 영원히 되풀이하여 동일한 이 삶으로 되돌아오는 것이다. 또다시 모든 사물의 영원 회귀에 대해 가르치기 위해서, 또다시 대지와 인간의 위대한 대낮에 대해서 말하고, 또다시 인간들에게 초인을 알리기 위해.

차라투스트라는 만물에게 영원회귀를 가르치기 위해서, 태양과 대지, 독수리와 뱀과 함께 돌아오겠다고 말한다. 영원회귀는 새로운 삶도 아니고, 보다 나은 삶도 아니고, 비슷한 삶도 아닌 동일한 삶으로 돌아오는 것이다. 그는 인간들이 모든 것은 반복된다는 사실을 깨닫고, 삶의 의미를 찾을 수 있게 도와주고자 한다.

되돌아오는 모든 해는 그것이 아무리 크든 작든 간에 항상 서로 동일한 것이다. 사람들은 죽으면 영혼도 육체도 없어지는 무無가 된다고 생각한다. 니체는 영원회귀 속에서는 자신이 얽혀 있는 매듭이 회기하고, 그 매듭이 다시 자신을 창조한다고 했다.

니체의 영원회귀 사상은 모든 사건, 모든 경험, 모든 선택이 영원히 반복된다는 것이다. 영원회귀 사상은 우리가 인생을 어떻게 살아야 할지 생각하게 한다. 모든 것이 똑같이 반복된다면, 삶의 순간순간이 모두 소중하기 때문이다. 우리는 삶의 모든 순간을 최대한으로 살며 신중하고 의미 있는 선택을 해야 한다.

333 | 나의 가치를 창조하라

모든 것은 갔다가 또다시 돌아온다. 존재의 수레바퀴는 영원히 돌고 있다. 모든 것은 죽어가고 있다. 그리고 모든 것은 또다시 꽃을 피운다. 모든 것은 파괴되고 또 새롭게 결합된다. 똑같은 존재의 집이 영원히 재건된다. 모든 것은 헤어졌다가 또 다시 만난다. 존재의 수레바퀴는 영원히 자기 자신에게 충실하다.

니체의 영원회귀 사상이란, 세상의 모든 일은 순환을 통해 동일한 순서로 영원히 반복된다는 것이다. 존재하는 모든 것들은 태어나고, 성장하고, 쇠퇴해져 죽음을 맞는 과정을 반복한다. 수레바퀴가 앞뒤로 구르다가 제자리에 머무르듯, 모든 존재는 변화와 소멸 속에서 영원히 존재한다.

영원회귀 사상은 숙명론이나 운명론이 아니다. 인간의 삶은 신이나 어떤 것에 의해서 운명이 결정지어진 것이 아니다. 니체는 인간은 스스로 자신의 삶을 개척하고 창조할 수 있는 힘을 가진 존재라고 말한다.

영원회귀 속에 있는 자신의 가치를 끊임없이 창조해야 한다. 변화와 소멸을 두려워하지 말고, 도전하고 자기 자신을 극복하며 더 나은 삶을 창조해야 한다. 뚜렷한 목적의식을 가지고 다시 반복되고 또 한 번 살아도 좋을 삶을 살아야 한다.

334 | 삶의 양면성

> 오, 나의 영혼이여! 나는 그대에게 폭풍우처럼 부정의 말을 할 권리와 함께 구름 한 점 없는 푸른 하늘처럼 긍정의 말을 할 권리도 주었다. 그대는 빛처럼 조용히 서 있다가도 그대를 가로막는 폭풍우가 있으면 그것을 들고 앞으로 나아갔다.

인간의 영혼은 부정과 긍정의 양면성을 가지고 자유롭게 생각하고 행동할 수 있다. '아니다'는 부정의 의미지만, 새로운 도전과 변화를 위해서 필요하다. '그렇다'는 긍정의 의미지만, 타인과 사물을 객관적으로 판단할 수 없다. 오히려 고정관념이나 편견으로 얽매여 부정적인 결과를 낳을 수 있다.

인간의 영혼은 빛처럼 고요하고 평화로울 때도 있고, 폭풍우처럼 거세고 격렬할 때도 있다. 맑은 하늘처럼 편안하게 포용하는 능력이 있고, 폭풍우처럼 거세게 물리칠 수 있는 힘도 있다. 인간의 삶은 부정과 긍정, 밝음과 어둠이 함께 어우러져 다양하고 역동적으로 변화한다.

인생이 살만한 가치가 있고 의미가 있는 것은, 매일 매일이 다르기 때문이다. 인생은 맑은 날도 있고 흐린 날도 있다. 당장 비가 내리지 않아도 날씨가 흐리면 사람들은 우산을 준비한다. 폭풍이 지나고 비가 그치면 파란 하늘과 눈부신 햇살이 또 다시 빛난다. 비가 오면 비를 맞아도 되고, 우산을 써도 되고, 햇살을 기다려도 되는 것이 삶이다.

335 | 사랑하기 때문에

나는 가까이 있는 그대를 두려워하고, 멀리 떨어진 그대를 사랑한다. 그대가 달아나면 나는 쫓아가고, 그대가 나를 찾으면 나는 몸을 숨긴다. 답답하다. 나는 지금까지 그대를 위해서 온갖 괴로움을 참지 않았는가? 그대의 냉혹함에 나는 화가 난다. 그대 증오는 나를 유혹하고, 그대의 도주는 나를 구속하며, 그대의 비웃음은 나를 눈물을 흘리게 한다.

사랑은 강렬한 행복을 주지만 두려움, 불안, 갈등과 같은 힘든 감정도 안겨준다. 사랑할 때는 상처받고 버림받을까 봐 두렵지만, 참고 견디는 것은 그 사람에 대한 강한 애착 때문이다. 니체는 인간의 삶을 사랑하는 여자와의 관계에 비유했다. 삶은 사랑처럼 변덕스럽고 맹목적이다. 순종할 때도 있지만 명령을 내리기도 하며 다양하게 변화한다. 삶은 연인과의 사랑처럼 힘들 때도 있다. 하지만 연인처럼 사랑스럽고 매력적이기 때문에 견디며 사는 것이다.

사랑하는 사람들은 '밀당(밀고 당김)'을 하기도 한다. 주도권을 잡기 위해서, 만만해 보이거나 나대는 것처럼 보이기 싫어서, 애정 표현이 어색하고 부담스러워서, 상대방에 대한 확신이 없거나 더 많이 좋아해주기를 원해서 등 다양한 이유가 있다.

사랑하는 사이에서 상대방을 존중하되 반드시 자신의 가치도 지켜야 한다. 자신은 좋은 관계를 위해 노력하지 않으면서, 타인에게만 희생과 양보를 강요해서는 안 된다. 사랑하기 때문에 상대방을 말에 무조건 따르기만 하면 자신은 없어지고, 사랑이란 이름의 노예가 된다. 사랑은 상호적인 것이며 서로 동등할 때 더 오래 지속되고 아름답다.

336

본래의 내 모습

나는 나의 행복 자체를 아주 멀리 던진다. 동쪽으로, 남쪽으로 그리고 서쪽으로, 인간이라는 많은 물고기 떼가 몰려와서 나의 행복을 배우려고 펄떡 거리는 모습을 보려고 한다. 나는 근본적으로 그와 같은 인간을 낚는 어부다. 끌어당기고 끌어올리고 키워낸다. 끄는 자고, 키우는 자고, 징계해서 가르치는 자다. 내가 일찍이 나 자신을 향해 "그대는 본래의 그대로 돌아가라!"라고 말한 공허한 말이 아니었다.

차라투스트라는 사람들에게 자신의 본래의 모습을 찾으라고 말한다. 그는 자신의 모습을 찾기 위해서 아무것도 두려워하지 않는 가장 악의적인 '어부'다. 모든 바닷속과 만물 가운데서 감춰진 본래의 모습을 찾고자 한다. 그리고 행복의 미끼를 던져 슬픔을 낚아 올린다.

차라투스트라에 의하면 인간은 행복을 잡아당기는 물고기다. 행복이라는 미끼를 잡아당기고 매달리고 버둥거리면서 잠재력을 끌어낸다. 자신의 본래 모습을 찾으려면 내면에 있는 어둠과 슬픔을 직면하고 극복해야 한다. 본래의 자기는 내면 깊숙이 가라 앉아 있어서 외부로 잘 드러나지 않기 때문이다.

정신분석학자 프로이트Sigmund Freud, 1856~1939는 "우리가 알고 있는 의식의 영역은 빙산의 일각에 불과하다"고 말한다. 외부로 표현되는 '나'는 표면 위로 드러난 아주 작은 빙산의 한 조각과 같다. 본래의 자기의 모습은 바닷속 깊은 곳에 커다랗게 자리 잡고 있다. 유네스코 헌장은 "전쟁은 인간의 마음속에서 생기는 것이므로 평화의 방벽을 세워야 할 곳도 인간의 마음속이다"라고 말한다. 겉으로는 행복과 평화를 추구하지만 깊은 마음속은 다를 수도 있기 때문이다.

337

인내심의 중요성

내가 오늘 물고기를 낚기 위해 이 높은 산으로 올라올 수 있었던 것도 그 운명의 호의 덕분이었다. 높은 산에서 물고기를 낚은 인간이 있었던가? 그러나 비록 내가 산꼭대기에서 하려고 하고 또 하고 있는 것이 어리석은 짓이라고 할지라도, 저 평야에서 기다리다 지쳐 침통한 나머지 창백한 얼굴을 하는 것 보다는 낫다.

차라투스트라는 기다리다 지쳐서 화를 내는 것보다는 높은 산에서 고기를 낚는 법을 선택한다. 성급하게 골짜기를 향해 "들어라, 그렇지 않으면 나는 그대들을 신의 채찍으로 후려치리라" 하고 외치며 화를 내는 자들은 웃음거리가 될 뿐이기 때문이다.

인내심은 준비 과정을 견딜 수 있는 힘이다. 화가 난 사람들은 오늘이 아니면 기회가 사라질 것이라는 두려움 때문에 조바심을 낸다. 조바심은 문제를 더욱 복잡하게 만들고 일을 그르칠 수 있다. 인내를 가지고 기다림의 과정을 거쳐야만 진정한 변화가 일어날 수 있다. 화를 내고 다그쳐서 자신의 주장을 관철시키려는 것은 오히려 역효과를 가져올 수 있다.

경영 전문가들은 리더십을 발휘할 때 중요한 것이 인내심이라고 말한다. 유능한 리더는 일을 제대로 진행하지 못한다고 해서 그 사람을 업무에서 배제시키지 않는다. 자신이 도와줄 것은 없는지 물어보고 믿고 인내하며 기다려준다. 직원들의 성과를 탓하는 대신에 낮은 성과로 인해 위축된 감정을 해소해주어야 한다.

338

최고의 지도자

가장 높은 인간이 지상에서 최고의 지배자가 되어야 한다. 인간의
모든 운명 중에서 가장 가혹한 불행이 이 지상의 권력자가 제 1인
자가 아니라는 것이다. 그때부터 모든 것은 거짓이 되고 일그러지
며 기괴한 것이 된다.

차라투스트라가 산에서 내려와 세상을 여행하던 중, 길에서 두 명의 왕을
만났다. 그들은 왕관을 쓰고 비단 띠로 장식된 홍학처럼 화려한 옷을 입고
있었다. 왕들이 걸맞지 않는 옷을 입고 나귀를 몰고 가는 모습은 기존의 권
력과 가치가 무너지고 있음을 의미한다.

두 명의 왕은 그동안 자신들이 으뜸인 척, 사기극을 벌이며 살았던 것에
진절머리가 나서, 더 높은 인간을 찾으러 길을 나섰다고 말한다. 차라투스
트라는 왕들의 말이 지혜롭다고 생각되어 기뻤다. 두 명의 왕이 찾고자 하
는 인간이 차라투스트라가 말하는 위버멘쉬 같은 존재이기 때문이다.

"최고의 인간이 지상에서도 최고의 지배자가 되어야 한다"라고 말한다.
그는 지배자들은 선하거나 악하거나, 유능하거나 무능하다고 했는데 좋은
지도자는 선하고 유능한 사람이고, 최악의 지도자는 사악하고 유능한 사람
이라고도 했다. 그들은 사람을 다루는 능력이 뛰어나다. 자신의 욕망을 정
의를 위한 것처럼 포장하고 명분을 앞세워 권한을 남용한다. 니체는 사악
한 사람에게 이용당하지 않으려면, 겉으로 보이는 유능함에 속지 말고 진
정한 가치를 지켜야 한다고 강조한다.

339

좋은 전쟁

> 그대들은 새로운 전쟁 수단으로 평화를 사랑해야 한다. 그리고 오
> 랜 평화보다도 짧은 평화를 사랑해야 한다! '선이란 무엇인가?'
> 용감한 것이 선하다. 훌륭한 전쟁은 모든 것을 성스럽게 한다.

왕들은 전쟁이 항상 정당화될 수는 없지만, 좋은 전쟁은 모든 구실을 신성하게 만든다고 말한다. 그들은 평화가 생기 없고 미지근하며 긴 평화는 굴욕이라며 그들 조상의 행복에 대해서 말하고 있었다. 차라투스트라는 그들의 열성적인 태도를 조롱하고 싶어졌다.

니체는 선과 악을 절대적인 기준으로 구분하지 않았다. 삶을 적극적으로 사는 사람, 용감하게 맞서 싸우는 사람은 선하다고 말한다. 니체는 실제로 전쟁에 소집되었다가 훈련 중 부상을 입었다. 오늘날에도 전쟁은 많은 사람들의 생명과 재산을 파괴하며 커다란 고통을 준다. 전쟁을 두려워하지 말고, 용감하게 위험을 극복하는 사람이 위버멘쉬와 같은 존재다.

우리는 늘 전쟁하며 살고 있다. 입시 경쟁, 출근 전쟁, 실적 경쟁, 타인과의 전쟁, 그리고 자신의 내면의 갈등으로 인한 자신과의 전쟁을 한다. 니체는 적을 찾되 나에게 걸맞은 적, 증오할 만한 가치가 있는 적, 자랑스러운 적을 가져야 한다고 말한다. 이들과 전쟁은 패배하더라도 비굴하지만 않으면 자신을 극복하고 성장시킨다.

340

진리를 추구하는 태도

많은 것을 어설프게 알기보다는 차라리 아무것도 모르는 것이 낫다! 남의 견해에 따라서 현인이 되기보다는 차라리 자기 힘만 믿는 바보가 되리라!

차라투스트라는 정직함이 멈추는 곳에서 맹목적이며, 또 맹목적인 것을 선택하기를 바란다. 그러나 내가 알고자 할 때면 나는 자신에게 정직해지고자 한다. 지적인 양심을 가진 사람은 자신의 의지에 따라 진리를 추구하고, 타인의 판단에 흔들리지 않는다. 그들은 자신의 생각과 행동에 대한 엄격한 기준이 있고, 자신의 행동에 대해 책임진다.

니체는 지식의 양보다는 질을, 타인의 의견보다는 자신의 판단을, 진리의 크기나 형태보다는 진리를 추구하는 태도를 중요시했다. 참된 지식은 지적인 양심이 바탕이 되어야 한다고도 했다. 니체에 의하면 손바닥만 한 크기의 뿌리일지라도 그것이 진정한 뿌리요, 토대라면 충분하다. 손바닥만 한 크기의 뿌리 위에서라도 사람은 설 수 있다. 참으로 양심적인 지식의 세계는 큰 것도 작은 것도 없다.

자기 주장을 잘하려면 상대방을 존중하면서 자신의 생각과 의견을 명확하게 표현해야 한다. 자기 표현을 못하는 것은 스스로 확신이 없거나, 타인의 비난을 두려워하기 때문이다. 메타인지meta認知, metacognition란, 자신이 무엇을 알고 무엇을 모르는지를 정확히 알고 있는 것이다. 메타인지력을 높이는 방법은 스스로 묻고 답하며 자체적으로 검증을 거치는 것이다. 자기 표현을 잘 하려면 자신이 알고 모르는 것에 대한 확신과 용기가 필요하다.

341

거짓말

나는 그대에 대해 잘 알고 있다. 그대는 모든 사람에게 마법을 걸
었지만, 그대 자신에 대해서는 마법을 걸 수는 없는 것이다.

차라투스트라는 우월한 인간을 찾아 산을 내려가다 정신의 참회자인 척하
는 늙은 마술사를 만난다. 차라투스트라가 마술사의 거짓된 참회를 눈치채
자, 그는 "나는 다만 장난으로 소리를 질렀을 뿐이다"라고 거짓말을 한다.
거짓으로 살았던 과거에 대한 죄책감 때문에 마술사는 자신의 과거를 부
정하고 싶어 했다. 차라투스트라는 마술사의 말에서 약간의 진지함을 느꼈
다. 그가 어느 정도는 속죄하는 사람이 되었기 때문이다.

마술사는 거짓 연기로 위대한 인간을 보여주며 많은 사람들을 설득했다.
능숙한 거짓말과 술책으로 모든 사람을 속였고, 의사에게 벗은 몸을 보일
때도 자신의 병을 꾸몄다. 사람들을 조종해서 원하는 것을 얻었지만 자기
자신까지 속일 수는 없었다. 그는 과거를 후회하고 속죄함으로써 마술에서
풀려났다. 마술사는 차라투스트라에게 "진짜 인간, 올바른 자, 단순한 자,
명료한 자, 정직 자체인 자, 지혜의 그릇, 인식의 성인, 위대한 인간을 찾고
있다"라고 말한다.

한 번 거짓말을 하면 거짓말을 덮기 위해 더 많은 거짓말을 반복하게 된
다. 습관적으로 연기하듯 살아온 시간들을 후회하고 반성해도 자신의 인생
자체가 거짓이었던 것은 바뀌지 않는다. 마술사는 말한다. "모든 것이 거짓
말이다. 그러나 내가 파멸한다는 것, 나의 파멸만은 진짜다!"

342

Also sprach Zarathustra

신을 잃고 슬퍼하는 자

나의 사랑은 오랫동안 그에게 봉사했다. 나의 의지는 그의 모든 의지에 복종했다. 그러나 훌륭한 하인은 모든 것을 알고 있는 법이다. 그리고 때로는 주인이 자기 자신에게 숨기고 있는 것 까지도 알고 있다.

마술사에 이어 차라투스트라는 늙은 교황을 만난다. 늙은 교황은 오랜 세월 동안 신을 섬기면서 신의 비밀을 다 알게 되었다. 늙은 교황은 신에 대한 신뢰를 잃고 종교적 권위에 회의를 느꼈다. 늙은 교황은 자신이 신을 가장 많이 사랑했던 만큼, 신을 가장 많이 잃었다고 생각했다. 교황은 모실 주인이 없어져 일자리를 잃었다. 그렇다고 해서 자유롭지도 않고 추억에 잠길 때 외에는 잠시도 즐겁지 않다.

차라투스트라는 신의 말은 애매모호하고 불분명하다고 말한다. 신은 오히려 인간들에게 잘못 이해한다고 화를 냈다. 그래서 차라투스트라는 이렇게 말한다. "인간의 귀가 잘못되어 신을 이해하지 못한다면, 왜 신은 우리에게 잘못 알아듣는 귀를 만들어주었나? 왜 좀 더 분명하게 이해시키지 못하는 것인가. 그럴 바에는 신이 없는 게 낫다. 차라리 혼자 힘으로 운명을 만들고, 나 자신이 신에 되리라!"

신이 죽었으므로 인간들은 스스로 자신의 삶을 책임지고 살아가야 한다. 차라투스트라가 바라는 것은, 신을 잃고 슬퍼하는 자 모두가 굳건한 땅 위에 튼튼한 발로 다시 서게 하는 것이다.

343

Also sprach Zarathustra

자신을 동정함

신의 것이든 인간의 것이든 간에 동정은 뻔뻔스러운 것이다. 그리고 도우려고 하지 않는 것이 도우려고 서둘러 달려오는 덕보다 더 고귀할 때가 있는 법이다. 오늘날 왜소한 인간들 사이에서는 그런 동정이 덕이라고 불린다. 그들은 위대한 불행, 위대한 추함, 위대한 실패에 대해서는 전혀 경건한 마음도 가지지 않는다.

니체는 동정은 약한 인간을 더 한심하고 무능한 사람으로 만든다고 말한다. 동정을 받는 사람은 스스로 문제를 해결하지 못하고 타인의 도움을 받고 의존함으로써 타인의 지배를 받게 된다. 니체에 의하면 신이 죽은 이유는 인간을 동정하고 불쌍히 여김으로써 인간의 의지를 나약하게 만들었기 때문이다. 자신을 못난 사람이라고 생각하는 것은, 자신을 동정함으로서 스스로를 비참하고 나약한 사람으로 만드는 것이다.

법륜 스님은 동정과 관련해 수행자의 자세에 대해 이렇게 말했다. "수행자는 비록 밥은 얻어먹고, 옷은 주워 입고, 잠은 나무 밑에서 자더라도 삶이 당당해야 한다. 그렇지 않으면 명절 때 집에 가서 음식을 걸신들린 듯이 먹는다. 부모나 옆 사람들이 보기에 안쓰럽게 보일 수 있다. 그깟 음식으로 세상 사람의 동정을 받으면 거지나 다름없기 때문에 아직 수행자의 자세가 잡히지 않았다고 볼 수 있다."

344

되새김의 지혜

우리는 암소로부터 하나의 교훈을 배워야 하는데, 그것은 되새김
질을 하는 것이다. 한 인간이 온 세계를 얻었다 할지라도 되새김
질하는 것을 배우지 않았다면 모든 것이 소용없게 된다. 인간은
자기 힘으로 슬픔에서 벗어날 수 없을 것이다.

니체는 과거의 경험을 되새김질함으로써 해답을 찾고 극복할 수 있다고
말한다. 소가 되새김질하듯, 살아가면서 겪게 되는 일들을 차분히 되돌아
보며 이해하는 시간을 가져야 한다. 아무리 많은 경험을 하더라도, 그냥 흘
려보내면 아무런 의미가 없다. 과거의 잘못된 행동이나 결정을 되새겨보며
현재와 미래에 도움이 되는 지혜를 발견해야 한다.

와신상담臥薪嘗膽은 장작 위에 누워서 쓰디쓴 쓸개를 맛보며 복수나 어
떤 목표를 이루기 위해 고난을 참고 견딘다는 뜻이다. 현재의 삶의 달콤함
에 빠져 과거의 쓰라린 패배를 잊지 않으려고 곰의 쓸개를 핥으며 상기하
는 것이다. 실패에 좌절하지 말고 미래를 향한 경험을 쌓는 기회로 삼아야
한다.

인지과학자들은 많은 양을 배우는 것 보다 배운 것을 많이 되새김질하
는 공부가 더 효과적이라고 말한다. 컴퓨터는 많은 데이터를 입력하고 저
장하면 100퍼센트 그대로 유지되지만, 인간의 뇌는 컴퓨터와 다르기 때문
에 공부한 것을 복습하는 과정이 있어야 더 오래 기억할 수 있다.

345

베풂에 대하여

올바르게 받는 것보다 올바르게 주는 것이 얼마나 어려운 일인가.
올바르게 주는 것은 하나의 기술이고, 친절을 베푸는 가장 교묘한
마지막 기술이다.

올바른 베풂은 물질적인 것을 주는 것이 아니라, 상대방의 필요와 상황에
맞게 실질적으로 도움을 주는 것이어야 한다. 받는 사람의 자존심을 상하
게 하지 않고 그 사람의 삶에 도움이 될 수 있도록 베풀어야 한다. 올바른
베풂은 선의의 표현이지만, 상대방을 존중하고 자립할 수 있도록 돕는 것
이 중요하다.

　호의를 베푸는 자들은 타인을 돕는 것을 당연하다고 생각하며 오히려
즐거워한다. 무조건적인 호의는 오히려 상대방을 염치없는 사람으로 만들
수 있다. 호의가 계속되면 도움을 받는 것을 당연하다고 생각할 수 있기 때
문이다. 나눔은 좋은 마음으로 시작하는 것이지만, 베푸는 태도나 방법도
중요하다.

346

삶의 의미를 찾아라

나는 '내가 살고 싶은 대로 살거나 아니면 살지 않기를' 바란다. 가장 성스러운 사람도 그것을 바란다. 그러나, 아, 어떻게 내게 아직까지의 의욕이라는 것이 있겠는가? 내게는 아직도 무슨 목표가 있겠는가? 어찌 나의 돛이 목표로 삼은 항구가 있겠는가?

차라투스트라는 뒤따라오는 자신의 그림자와 대화를 나눈다. 그림자는 자신의 고향을 찾기 위해 노력했지만, 자신이 어디에 속하는지, 무엇을 추구해야 하는지 알 수 없었다. 그림자는 정신적·육체적 고통으로 지쳤다.

그림자가 찾고자하는 것은 삶의 목표다. 차라투스트라는 자신이 그동안 어떻게 살아왔는지 그림자를 통해 자기성찰을 한다. 그림자는 차라투스트라를 가장 잘 알 수 있는 존재다. 그림자는 차라투스트라가 가는 곳마다 따라다니며 진리를 추구했지만 목표를 잃고 허무에 빠졌다.

열 길 물속은 알아도 한 길 사람 속은 모른다는 말이 있다. 타인의 마음을 알고 이해하는 것도 어렵지만, 자신의 마음도 잘 이해가 안 될 때가 있다. 그러므로 나를 따라다니는 그림자도 나를 모르고 이해하지 못한다. 삶에 지치고 의미를 찾지 못하면 자기의 길이 맞는지 의심하게 되고 허무해진다. 삶의 의미를 찾는 것이 중요한 이유는, 자신의 노력과 고통이 가치 있다는 믿음과 희망을 주기 때문이다.

347

순풍과 역풍

좋은 바람이? 아, 어떤 바람이 좋은가? 어느 것이 순풍인가를 아는 사람은 자신의 목표가 어디인지 알고 있는 사람뿐이다.

순풍은 배가 가고자 하는 방향으로 부는 바람이다. 순풍은 유리한 바람이지만 자신의 목적지를 모르면 순풍인지 역풍인지 알지 못한다. 자신이 원하는 삶을 살려면, 먼저 자신이 무엇을 원하는지, 어디로 가고 싶은지 아는 것이 중요하다. 목적지가 없거나 분명하지 않으면, 길을 잃고 방황하므로 어떤 바람도 무의미하며 노력도 헛된 것이 된다.

《삼국지》 적벽대전에서 제갈공명은 남동풍을 이용하여 10만 군으로 조조의 80만 대군을 물리치는 대승을 거두었다. 제갈공명은 바람을 바꾸는 신통력을 가진 것이 아니라, 날씨를 분석을 통해 바람의 방향을 알고 이용할 줄 아는 지혜를 가진 것이었다.

인생은 타이밍이고, 속도가 아니라 방향이 중요하다. 순풍을 타고 배가 목적지에 빨리 도착만 했다고 좋은 것이 아니다. 목적지가 원치 않은 곳이면 의미가 없다. 일이 잘 풀릴 때 순풍에 돛을 달았다고 하고, 시련에 부딪칠 때 역풍을 맞았다고 한다. 순풍도 좋고, 역풍도 잘 이용하는 지혜가 필요하다. 방향이 맞지 않을 때는 닻을 내리고 목적지로 불어오는 바람을 기다리는 것도 필요하다. 그러려면 자신 향하고자 하는 목적지를 분명히 알아야 한다.

348

정오의 시간

가장 고요한 항구에 들어간 배처럼 내 영혼은 지금 대지에 기대고 있다. 오랜 항해와 불안한 바다에 싫증나버린 내 영혼에게 바다보다는 대지가 더 성실하지 않겠는가? 이렇게 지친 배가 육지에 기대고 있을 때는 육지에서 거미 한 마리가 거미줄을 치는 것만으로도 충분하다. 이런 배에 더 질긴 밧줄은 필요하지 않다.

삶은 거친 바다를 항해하는 것과 같다. 희망을 품고 목적지를 향해 항해하는 동안 많은 파도와 풍랑을 맞는다. 오랜 항해를 마치고 도착한 뭍은 고단함을 달랠 수 있는 편안한 안식처다. 뭍은 거미줄 하나만으로 배를 고정시킬 수 있을 만큼 고요하고 평온하다. 거미줄처럼 가느다란 소소한 기쁨과 희망은 지친 인간들에게 안식과 평온함을 준다.

차라투스트라가 정오에 평온하게 낮잠을 즐긴다. "노래하지 말라! 조용히 하라! 세계는 완전하다. 늙은 정오가 황금빛 행복을 마시고 행복하게 웃고 있다. 아름다움과 완벽함이 마치 신이 웃는 모습과 같다." 차라투스트라는 가느다란 실에 묶여 잠시 동안 평온한 휴식을 취한다.

니체는 정오^{正午}의 시간을 '위대한 정오'라고 하며 이를 최고의 희망과 축복의 시간이라고 말한다. 정오는 하루 중에서 그림자 길이가 가장 짧아지는 시간이다. 허상의 그림자가 짧을 때 인간은 가장 완벽하고 위대하다. 니체는 평온한 휴식을 취하며 위대한 정오에 위대한 인간 위버멘쉬의 탄생을 기다린다.

349

행복에 대하여

'행복해지기 위해서는 아주 작은 것이라도 충분하다!' 나는 일찍이 이렇게 말하고 자신을 현명하다고 했다. 그러나 그것은 대단한 모독이라는 것을 나는 지금에야 알았다. 훌륭한 바보라면 더 나은 말을 할 것이다. 정말 가장 작은 것, 가장 희미한 것, 가장 가벼운 것, 쪼르르 달리는 한 마리의 작은 고슴도치, 하나의 숨결, 하나의 잘못, 한 순간 등, 이런 사소한 것들이 최고의 행복을 만든다. 조용히 하라!

행복은 많고, 적음의 양적인 것으로 측정하는 것이 아니다. 도마뱀의 바스락거림, 한 번의 숨결과 한 번의 스침, 순간의 눈길처럼 작은 것들이 최고의 행복을 만든다고 니체는 말한다. 큰 것을 바라고 찾으려고 하지 말고, 조용히 귀 기울이면 행복을 느낄 수 있다. 가장 작고 조용하며 가벼운 일상의 순간에 속에서 발견할 수 있다.

니체는 행복은 자신의 강한 의지를 통해 무엇인가를 해냈을 때 느끼는 감정이라고 말한다. 종교나 다른 것 에 의지해서 몸과 마음의 안락을 추구하는 것은 행복이 아니라고 생각했다. 행복은 시련을 극복하면서 자신의 의지가 강렬하고 충만할 때 느끼는 것이다. 자신의 삶을 사랑하고, 자신의 목표를 위해 힘에의 의지를 발휘하는 것이 행복이라는 점을 니체는 강조했다.

350

절망한 자들

절망하고 있는 자들이여, 내가 그대들에게 이렇게 어처구니없는 말을 해도 용서해다오. 정말 이런 손님들에게는 부적당한 말이다. 그러나 그대들은 무엇이 내 마음을 이처럼 즐겁게 만들고 있는지 모를 것이다. 그것은 그대들의 모습 때문이다. 이런 말을 하는 나를 용서해 다오. 그러나 절망에 빠진 자의 얼굴을 보면 누구든 즐거워지게 마련이다.

차라투스트라는 늦은 오후에 그의 동굴로 돌아왔다. 동굴 안에는 낮 동안 도시에서 만났던 자들이 모두 한자리에 앉아 있었다. 이들은 자리에서 일어나 차라투스트라가 무슨 말을 해주기를 기다렸다.

전통적인 권력을 상징하는 '오른편 왕'과 '왼편 왕', 과거 전통의 향수에 젖은 늙은 마술사, 신을 잃고 실업자가 된 교황, 삶을 의미를 잃고 물질을 버리고 제 발로 거지가 된 자, 인간의 어두운 모습의 상징인 그림자, 맹목적 이성을 가진 지적인 양심을 지닌 자, 미래에 대한 불안과 두려움으로 슬픔에 잠긴 예언자, 무지하고 탐욕적인 인간을 상징하는 나귀 등이 동굴 안에 모여 있었다.

동굴에는 차라투스트라의 독수리가 깃털을 곤두세우고 안절부절못하고 있었다. 영리한 뱀은 독수리의 목을 감고 있었고, 독수리는 긍지를 가지고 있지만 모든 것을 알거나 대답하지는 못한다. 차라투스트라는 절망한 사람들을 환영했다. 그리고 동굴에서 자신과 함께 있으면 누구도 더 이상 절망할 필요가 없다고 그들을 안심시켜주었다.

351

영원한 의지

오, 차라투스트라여, 지상에 살고 있는 것 중 높고 강한 의지보다 더 큰 기쁨을 주는 것은 아무것도 없다. 그것은 지상에서 가장 아름다운 산물이다. 이런 나무 한 그루로 인해 전체 풍경이 활기를 띠는 것이다.

니체는 모든 사람이 획일화된 가치에 복종하며 동일한 가치를 추구하고 동일한 삶을 사는 것을 거부한다. 삶에 회의를 느끼고 새로운 삶을 찾고자 하는 사람들, 혼란과 갈등 속에서 의미와 가치를 잃어버린 사람들, 그들은 모두 차라투스트라의 가르침을 통해 새로운 삶의 의미와 가치를 찾고자 한다. 강한 의지를 가진 소나무와 같은 차라투스트라로 인하여 대지 전체가 생기를 얻는다.

소나무는 화려한 꽃을 피우지는 않지만 혹한의 겨울에도 푸른 잎을 유지하기 때문에 영원한 의지의 상징이다. 소나무는 묵묵히 자신의 자리를 지키며 외로움을 견뎌내는 강인한 존재이기도 하다. 소나무는 한겨울에도 푸른 가지들을 내뻗고, 바람과 뇌우와 같은 역경에도 굴하지 않고 당당하다.

소나무는 십장생의 하나로 장수의 상징이며, 애국가에서 나오는 '남산의 소나무'는 한국인의 강인한 의지와 기상을 말해준다. 정이품송正二品松은 충청북도 보은에 속리산에 있는 600년도 넘은 소나무다. 조선시대 세조는 소나무의 충정을 기리기 위해 정이품, 즉 지금의 장관급에 해당하는 벼슬을 소나무에게 내렸다. 소나무의 푸른 잎과 우뚝 솟은 모습은 사람들에게 고통을 이겨낼 수 있는 용기를 북돋아준다.

352

웃는 사자를 기다리며

보다 높은 사람, 보다 강한 사람, 보다 승리감에 넘치는 사람, 보다 기분이 좋은 사람, 육체와 영혼이 당당한 사람, 즉, 웃는 사자들이 와야 한다! 오, 나의 손님들이여, 기묘한 사람들이여! 그대들은 내 자식들에 대해서 아직 아무소리도 듣지 못했는가? 내 자식들이 내가 있는 곳으로 오고 있다는 것에 대해서 아무 소리도 듣지 못했는가?

차라투스트라는 용감한 전사가 필요하다고 말한다. 동굴에 모인 왕들과 교황, 지식인, 마술사 등은 자신들이 높은 인간이라고 생각한다. 그러나 차라투스트라는 그대들은 높지도 않고 강하지도 않으며 보살핌을 원하는 약한 존재이므로 나의 승리를 망칠 것이라고 생각한다. 그대들 중 몇 사람은 내 북소리만 들어도 그만 나자빠지고 말 것이라고 말이다. 차라투스트라가 볼 때, 그대들은 다리에 불과하다. 그대들은 사람들이 높은 곳으로 가기 위한 계단이다.

니체에 의하면 인간은 나약한 낙타였다. 기존의 가치와 규범을 거부하지 못하고 복종하며 힘겹게 사는 모습이 낙타와 같다. 새로운 인간은 웃는 사자의 모습이다. 사자는 낙타처럼 무조건 복종하지 않고 용맹하게 싸워 자유를 얻었다. 사자는 쟁취한 자유를 어떻게 누려야 할지 몰라 불안했지만, 차츰 가치를 창조할 수 있는 자신감을 얻게 되었다. 더 강하고 더 활기차게 웃는 사자와 같은 인간이 새로운 세상을 창조할 것이다.

'삶은 개구리 증후군Frog Boiled Syndrome'은 물이 서서히 뜨거워지면 개구리가 느끼지 못하고 서서히 죽게 된다는 이론이다. 점진적으로 고조되는 위험을 미리 인지하지 못해 결국 화를 당하게 됨을 비유한다. 과거의 영광에 젖어 있으면 세상의 변화를 읽어내지 못한다. 적극적으로 사고하고 자기계발을 하지 않으면 변화에 둔감해져 도태될 수 있다.

358

353
권리에 대하여

나는 나와 같은 인간들을 위한 하나의 율법일 뿐, 모든 사람을 위한 율법은 아니다. 그러나 나와 같은 종류의 인간은 튼튼한 골격과 가벼운 발을 가져야 한다. 전쟁과 축제를 즐겨야 하며 음울하거나 몽상에 빠져서는 안 된다. 축제를 기다리듯 즐거운 마음으로 지극히 어려운 일을 기다리고, 건강하고 활달해야 한다. 가장 좋은 것은 나와 내 친구들의 것이다. 만일 사람들이 그것을 내게 주지 않으면 우리는 그것을 빼앗고 말 것이다. 최고의 식사, 가장 맑은 하늘, 가장 강한 사상, 가장 아름다운 여인을!"

차라투스트라의 율법은 모든 사람을 위한 것이 아니라, 자기와 같은 정신을 가진 사람들을 위한 것이라고 말한다. 강한 뼈대에 가벼운 발을 가진 사람은 육체와 정신이 건강하다. 전쟁과 같은 삶이라도 겁내지 않고 대범하게 받아들이며 삶을 축제처럼 즐긴다.

또한 모든 사람에게 적용하는 획일적인 율법이나 규범을 부정한다. 사람들마다 자신의 가치와 기준에 따라 선택하고 결정할 권리가 있기 때문이다. 사람들은 자기 삶의 방식을 스스로 결정할 권리가 있고, 적극적으로 사는 자만이 최상의 것을 누릴 수 있다.

자신의 권리를 적극적으로 주장하지 않으면 남에게 빼앗기게 된다. '권리 위에 잠자는 자는 보호받지 못한다'는 말은 권리를 오랫동안 행사하지 않으면 법의 보호를 받지 못한다는 의미다. 시간이 오래되면 상호간에 기억이 희미해지고, 증거도 남지 않기 때문에 법이 보호해줄 수 없다.

차원 높은 인간

신은 이미 죽었다! 그대, 보다 높은 사람이여, 이 신은 그대들에게 가장 위험한 사람이었다. 신이 무덤으로 들어간 다음에야 그대들은 비로소 부활했다. 이제야 위대한 대낮이 다가온다. 이제야 비로소 보다 높은 사람이 주인이 된다. 자! 그대, 보다 높은 사람이여! 지금이야말로 인간이라는 미래의 산이 진통을 시작하리라. 신은 죽었다. 이제 우리는 초인(위버멘쉬)이 태어나기를 바란다.

신이 죽었다는 것은, 인간이 더 이상 절대적 존재에 의지할 수 없게 되었다는 뜻이다. 신이 죽은 것은 위험하고 불안하지만, 인간이 각자의 삶을 책임질 수 있는 가능성을 주었다. 신이 죽고 위대한 정오의 시대가 왔다. 위대한 정오는 인간이 스스로의 가치관과 도덕을 창조하는 새로운 시대이다. 인간의 미래라는 산이 산통을 시작하고 있으며 이제 차원 높은 인간이 주인이 될 것이다.

　니체가 말하는 '차원 높은 인간'은 신이 죽은 후 혼란과 허무함 빠지지 않고 새로운 의미를 찾기 위해 노력한다. 높은 인간은 변화를 주도할 수 있는 인간이며, 위버멘쉬를 향해 나아간다. 니체는 신에 의지하고 복종하는 인간은 노예일 뿐, 모두가 평등하지 않다고 생각했다. '차원 높은 인간'은 자유 의지를 가지고 자기 삶의 주인으로 살아가는 인간이다. 평등은 절대적인 평등이 아니라 실질적인 평등이 보장되어야 한다. 우리 헌법에서 '평등'은 실질적 평등을 의미한다. 균등한 향상과 인간다운 생활을 할 권리를 기본적 인권으로 보장한다고 명시되어 있다.

355

Also sprach Zarathustra

왜소한 자들

> 오늘날은 왜소한 사람들이 주인이다. 그들은 대개 복종, 겸손, 조심, 근면, 추측 및 무한히 작은 덕을 설교한다. 오늘날의 주인을 극복하라, 형제들이여, 이 소인배들을! 그들은 초인에게 가장 커다란 위험이다!

니체는 인간은 건너가는 존재이며 몰락하는 존재라고 말한다. 인간은 변화와 발전을 거듭하고, 쇠퇴와 몰락을 겪기 때문이다. 차원 높은 인간들은 위버멘쉬에 가까우며 강인한 의지와 창조적인 힘을 가진 인간이다. 왜소한 자들은 겸손, 재치, 근면, 조심 등 자잘한 덕에 집착하고 이를 정당화함으로써 자신의 존재를 지키고자 한다.

무사안일無事安逸주의는, 큰 탈이 없이 편안하고 한가로운 상태의 현실에 안주하며 개혁이나 변화를 싫어한다. 지속되고 반복되는 무사안일은 사고를 유발한다. 국가의 흥망성쇠에도 니체가 말한 왜소한 사람들처럼 발전을 막는 존재가 있다. 국가가 발전하고 태평성대를 누릴 때 기득권들의 부정부패가 만연해지면서 결국 국가는 쇠퇴하거나 몰락한다.

356

용기 있는 사람

> 용감한 자란 공포를 알면서도 공포를 정복하는 자다. 심연을 보
> 고도 뒷걸음질하지 않는 자다. 독수리의 눈으로 심연을 바라보는
> 자, 독수리 발톱으로 심연을 움켜쥐는 자야말로 정말 용기 있는
> 자다.

진정한 용기는 남들 앞에서 과시하고 인정받기 위한 것이 아니다. 자신의
내면에 있는 의지와 신념에서 우러나는 것이다. 니체가 말하는 심연은 인
간 내면에 있는 두려움과 불안감이다. 용기 있는 사람도 공포심을 느끼
지만 다스릴 줄 알며, 긍지를 가지고 두려움과 불안을 극복한다. 용기 있
는 사람은 자신을 보호하는 데에만 그치지 않고 인류를 위해 큰 고통도
이겨낸다.

니체는 싸늘한 영혼을 가진 자나 당나귀 같은 자, 눈먼 자, 주정뱅이를
보고 용감하다고 말하지 않는다. 진정한 용기는 가치 없는 일에 언성을 높
이거나 덤비지 않는다. 차라투스트라의 독수리는 지혜의 상징이다. 독수리
처럼 매섭고 지혜로우며, 강한 발톱처럼 용맹하게 싸우는 사람이 지혜와
용기를 갖춘 사람이다.

용기 있는 사람은 두려움을 이겨내고 목표를 성취하지만, 용기가 없으면
두려움에 갇힌다. 상황이 절박하고 처절한 상황에서 용기를 발휘한 사람들
은, 자신도 모르게 초인적인 힘이 생겼다고 말한다. 처절한 상황을 극복해
낸 용기의 힘은 번개의 높이만큼이나 지혜로운 인간으로 성장시킨다. 지혜
의 구름은 모일수록 더욱 조용하고 어두워지며, 언젠가 번개를 낳게 될 지
혜로 발전한다.

357

정직함에 대하여

그대들의 능력 이상의 것을 바라지 마라. 능력 이상의 것을 바라
는 자 주위에는 사악한 속임수가 떠돌게 마련이다. 특히 그들이
거대한 것을 원할수록 더욱 그렇다!

니체는 오늘날 세상을 천한 자가 지배하고 있다고 말한다. 천한 자들은 무
엇이 위대하고 왜소한지, 무엇이 바른 것이고 정직한 것인지 모른다. 니체
에 의하면 교묘한 사기꾼과 배우들은 스스로를 속이고 간사할 말과 겉만
그럴 듯한 벌레 같은 존재가 된다.

학벌과 경력을 중시하는 사회일수록 학력과 경력을 위조하는 사건이 자
주 발생한다. 학력을 위조하고, 경력을 조작하여 자신의 능력 너머에 있는
목적을 달성한다. 사악한 속임수로 성실히 노력한 사람의 기회와 자격을
빼앗는 것은 사회의 불신을 조장하고 사회질서를 파괴한다.

니체는 정직함보다 더 값비싸고 진귀한 것은 없다고 말한다. 정직하지
않은 사회는 속고 속이는 타락한 세상이 된다. 정직함은 사람들이 불신하
지 않고 진실한 세상에서 바르게 살아갈 수 있는 중요한 것이다.

358

춤추듯 전진하라

절뚝거리며 걷는 것보다는 잘 추지는 못하지만 춤추는 편이 차라리 낫다. 그러므로 지혜를 배워서 아는 편이 더 나은 것이다. 가장 나쁜 것조차도 두 가지의 선한 면을 가지고 있다는 지혜를. 가장 나쁜 것조차 춤추기 좋은 다리를 가지고 있다는 지혜를. 하물며 그대, 보다 높은 사람들이여, 그대들은 그대들의 다리로 춤추는 것을 배우도록 하라.

둔탁하게라도 춤을 추면 삶의 활력을 찾을 수 있다. 긍정적인 태도는 인간에게 활력과 생기를 주지만, 부정적인 태도는 인간을 무기력하게 만든다. 단점의 이면에는 장점도 있으므로 자신의 한계를 극복함으로써 삶에 의미와 가치를 찾을 수 있다.

차라투스트라는 돌기둥처럼 서 있었던 적은 별로 없고 질주를 즐겼다. 가벼운 다리를 가진 자는 진흙탕을 뛰어넘어 얼음판 위에서 춤추는 것처럼 가볍게 춤출 수 있다. 살다보면 누구나 위기를 겪게 되며 이때, 의지를 잃고 포기하면 절망의 늪에서 빠질 수 있다. 위기 상황에 포기하는 사람도 있지만 기회로 만드는 사람도 있다. 절망스럽고 앞날이 두려워도 일어서서 나아가야 한다.

자신의 인생은 자신만의 곧은 다리가 일으켜 세울 수 있다는 사실을 잊지 말아야 한다. 걷는 모습만 봐도 그 사람의 성향이나 몸과 기분의 상태를 짐작할 수 있다. 가고 싶지 않은 길이나, 남에게 끌려가는 길은 발걸음이 무겁다. 자신의 목표를 향해 가는 사람, 자신의 목표에 접근 자는 춤을 춘다. 춤추듯이 자신의 목표를 향해 달리다보면 결국 뛸 듯이 기쁜 날이 올 것이다.

359 | 도전 정신이 중요하다

> 인간은 가장 야성적이고 가장 용감한 동물의 덕을 시기하여 빼앗
> 아버렸다. 그래서 비로소 인간은 인간이 되었던 것이다. 이 용기
> 가 차차 다듬어지고, 신성시되고 영화되고 정신화되어 왔다. 독수
> 리의 날개와 뱀의 지혜를 가진 이 인간의 용기가 나타났다.

인간은 본질적으로 용기와 도전 정신을 가진 존재다. 인간의 용기 있는 도
전 정신은 학문의 근원이 되었다. 인간은 공포에 사로잡힌 존재가 아니라,
용기와 모험을 통해 새로운 세상을 창조하는 존재이기 때문이다.

　자연계의 수많은 생명체가 맹수의 습격과 환경 제약을 견디며 진화하고
발전하며 살아왔다. 인간도 먹을 것을 얻기 위해 끊임없이 노력해야 했고,
맹수들의 공격을 견뎌내야 했다. 인간의 가장 큰 발전은 직립 보행과 도구
와 불의 사용으로 가능했다. 호랑이나 늑대 같은 큰 동물의 습격을 막기 위
해 마을 공동체를 형성하고 도구와 무기를 만들어 안전을 지켰다.

　인간을 만물의 영장이라고 한다. 사자나 호랑이보다 더 강한 것이 아니
라, 용기를 가지고 공포심을 극복하고 안전한 방법을 창조해냈기 때문이
다. 사람들은 새로운 것을 두려워하고 안정적인 것을 추구하지만, 새로운
것을 탐구하고 도전하는 열정을 가지고 있다. 차라투스트라는 두려움을 극
복하고 도전과 모험하는 추구하는 용기 있는 삶을 살라고 한다.

360

웃음의 미학

'노여움이 아니라 웃음으로 사람을 죽인다.' 그대는 일찍이 이렇게 말했다. 오, 차라투스트라여, 알 수 없는 자여, 화내는 일 없이 파괴하는 자여, 위험한 성자여, 그대는 무뢰한이다!

차라투스트라가 신을 살해하는 것은 분노가 아니라 웃음을 통해서 이루어졌다고 말한다. 차라투스트라의 동굴에 있던 차원 높은 인간들이 유쾌하게 웃고 즐기며 나귀 축제를 벌이고 있었다. 나귀는 긍정적이고 자유롭게 살고자 하는 인간의 본성을 나타낸다. 차라투스트라는 사람들은 도덕이나 관습의 고통에서 벗어나 나귀처럼 웃고 즐거워하며 축제처럼 살아야 하는데, 종교가 인간에게 고통과 불안을 주었다고 생각했다.

　'촌철살인寸鐵殺人'은 짧고 강력한 한 마디 말이 큰 힘을 발휘한다는 뜻이다. '펜은 칼보다 강하다'는 말은 폭력보다 종교나 사상, 언론 등이 사람들에게 더 큰 영향력을 미친다는 뜻이다. 웃음으로 신을 살해하는 차라투스트라의 이야기처럼, 유머와 위트가 있는 명료한 말 한 마디나 사상은 사람들에게 깊은 깨달음과 영향력을 준다.

361

행복한 순간

> 그대들이 일찍이 한 번 있었던 일이 다시 한 번 오기를 바란다. 그
> 대들은 "그대는 내 마음에 들었다. 행복이여, 찰나여, 순간이여!"
> 라고 말한 적이 있다면, 그대들은 그 모든 것이 다시 돌아오기를
> 바라는 것이다!

차원 높은 인간들은 자신들의 삶을 변화시켜 준 차라투스트라에게 감사와
존경을 표했다. 삶이 만족스러울 때, 죽음을 향해 "다시 한 번!"을 외치는
것은, 그 순간이 다시 오기를 바라는 것이다. 과거의 어떤 순간을 되돌리고
싶으면, 그 순간에 뒤따랐던 모든 것들도 되돌려야 한다.

  사랑하는 사람과의 행복한 순간을 되돌리고 싶다면, 그 순간에 뒤따랐던
고통과 슬픔도 함께 되돌려야 한다. 만물은 사슬로 연결되고 실로 엮여 있
기 때문이다. 쾌락과 고통은 서로 연관되어 있다. 쾌락을 원한다면 고통을
감수해야 하고, 행복을 원한다면 불행도 받아들여야 한다. 사랑에는 이별의
고통이 있고, 성공은 실패와 좌절이라는 고통을 견뎌야 한다. 행복과 불행,
기쁨과 슬픔 모든 순간을 받아들이고 사랑해야 한다.

  영화 〈어바웃 타임About Time〉(2013)은 남자 주인공이 첫눈에 반한 여자와
의 사랑을 이루기 위해 시간 여행을 하는 이야기다. 주인공은 과거로 돌아
가 자신의 실수를 만회하며 주변 사람들의 불행을 막고 사랑을 위해 노력
한다. 어느 날 아버지는 주인공에게 하루를 다시 살아보라고 한다. 주인공
은 지나간 하루를 살면서 무심코 지나쳤던 소중한 순간들을 발견한다. 그
리고 더 이상 시간 여행을 하지 않기로 결심한다. 시간 여행을 하는 것보
다 오늘 하루를 마지막 날처럼 살았을 때 가장 행복하다는 것을 깨달았기
때문이다.

362 | 가지를 치는 가위처럼

"완전해진 것, 무르익은 모든 것, 모든 것은 죽기를 바란다!" 그
대는 이렇게 말한다. 그래서 포도를 따는 가위는 행복하다. 그것
에 반해 성숙하지 못한 모든 것은 살려고 한다. 가슴 아픈 일이다!
슬픔은 말한다.

삶의 궁극적인 목표는 영원한 삶이 아니라 끊임없는 변화와 발전이다. 삶
은 성장과 발전의 과정을 반복하고 과정을 마치면 끝을 맺는다. 니체에 의
하면 완숙된 것은, 기존의 관습이나 질서를 따른 것이다. 완전해진 것은 더
이상 변화하거나 성장할 수 없으므로 죽는다. 완전한 것은 죽고, 새로운 생
명이 탄생한다.

　니체가 말한 '설익은 것'은, 새로운 것이고 변화를 추구한다. 설익은 것
은 모든 것이 성장할 가능성이 있기 때문에 살기를 바란다. 설익은 것은,
새로운 것을 배우고 변화할 수 있는 잠재력을 가지고 있다.

　가위는 완전해진 것을 가지 치기를 함으로써 새로운 생명을 탄생시킨
다. 고목에는 꽃이 피지 않는다. 죽은 나무를 제거하고 설익은 것을 살리
는 것은, 자연의 생성 과정을 원활하게 한다. 가지를 잘라내는 아픔이 있어
야 나무는 더 풍성하고 건강하게 자란다. 인생도 성장하는 나무와 같다. 후
회스러운 일, 가치 없는 일에 매달리지 말고 성장할 수 있는 일에 집중해야
한다.

363

쾌락에 대하여

모든 기쁨은 언제나 모든 것이 영원하기를 바란다. 꿀을 바라며, 찌꺼기를 바라고, 취해서 지쳐버린 한밤중 무덤까지도 바란다. 무덤에서 흘리는 눈물의 위로를 바라며 황금빛 저녁놀을 바란다.

쾌락은 끊임없는 욕망과 더 자극적이고 더 많은 쾌락을 원하며, 결국 자기 자신을 파괴한다. 쾌락은 둥근 고리처럼 끊어지지 않고 되풀이하며 삶을 파괴한다. 쾌락은 순간적인 만족으로 끝나지 않고 영원히 지속되기를 원한다. 쾌락은 꿀처럼 달콤하지만, 찌꺼기처럼 부패하고 타락하여 파멸과 죽음을 가져온다. 쾌락은 죽음과 소멸의 순간에도 영원한 즐거움을 바란다.

마약은 도파민과 관련되어 있는 뇌의 신경망에 변화를 주어 중독을 일으킨다. 약물을 점점 더 강하게 원하고, 통제력은 점점 더 약해지면서 내성과 금단 현상이 생긴다. 마약이 무서운 이유는 중독성이 매우 강해서 조절력이 빠르게 상실되기 때문이다. 마약으로 인한 뇌 손상은 마약을 끊어도 완전히 회복되지 않을 수 있기 때문에 청소년들에게는 더욱 치명적이다.

364 | 스스로 깨우치려는 노력

그대 위대한 별들이여. 그대 행복에 찬 눈이여, 만일 그대에게 그대의 빛을 비추어 줄 자들이 없었다면 그대의 행복은 무엇이었겠는가! 만일 그대가 이미 깨어나서 밖으로 나와 나누어 주려고 하는데 그들이 그들의 침실에 그대로 틀어박혀 있다면, 그대의 자랑스러운 수치심은 얼마나 화가 날 것인가! 내가 깨어 있는데, 그대, 보다 높은 사람들은 아직 잠들어 있다. 그들은 나의 참된 동반자가 아니다.

별이 세상을 비추는데 아무도 그 빛을 받아들이지 않으면 별은 행복하지 않다. 차라투스트라는 자신의 마지막 죄가 차원 높은 인간들에 대한 동정이라고 말한다. 차라투스트라는 차원 높은 인간을 자처하는 자들은 동료라고 생각했기 때문에 그들의 고통을 보고 돕고자 했다. 위대한 정오가 다가오는데 그들은 동굴에서 잠만 자고 있었다. 그들은 아직 깨우침의 단계에 도달하지 못한 것이었다.

하지만 그들은 차라투스트라의 참된 길동무가 될 수 없었다. 그들 스스로 깨우치려고 노력하지 않았기 때문에 차라투스트라의 가르침도 헛된 동정에 불과했다. 동정은 의지를 약화시킬 수 있기 때문에 스스로의 목표를 실현하는 데 방해가 될 수 있다. 다른 사람을 도와주는 것도 중요하지만 서로의 길을 방해해서는 안 된다.

"말을 물가에 끌고 갈 수는 있지만, 물을 마시게 할 수는 없다"는 속담이 있다. 기회를 줄 수는 있지만, 기회를 잡는 것은 자신의 의지에 달려 있다. 자신이 간절히 원하는 것을 알고, 스스로 목표를 세웠을 때 동기와 성취 욕구가 생긴다. 니체가 말하는 주체적인 삶은, 물가를 찾아 떠나고 스스로 발견하는 과정들 모두가 자신의 의지일 때를 뜻한다.

365

창조적인 삶

"나의 자식들은 가까운 곳에 있다. 나의 자식들은." 그러고는 입을 다물어버렸다. 그러나 그의 마음은 풀어지고 그의 눈에서 눈물이 떨어져 손등을 적셨다. 비둘기들은 끊임없이 날아갔다가는 다시 와서 그의 어깨 위에 앉은 다음, 그의 흰 머리카락을 애무하고 간절한 사랑과 생생한 기쁨을 표시하였다. 힘센 사자는 차라투스트라의 손등에 떨어지는 눈물을 쉴 새 없이 핥으면서 조심스럽게 으르렁거렸다.

차라투스트라는 자신의 마지막 죄, 인간들에 대한 실망감을 극복했다. 모든 것을 극복하고 성숙해진 차라투스트라는 솟아오르는 열정을 불태우고자 한다. 그의 목표는 인간들에게 창조적인 삶의 의지를 알려주는 것이다.

차라투스트라는 사람들에게 자신의 가르침을 전파하고자 동굴을 떠나 세상으로 향한다. 인간은 자신의 과거의 가치관과 속박에서 벗어나 주체적인 삶을 위해 새출발할 수 있다. 힘의 상징인 사자와 순수한 아이들이 오고 있다. 사자는 힘을 의미하며, 아이들은 창조하는 사람들이다.

차라투스트라는 말한다. "자! 사자가 왔다. 나의 아이들도 가까이 있다. 차라투스트라는 성숙했다. 나의 때가 왔다. 이것이 나의 아침이다. 나의 낮이 시작된다. 자, 솟아오르라, 그대 위대한 정오여!" 그런 뒤에 어두운 산 위로 솟아오르는 아침 태양처럼 그의 동굴을 떠났다.《차라투스트라는 이렇게 말했다》는 이로써 끝났다.

나가며

니체는 자신을 발견하고 끊임없이 자기 극복을 하라고 말합니다. 우리가 가장 먼저 해야 할 일은 자기 내면을 들여다보는 것이고, 현실의 고통을 피하거나 두려워하지 않고 자신의 한계를 인정하는 것이 자기 극복의 시작이라고 말합니다. 니체는 우리 모두는 위버멘쉬가 되어야 한다고 말합니다. 위버멘쉬는 슈퍼맨 같이 강력한 힘을 가진 사람이 아니라, 끊임없는 자기 극복을 통해서 자기 운명을 사랑하는 사람입니다. 또한 다시 한 번 살기를 원할 수 있는 삶, 똑같은 삶이 반복된다(영원회귀)고 해도 좋을 삶을 사는 것입니다.

니체는 출세, 좋은 대학, 좋은 직장, 부의 축적 등 삶의 무게가 우리의 어깨를 짓누르는 것을 '중력의 영'이라고 말합니다. 우리가 이러한 중력의 영에 눌려 사는 것을 노예와 같은 삶이라고 말합니다. 그래서 니체는 우리가 노예의 도덕에서 벗어나 자기 삶을 스스로 창조하는 주인이 되어야 한다고 강조합니다. 니체는 우리가 중력에 영에 짓눌리지 않고 극복하기 위해 직면하고 고통을 이겨내야 할 것들에 대해서 차라투스트라를 통해 말합니다. 차라투스트라는 우리에게 위버멘쉬를 가르치며 인간은 극복되어야 할 그 무엇이라고 강조합니다. '위버멘쉬'는 고통을 기꺼이 받아들이고 삶을 사랑하며 가치를 창조하는 자를 뜻합니다.

니체는 인생에 겨울은 없다고 했습니다. 니체의 영원회귀 사상은 우리의 인생은 한 번의 봄으로 끝나는 것이 아니라, 끊임없는 변화와 반복이 계속된다는 사실을 알려줍니다. 니체의 잠언은 처음 봄을 맞이하는 청소년이든, 뜨거운 여름의 현장에 있는 젊은이든, 결실을 계절을 맞이한 40~60대 분들에게도 도전과 변화할 수 있는 힘을 줄 것입니다. 인생의 황혼에서 겨울만 남았다고 생각하시 분들에게도 아이와 같이 새로운 것을 창조하며 변화를 추구하는 삶을 살라고 니체는 말합니다.

자신을 창조하고 자신의 삶에 대한 철학이 있다면 자기 삶의 주인으로 살 수 있습니다. 이 책을 통해서 각자의 삶을 창조하는 '힘에의 의지'가 솟아나길 바랍니다. 니체는 관객의 박수갈채가 없어도, 타인을 의식하지 않고도, 자신이 좋아하는 음악과 자신만의 리듬을 알면 자유롭게 춤출 수 있다고 말합니다. 독자들도 이 책을 통해 춤추는 인생을 살 수 있기를 바랍니다.

참고 문헌

• 《곁에 두고 읽는 니체》, 사이토 다카시 지음, 홍익출판사, 2015

• 《나를 단단하게 만드는 니체의 말》, 김욱 지음, 더 좋은 책, 2021

• 《니체 사용설명서》, 안상헌 지음, 북드라망, 2022

• 《니체는 이렇게 물었다. 당신의 삶은 괜찮으세요》, 정화 지음, 북드라망, 2020

• 《니체와 고흐》, 공공인문학포럼 엮음, 스타북스, 2020

• 《니체와 나》, 제롬드 박 지음, 솔과학, 2017

• 《니체의 위험한 책, 차라투스트라는 이렇게 말했다》, 고병권 지음, 그린비, 2003

• 《더 해머: 초격차를 만드는 니체의 52가지 통찰》, 데이브 질크 지음, 박성령 옮김, 2020

• 《마흔에 읽는 니체》, 장재형 지음, 유노북스, 2022

• 《사는 게 힘드냐고 니체가 물었다》, 박찬국 지음, 21세기북스, 2018

• 《사막의 축제》, 이동용 지음, 이파르, 2017

• 《어느 날 니체가 내 삶을 흔들었다》, 장석주 지음, 문학세계사, 2022

• 《언더그라운드 니체》, 고병권 지음, 천년의 상상, 2014

• 《초역 니체의 말 I, II》, 시라토리 하루이코 엮음, 박재현 옮김, 삼호미디어, 2019.

• 《출근길엔 니체 퇴근길엔 장자》, 필로소피미디엄 지음, 박주은 옮김, 한국경제신문, 2022